Wagner

Klausur-Leitfaden Bilanzsteuerrecht

Zusätzliche digitale Inhalte für Sie!

Zu diesem Buch stehen Ihnen kostenlos folgende digitale Inhalte zur Verfügung:

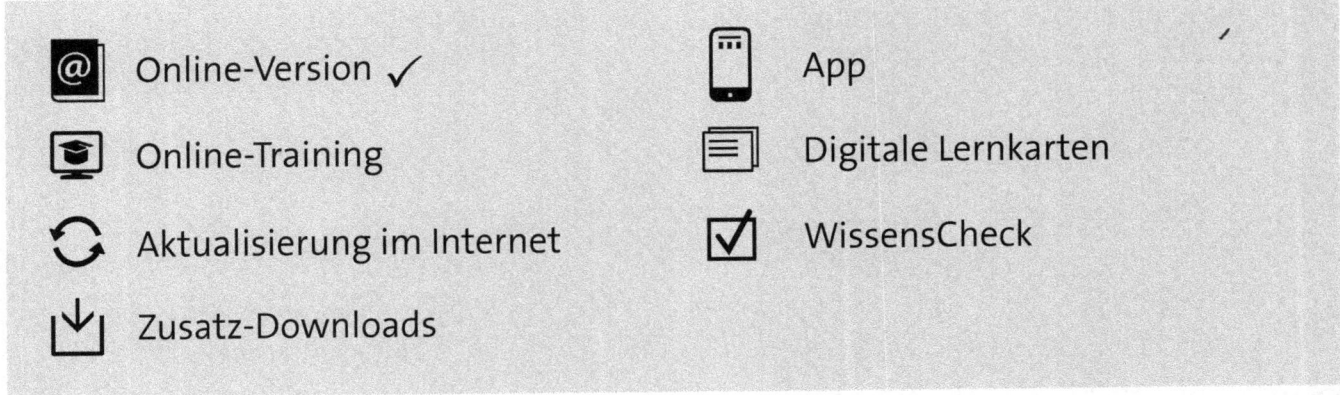

- Online-Version ✓
- Online-Training
- Aktualisierung im Internet
- Zusatz-Downloads
- App
- Digitale Lernkarten
- WissensCheck ☑

Schalten Sie sich das Buch inklusive Mehrwert direkt frei.

Scannen Sie den QR-Code **oder** rufen Sie die Seite **www.nwb.de** auf. Geben Sie den Freischaltcode ein und folgen Sie dem Anmeldedialog. Fertig!

Ihr Freischaltcode

BACR-XEKY-YMXF-LWPD-LDUVKQ

Klausur-Leitfaden Bilanzsteuerrecht

Von
Edmund Wagner, Regierungsdirektor, Dipl.-Finanzwirt (FH)
Studienbereichsleiter Bilanzsteuerrecht an der HSF Meißen

2., überarbeitete Auflage

▶ **nwb** AUSBILDUNG

ISBN 978-3-482-67022-0
2. Auflage 2019
© NWB Verlag GmbH & Co. KG, Herne 2017
www.nwb.de
Alle Rechte vorbehalten.
Dieses Buch und alle in ihm enthaltenen Beiträge und Abbildungen sind urheberrechtlich geschützt.
Mit Ausnahme der gesetzlich zugelassenen Fälle ist eine Verwertung ohne Einwilligung des Verlages unzulässig.
Satz: Griebsch & Rochol Druck GmbH, Hamm
Druck: CPI books, Ulm

VORWORT

Viele Kandidaten fürchten in der Steuerberaterprüfung den dritten Tag, insbesondere Bilanzsteuerrecht. Dies beruht vor allem darauf, dass Bilanzsteuerrechtsklausuren als besondere Schwierigkeit kein einheitliches Prüfungsschema bieten. Sicherlich kann als Grundschema gelten, dass zunächst der Ansatz (welcher Bilanzposten ab wann in welcher Bilanz) und anschließend die Bewertung (Wertansatz AK oder HK, Problematik Teilwert) zu beurteilen ist.

Dieser Leitfaden zeigt Ihnen deshalb, wie Bilanz-Klausuren bearbeitet werden. Zunächst sind die Inhalte der Prüfungsjahre 2006 – 2015 aufgelistet (Kap I); daraus lassen sich durchaus Schwerpunkte ableiten. Aus Urheberrechtsgründen werden die Prüfungen ab 2016 nicht mehr veröffentlicht. Und immer wieder fällt auf, dass ein bestimmtes Grundlagenwissen (Kap. III) die Basis für ein erfolgreiches Abschneiden in der Steuerberaterprüfung abbildet. Dieses Grundlagenwissen wird in Kapitel IV systematisch aufbereitet. Im Zusammenspiel mit den Lernmethoden (Kap II) ist es unabdingbar, das Grundlagenwissen zu beherrschen.

Die Darstellung wird durch „Bilanzsteuerrechts-Übungsaufgaben" komplettiert, die im Umfang und Schwierigkeitsgrad den Anforderungen in der Steuerberaterprüfung entsprechen (Kap. V bis IX).

Der Leitfaden ersetzt kein Lehrbuch. Er hilft Ihnen, Ihre bilanzsteuerlichen Kenntnisse erfolgreich in Klausuren anzuwenden. Er dient der Vertiefung Ihrer Kenntnisse und eignet sich gut zur Wiederholung des Stoffs vor den Prüfungsklausuren.

Der Leitfaden soll Sie dazu befähigen, den Lösungsaufbau auch bei komplexen und schwierigen Bilanzsteuerrechtsfällen „auf die Reihe zu bekommen", um dadurch überdurchschnittlich zu punkten. Musterschemata werden in Kap III.5 angeboten.

Die Steuerberaterprüfung besteht zu etwa 25-30 % aus Bilanzsteuerrecht. Dabei ist zu berücksichtigen, dass am dritten Prüfungstag auch die weiteren Rechtsgebiete wie Umwandlungssteuerrecht nicht ohne Bilanzsteuerrecht auskommen. Bedingt durch die Maßgeblichkeit der Handelsbilanz für die Steuerbilanz sind sowohl die handelsrechtlichen Bilanzvorschriften, als auch die steuerrechtlichen Bilanzvorschriften zu beherrschen.

Und wie für alle anderen Prüfungsfächer gilt auch: Übung macht den Meister. Schreiben Sie deshalb möglichst viele Übungsklausuren, insbesondere alle diejenigen, die in den Vorbereitungskursen auf die Steuerberaterprüfung angeboten werden. Genauso wichtig ist, das Bearbeiten von Prüfungsklausuren in besonderen Klausurenkursen zu üben, sei es bei einem Anbieter vor Ort (in „Klausurpräsenzkursen" oder „Klausuren-Crashkursen") oder zu Hause (in „Klausurfernkursen"). Und…..schreiben Sie bitte zu „ernsthaften" Bedingungen! Nicht so „nebenbei zuhause", mehrmals durch Ablenkungen unterbrochen!

Kritik und Anregungen nehme ich gern entgegen.

Niederau, im März 2019

Edmund Wagner

INHALTSVERZEICHNIS

VORWORT	V
Inhaltsverzeichnis	VII
Abkürzungsverzeichnis	XIII

I. GEGENSTAND DER PRÜFUNGSKLAUSUREN „BUCHFÜHRUNG UND BILANZWESEN" — 1

1. „Buchführung und Bilanzwesen" als Teil der Steuerberaterprüfung — 1
2. Die Prüfungsinhalte der Prüfungsjahre 2006 - 2015 – Rechtsformen 2006 bis 2015 — 1
3. Die Prüfungsschwerpunkte der Prüfungsjahre 2006 bis 2015 — 2
4. Übliche Aufgabenstellungen – Klausurtypen — 4
   - 4.1 Erstellen oder Prüfung ausschließlich einer Steuerbilanz — 4
   - 4.2 Prüfen einer Handels- und Steuerbilanz — 5

II. KLAUSURTECHNIK UND METHODENLEHRE — 7

1. Lernen – ein lebenslänglicher Begleiter — 7
2. Unser Gehirn, ein Mehrspeichermodell — 7
3. Welcher Lerntyp sind Sie? — 8
4. Der Lernprozess — 9
   - 4.1 Die Vorbereitung — 9
   - 4.2 Ort und Zeit des Lernens — 9
   - 4.3 Der Lernplan — 10
   - 4.4 Wie löse ich eine Prüfungsaufgabe — 11

III. BILANZSTEUERLICHES GRUNDLAGENWISSEN — 13

1. Der Betriebsvermögensvergleich — 13
   - 1.1 Gewinnermittlungsformel — 13
   - 1.2 Erläuterungen zum Betriebsvermögensvergleich — 13
2. Maßgeblichkeitsgrundsatz — 14
3. Inhalt der Bilanz; Abgrenzung Betriebsvermögen – Privatvermögen — 16
   - 3.1 Mengenmäßiger Ausweis des Betriebsvermögens — 16
   - 3.2 Begriff Vermögensgegenstand / Wirtschaftsgut — 17
     - 3.2.1 Notwendiges Betriebsvermögen — 17
     - 3.2.2 Gewillkürtes Betriebsvermögen — 17
     - 3.2.3 Notwendiges Privatvermögen — 18
     - 3.2.4 Schulden als Betriebsvermögen — 18
     - 3.2.5 Entnahmen — 18
     - 3.2.6 Einlagen — 19
   - 3.3 Einteilung der Wirtschaftsgüter — 20
   - 3.4 Zeitpunkt der Ermittlung des Betriebsvermögens — 21
4. Steuerliche Bewertungsmaßstäbe — 22
   - 4.1 Anschaffungskosten — 22
     - 4.1.1 Erwerb eines Gegenstands — 22
     - 4.1.2 Versetzung in den betriebsbereiten Zustand — 23

			Seite
	4.1.3	Einzelkosten der Anschaffung	23
	4.1.4	Sonderfälle der Anschaffungskosten	23
	4.1.5	Minderung der Anschaffungskosten	24
	4.1.6	Nachträgliche Anschaffungskosten	24
	4.1.7	Aufteilung der Anschaffungskosten	25
4.2	Herstellungskosten		25
	4.2.1	Bedeutung der Herstellungskosten	25
	4.2.2	Ermittlung der Herstellungskosten	25
	4.2.3	Teilfertige Wirtschaftsgüter	26
	4.2.4	Sonderfälle der Herstellungskosten	26
4.3	Teilwert		26
	4.3.1	Ansatzmöglichkeiten	27
	4.3.2	Merkmal „Dauernde Wertminderung"	27
	4.3.3	Ermittlungsmöglichkeiten	27
5. (Muster-) Lösungsaufbau zu Bewertungsmaßstäben für Aktivposten			28
5.1 Zugangs- und Folgebewertung – § 6 Abs. 1 Nr. 1 EStG bei abnutzbarem Anlagevermögen			28
5.2 Zugangs- und Folgebewertung – § 6 Abs. 1 Nr. 2 EStG bei nicht abnutzbarem Anlagevermögen			31
5.3 Zugangs- und Folgebewertung – § 6 Abs. 1 Nr. 2 EStG beim Umlaufvermögen			34

IV. INHALTLICHE SCHWERPUNKTE DER LETZTEN STEUERBERATERPRÜFUNGEN — 37

1. Immaterielle Wirtschaftsgüter — 37
   - 1.1 Definition — 37
   - 1.2 Bilanzierung von immateriellen Wirtschaftsgütern — 37
   - 1.3 Bewertung von immateriellen Wirtschaftsgütern — 38
   - 1.4 Aufzählung einzelner immaterieller Wirtschaftsgüter — 38
     - 1.4.1 Geschäfts- oder Firmenwert — 38
     - 1.4.2 Software — 40
     - 1.4.3 Abstandszahlungen an Mieter oder Pächter — 40
     - 1.4.4 Belieferungsrechte — 41
     - 1.4.5 Zuschüsse — 41
2. Gebäude — 41
   - 2.1 Allgemeines — 41
   - 2.2 Aufteilung: Grund und Boden – Gebäude — 42
     - 2.2.1 Abgrenzung zum Grund und Boden — 43
     - 2.2.2 Abgrenzung zu Außenanlagen — 43
     - 2.2.3 Abgrenzung zu Betriebsvorrichtungen — 43
     - 2.2.4 Abgrenzung zu Scheinbestandteilen — 44
     - 2.2.5 Abgrenzung zu selbständigen Einbauten — 44
     - 2.2.6 Abgrenzung zu sonstigen selbständigen Gebäudeteilen — 44
       - 2.2.6.1 Eigenbetrieblich genutzter Gebäudeteil — 44
       - 2.2.6.2 Fremdbetrieblich genutzter Gebäudeteil — 45
       - 2.2.6.3 Eigenen Wohnzwecken dienender Gebäudeteil — 45
       - 2.2.6.4 Fremden Wohnzwecken dienender Gebäudeteil — 45
   - 2.3 Grund und Boden und Gebäude als Betriebsvermögen — 45
   - 2.4 Bewertung von Grundstücken — 46
     - 2.4.1 Anschaffungszeitpunkt — 47
     - 2.4.2 Anschaffungskosten — 47
     - 2.4.3 Herstellungskosten — 48
     - 2.4.4 Baumaßnahmen nach Anschaffung oder Herstellung eines Gebäudes — 48

		Seite
2.4.5	Anschaffungsnaher Herstellungsaufwand	48
2.4.6	Vereinfachungsregelung	48
2.4.7	Abbruchkosten	49
2.4.8	Rechtsfolgen bei nachträglichen Anschaffungs- oder Herstellungskosten	49
2.4.9	Abschreibungen bei Gebäuden	49
2.4.10	Abschreibungen bei Gebäuden nach AfaA oder Teilwertminderung	50
2.4.11	Abschreibung nach Einlage eines Gebäudes	50
2.4.12	Abschreibungen bei Nutzungsänderung von Gebäuden	51

3. Grundstücksgleiche Rechte – Erbbaurecht — 51
   3.1 Erbbaurecht im Betriebsvermögen – Erbbauberechtigter — 52
   3.2 Erbbaurecht im Betriebsvermögen – Erbbauverpflichteter — 52
   3.3 Zivilrechtliche Grundlagen — 52

4. Technische Anlagen, Maschinen und BGA — 53
   4.1 Allgemeines — 53
   4.2 Zuordnung zum Betriebsvermögen — 53
   4.3 Bewertungsmaßstäbe — 53
   4.4 Steuerliche Minderungstatbestände — 54
   4.5 Geringwertige Wirtschaftsgüter, Sammelposten — 55
   4.6 Abschreibung, Absetzung für Abnutzung — 57
   4.7 Sonderabschreibung nach § 7g EStG — 59
      4.7.1 Sonderabschreibung und erhöhte Abschreibungen — 59
      4.7.2 Die Sonderabschreibung nach § 7g EStG — 59
      4.7.3 Die Bildung des Investitionsabzugsbetrags — 59
      4.7.4 Voraussetzungen für die Bildung des Investitionsabzugsbetrags — 60
      4.7.5 Rechtsfolgen — 60
      4.7.6 Verzinsung — 60

5. Besondere Bilanzierungsfragen – Leasingverträge — 60
   5.1 Finanzierungsleasing — 61
   5.2 Übliche Lösungsstruktur — 61
   5.3 Finanzierungsleasing mit Teilamortisation — 61
   5.4 Rechtsfolgen — 62

6. Veräußerungstatbestände mit Rücklagenbildung — 62
   6.1 Definition und Anwendungsbereich — 62
   6.2 (Noch) nicht versteuerte Gewinne — 62
   6.3 Die Reinvestitionsrücklage nach § 6b EStG — 63
      6.3.1 Tatbestandsmerkmale — 63
      6.3.2 Rechtsfolgen — 64
      6.3.3 Gewinnzuschlag — 65
      6.3.4 Die Reinvestitionsrücklage nach § 6b Abs. 10 EStG — 65
   6.4 Die Rücklage für Ersatzbeschaffung — 66
      6.4.1 Anlage- oder Umlaufvermögen — 67
      6.4.2 Höhere Gewalt oder Ausscheiden zur Vermeidung eines behördlichen Eingriffs — 67
      6.4.3 Entschädigung — 67
      6.4.4 Ersatzwirtschaftsgut — 67
      6.4.5 Zeitlicher Zusammenhang — 67
      6.4.6 Rechtsfolgen — 68
      6.4.7 Maßgeblichkeitsgrundsatz — 68
   6.5 Die Zuschussrücklage — 68
      6.5.1 Ertragszuschüsse — 68

		Seite
	6.5.2 Kapitalzuschüsse	68
7.	Verbindlichkeit	69
	7.1 Handelsrechtlicher Ansatz von Verbindlichkeiten	69
	7.2 Verbindlichkeiten als Betriebsschuld	69
	7.3 Abstandnahme von der Bilanzierung	69
	7.4 Abgrenzung zwischen betrieblichen und nicht betrieblichen Verbindlichkeiten	70
	7.5 Bewertung von Verbindlichkeiten	70
	7.6 Valutaverbindlichkeiten	71
	7.7 Rentenverbindlichkeiten	71
	7.8 Ratenverbindlichkeiten	71
8.	Rückstellungen	72
	8.1 Begriff	72
	8.2 Rückstellungen nach Handelsrecht	72
	8.3 Rückstellungen nach Steuerrecht	72
	8.4 Steuerlicher Regelungsvorbehalt oder Bewertungsvorbehalt	72
	8.5 Auflösung von Rückstellungen	73
	8.6 Rückstellungen im Einzelnen – hier: Rückstellung für ungewisse Verbindlichkeiten	73
	8.7 Bewertung von Rückstellungen	74
	8.8 Pensionsrückstellungen	75
	8.8.1 Ansatzvoraussetzungen	75
	8.8.2 Bewertung einer Pensionszusage	76
	8.8.3 Steuerliche Bewertungsbesonderheiten	76
	8.8.4 Auflösung von Pensionsrückstellungen	77
	8.8.5 Rückdeckungsversicherung	77
9.	Bilanzanpassung nach Betriebsprüfungen	77
	9.1 Allgemeines	77
	9.2 Anwendungsbereich in StB-Prüfungen	77
	9.3 Bilanzberichtigung	78
	9.4 Fehlerbegriff	78
	9.5 Zeitlicher Rahmen der Bilanzberichtigung	79
	9.6 Bilanzberichtigung und Bilanzenzusammenhang	79
	9.7 Bilanzberichtigung und AfA	80
10.	Bilanzänderung	81
11.	Der steuerliche Ausgleichsposten	82

V. DER GEBÄUDESACHVERHALT IN DER FALLBEARBEITUNG; HIER: TEILAUFGABE AUS DER STEUERBERATERPRÜFUNG 2014	83
VI. TECHNISCHE ANLAGEN, MASCHINEN ODER BGA IN DER FALLBEARBEITUNG	87
VII. VERÄUSSERUNGSTATBESTÄNDE MIT RÜCKLAGENBILDUNG IN DER FALLBEARBEITUNG; HIER: TEILAUFGABE AUS DER STEUERBERATERPRÜFUNG 2009, FORTGESCHRIEBEN AUF 2018	91
VIII. DIE BILANZBERICHTIGUNG IN DER FALLBEARBEITUNG – TEILAUFGABE AUS DER STEUERBERATERPRÜFUNG 2013 – FORTGESCHRIEBEN AUF 2018	93
IX. BUCHFÜHRUNG UND BILANZWESEN – ÜBUNGSKLAUSUR STEUERBERATERPRÜFUNG 2014	97

	Seite
X. STEUERBERATERPRÜFUNG 2014 – LÖSUNG DER PRÜFUNGSAUFGABE AUS DEM GEBIET DER BUCHFÜHRUNG UND DES BILANZWESENS	**107**
Stichwortverzeichnis	**119**

ABKÜRZUNGSVERZEICHNIS

A

Abs.	Absatz
AfA	Absetzung für Abnutzung
AfaA	Absetzung für außergewöhnliche technisch und wirtschaftliche Abnutzung
AfS	Absetzung für Substanzverringerung
AO	Abgabenordnung
a. o.	außerordentlich

B

BA	Betriebsausgaben
BFH	Bundesfinanzhof
BGA	Betriebs- und Geschäftsausstattung
BGB	Bürgerliches Gesetzbuch
BilMoG	Bilanzrechtsmodernisierungsgesetz
BMF	Bundesministerium der Finanzen
Bp	Betriebsprüfung
BT-Drucksache	Bundestagsdrucksache
BVO	Betriebsvorrichtung

D

d. h.	das heißt
DVStB	Verordnung zur Durchführung der Vorschriften über Steuerberater, Steuerbevollmächtigte und Steuerberatungsgesellschaften

E

EDV	Elektronische Datenverarbeitung
EFH	Einfamilienhaus
ERP-Software	Enterprise Resource Planning Software
ESt	Einkommensteuer
EStG	Einkommensteuergesetz
EStDV	Einkommensteuerdurchführungsverordnung
EStH	Einkommensteuerhinweise
EStR	Einkommensteuerrichtlinien
EU	Einzelunternehmen
etc.	et cetera
evtl.	eventuell

F

FA	Finanzamt

G

GbR	Gesellschaft bürgerlichen Rechts
G+B	Grund und Boden

GmbH	Gesellschaft mit beschränkter Haftung
GmbHG	Gesetz über die Gesellschaft mit beschränkter Haftung
grds.	grundsätzlich
GuV	Gewinn- und Verlustrechnung
GWG	geringwertiges Wirtschaftsgut

H

HB	Handelsbilanz
HGB	Handelsgesetzbuch
HK	Herstellungskosten

I

i. d. R.	in der Regel
i. H. v.	in Höhe von
i. S. v.	im Sinne von
i. V.	in Verbindung
insb.	insbesondere

K

KG	Kommanditgesellschaft
KSt	Körperschaftsteuer
KStG	Körperschaftsteuergesetz

L

lt.	laut

M

m. E.	meines Erachtens
Mio.	Millionen

N

Nr.	Nummer

O

o. ä.	oder ähnlich
o. g.	oben genannt
OHG	Offene Handelsgesellschaft

P

Pkw	Personenkraftwagen

R

R	Richtlinie
Rz	Randziffer

S

s. o.	siehe oben
sog.	sogenannte/r
StB	Steuerberater
StB	Steuerbilanz
Stpfl.	Steuerpflichtiger

T

Tz.	Textziffer

U

u. a.	unter anderem
u. U.	unter Umständen
USD	US - Dollar
USt	Umsatzsteuer
UStAE	Umsatzsteueranwendungserlass
UStG	Umsatzsteuergesetz

V

vgl.	vergleiche
VIP	Very Important Person

W

WEK	Wareneinkauf
WG	Wirtschaftsgut
Wj	Wirtschaftsjahr

Z

z. B.	zum Beispiel

I. Gegenstand der Prüfungsklausuren „Buchführung und Bilanzwesen"

1. „Buchführung und Bilanzwesen" als Teil der Steuerberaterprüfung

Die Steuerberaterprüfung besteht aus drei Aufsichtsarbeiten[1]. Zwei Aufsichtsarbeiten hiervon sollen die Inhalte

1. Steuerliches Verfahrensrecht sowie Steuerstraf- und Steuerordnungswidrigkeitenrecht
2. Steuern vom Einkommen und vom Ertrag
3. Bewertungsrecht, Erbschaftsteuer und Grundsteuer
4. Verbrauch- und Verkehrssteuern, Grundzüge des Zollrechts"

abdecken. Eine Prüfungsarbeit soll sich mit „Buchführung und Bilanzwesen" beschäftigen. Alle drei Prüfungsarbeiten können sich auch auf andere Prüfungsgebiete erstrecken.

Die Prüfungsnoten gehen von Note 1 (= sehr gut, eine hervorragende Leistung) bis Note 6 (= ungenügend, eine völlig unbrauchbare Leistung). Bei einer Gesamtnote von mehr als 4,5 ist die Prüfung nicht bestanden und der Teilnehmer wird von der mündlichen Prüfung ausgeschlossen[2].

„Buchführung und Bilanzwesen" ist damit Hauptinhalt der Prüfung am 3. Prüfungstag. Die Steuerberaterprüfung ist jährlich einmal durchzuführen; die Termine sind jeweils Anfang Oktober.

2. Die Prüfungsinhalte der Prüfungsjahre 2006 - 2015 – Rechtsformen 2006 bis 2015

Die Prüfungen der Prüfungsjahre 2006 - 2015 gliederten sich regelmäßig in einzelne in sich geschlossene Teilaufgaben, die unterschiedliche Rechtsformen zum Inhalt hatten. Folgende Rechtsformen waren Teil der Prüfung:

2015:	Einzelunternehmen (EU) und GmbH
2014:	EU und GmbH
2013:	EU und GmbH
2012:	EU, GmbH und KG
2011:	EU, GmbH und GmbH & Co KG
2010:	EU und EU
2009:	EU, EU und GmbH
2008:	GmbH und GmbH
2007:	GmbH, GmbH und OHG
2006:	EU und GmbH

„Einzelunternehmen" waren in acht von zehn Aufgaben Gegenstand der Prüfungsaufgabe; die „klassische" Kapitalgesellschaft, die GmbH, war in neun von zehn Aufgaben – Ausnahme 2010 – Gegenstand der Prüfungsaufgabe. Die steuerlichen Mitunternehmerschaften wie OHG und KG sind dreimal vertreten. Aktiengesellschaften scheinen offensichtlich nicht im Fokus der Aufgabensteller zu stehen.

Die Inhalte der gegliederten Prüfungsgebiete (näheres siehe Kap. I.3) sind offensichtlich. Bei den Einzelunternehmen werden die üblichen bilanzsteuerlichen Problemfelder gefordert wie z. B. Ansatz und Bewertung von Gebäuden, immateriellen Wirtschaftsgütern oder Rückstellun-

---

[1] § 16 DVStB (Verordnung zur Durchführung der Vorschriften über Steuerberater, Steuerbevollmächtigte und Steuerberatungsgesellschaften)
[2] § 25 Abs. 2 DVStB

I. Gegenstand der Prüfungsklausuren „Buchführung und Bilanzwesen"

gen. Bei den Kapitalgesellschaften kommen zusätzlich noch die rechtsformspezifischen bilanzsteuerrechtlichen Fragen hinzu wie z. B. verdeckte Gewinnausschüttungen, verdeckte Einlagen oder Rechtsgeschäfte zwischen Gesellschaft und Gesellschafter und bei den Mitunternehmerschaften ebenfalls die rechtsformspezifischen bilanzsteuerrechtlichen Gebiete wie Sonderbilanzen, Ergänzungsbilanzen oder entgeltliche/unentgeltliche Übertragungen.

Hinsichtlich der Punkteverteilung kann ganz allgemein davon ausgegangen werden, dass man bei jeder Rechtsformaufgabe eine symmetrische Punkteanzahl erreichen kann. Bei insgesamt zu vergebenden 100 Leistungspunkten je Prüfungstag verteilen sich z. B. bei der Prüfung 2015 die Leistungspunkte zu je (ca) 50 Punkte (EU und GmbH), in 2012 wären bei jeder Rechtsform ca 33 Punkte zu vergeben.

HINWEIS:
Bereits an dieser Stelle kann man das eigene Zeitmanagement hinterfragen. Bei insgesamt 6 Stunden Bearbeitungszeit konnte man im Vorfeld in etwa 3 Stunden pro Prüfungsteil einplanen. In 2012 waren ca 2 Stunden pro Prüfungsteil einzuplanen. Zum Zeitmanagement vgl. Kap. II.4.4

Letztendlich bleibt noch festzuhalten, dass in den gesichteten Steuerberaterprüfungen keine übergreifenden Sachverhalte enthalten waren. Die Teilnehmer konnten jeweils davon ausgehen, dass es sich jeweils um abgeschlossene Themenkomplexe handelte, dessen Ergebnisse und Entscheidungen nicht auf weitere Aufgabenfelder wirkten. Als Beispiel sei zu nennen, dass die Teilnehmer nicht in Tz 2 einer Aufgabe die Absetzung für Abnutzung für ein Gebäude ermitteln mussten, um denn in Tz 7 der Aufgabe diese AfA auch zur Ermittlung der Herstellungskosten eines Produkts einzusetzen.

Naturgemäß gilt dies nicht immer. Beim Rechtsinstitut der Betriebsaufspaltung werden i. d. R. auch Lösungen gefordert, die sowohl beim Besitzunternehmen, als auch beim Betriebsunternehmen zu behandeln waren. Vergleichbares auch bei verdeckten Gewinnausschüttungen; Behandlung bei der Kapitalgesellschaft und bilanzsteuerliche Behandlung beim bilanzierenden Anteilseigner. Diese Sachverhalte sind jedoch offensichtlich.

Letztendlich ist es bei Mitunternehmerschaften üblich, eigentlich gesetzt, dass auch Sonder- oder Ergänzungsbilanzen abgefordert werden.

3. Die Prüfungsschwerpunkte der Prüfungsjahre 2006 bis 2015

Prüfungsgebiete			Siehe hierzu Kapitel ......
Abnutzbares Anlagevermögen	**StB-Prüfung**	**Wesentliche Inhalte**	
Immaterielle Wirtschaftsgüter	2014	ERP-Software	IV.1
	2013	Forschungs- und Entwicklungskosten	IV.1
	2011	Selbstgeschaffenes immaterielles Wirtschaftsgut	IV.1
	2007	Erwerb	IV.1
Gebäude	2015	Teilwertminderung; Wegfall der TW-Minderung	IV.3
	2014	Bauten auf fremden Grund und Boden	
	2013	Einlage mit Abbruchabsicht	IV.2.4.7
	2013	Erwerb vom Gesellschafter zum unüblichen Preis	
	2012 (2x enthalten) 2009 2006	Bewertung bei unterschiedlichen Nutzungen	IV.2.2
	2011 2010 2008 2007	Gebäudebewertung mit Teilabriss Bewertung auf dekontaminierten Grundstück Tausch mit Baraufgabe	IV.2.4.7
	2010	Erwerb mit Abbruchabsicht und Neubau	IV.2.4.7
	2009	Erwerb gegen Rentenzahlung	IV.7.7

Maschinen, BGA	2013 2007	LKW, Unfall mit Weiternutzung, Versicherungs- entschädigung	IV.6.4
	2013	Erwerb Maschine mit Zuschuss	IV.6.5
	2010	Mietkauf, Tausch mit Baraufgabe	
	2007 2006	Ermittlung AK, Wartungsvertrag	
	2012	Erwerb mit Investitionsabzugsbetrag	IV.4.7
	2011 2006	Ermittlung Herstellungskosten	III.4.2
	2010	Festwert, Geringwertige Wirtschaftsgüter	IV.4.5
	2010	LKW – Bilanzierung aufgrund Leasing-Vertrags	IV.5
	2010	Erwerb PC mit Software	IV.1.4.2
	2010	Zerstörung eines Kfz; Ersatzwirtschaftsgut	IV.6.4
	2009 2007	Investitionsabzugsbetrag, Geringwertige Wirt- schaftsgüter, Sammelposten	IV.4.5
	2008	Mietereinbauten	
Finanzanlagen	2011	Bewertung Wertpapiere	
	2010	Bewertung Auslandsforderungen	
	2010	Aktienerwerb	
	2008	Bilanzierung einer OHG-Beteiligung	

Umlaufvermögen

Vorratsvermögen	2015 2011	Durchschnittsbewertung; Lifo/Fifo-Verfahren	
Verrechnungskonto Gesellschafter	2014 2006	Bewertung, Werthaltigkeit	
Forderungsbewertung	2009 2008	Mahnverfahren, Klageverfahren	
Rücklagen	2013	Rücklage nach § 6b EStG	IV.6.3
Verbindlichkeiten	2014	Rangrücktrittsvereinbarung	
	2012	Bewertung Gesellschafterdarlehen mit Insolvenz des Gesellschafters	
	2012	Darlehen mit Disagio	
Rückstellungen	2012	Öffentliche-rechtliche Verpflichtungen	IV.8
	2011 2010 2007	Dekontaminiertes Grundstück	IV.8
	2011	Drohverlustrückstellung	IV.8
	2009	Klageverfahren	IV.8
	2007	Bürgschaftsverpflichtung	IV.8
	2006	Schadensrückstellung	IV.8
Entnahmen	2014 2009	Private Kfz-Nutzung	
Einlagen	2008	Aktienerwerb durch Gesellschafter, Einlage in ei- gene GmbH	
Veräußerungsgeschäfte	2015	Übernahme von Pensionslasten	
	2015	Ratenkauf	IV.7.8
	2014	Grundstücksveräußerung an Gesellschafter	
	2012	Lieferung an ausländische Tochtergesellschaft	
	2011	Aktienveräußerung mit Rücklagenbildung	IV.6.3
	2011 2009	Grundstücksveräußerung mit Rücklagenbildung	IV.6.3
Fremdwährungsgeschäfte	2015	Veräußerungsgeschäft	
	2008 2006	Erwerb einer Maschine	

Bilanzanpassung nach Betriebsprüfung	2015		IV.9
	2014		
	2013		
	2011		
	2009		
	2007		
Spezialthemen Kapitalgesellschaften	2014	Gewinnausschüttung, Einlagenrückgewähr	
	2011	Erwerb eigener Anteile	
	2010	Kapitalerhöhung aus Gesellschaftsmitteln	
Spezialthemen Mitunternehmerschaften	2012	Immaterielle WG im Sonderbetriebsvermögen; unentgeltlicher Übertrag auf andere Gesellschafter	
	2011	Grundstücksübertragung von Gesellschafter auf Gesellschaft	
	2007	Ausscheiden eines Gesellschafters	
Sonstiges	2015	Teilbetriebsveräußerung mit Drohverlustrückstellung	
	2009	Gratifikationen an Arbeitnehmer	
	2015	Überführung einzelner Wirtschaftsgüter ins Ausland; § 12 KStG	
	2012	VIP-Logen	
	2011	Betriebserwerb	

4. Übliche Aufgabenstellungen – Klausurtypen

4.1 Erstellen oder Prüfung ausschließlich einer Steuerbilanz

Eine mögliche Form der Aufgabenstellung sind Einzelsachverhalte, die ausschließlich auf deren Auswirkung auf eine zu erstellende Steuerbilanz zu überprüfen sind. Neben der immer geforderten rechtlichen Würdigung können unterschiedliche Fragestellungen auftreten:

1. Bilden von Buchungssätzen
2. Darstellung der Gewinnauswirkung nach unterschiedlichen Methoden
3. Aufstellung einer berichtigten Schlussbilanz
4. Schlussbilanz und/oder Mehr- und Wenigerrechnung

Vorstellbar ist auch eine Aufgabenstellung dahingehend, dass zu einem Bilanzstichtag eine u. a. „vorläufige" Steuerbilanz gegeben ist und der Prüfungsteilnehmer die Bilanz durch die einzelnen Sachverhalte überprüfen und anpassen sollte.

Soweit ersichtlich, waren die Aufgabenstellungen der letzten Jahre regelmäßig auf <u>ein</u> Wirtschaftsjahr bezogen. Es ist jedoch auch vorstellbar, dass z. B. zwei Bilanzen vorgegeben werden, die einzelnen Sachverhalte über zwei Jahre zu prüfen sind und auch die entsprechenden Gewinnauswirkungen gefordert werden. Bei derartigen Aufgaben ist naturgemäß der Bilanzenzusammenhang sowie die Zweischneidigkeit der Bilanz ein Thema; siehe hierzu Kap. IV.9.6.

In den letzten Prüfungsjahren häufig (siehe Kap. I.3 – Tabelle) – d. h. sechs mal innerhalb von zehn Jahren – wurde eine Anpassung aufgrund einer Betriebsprüfung gefordert. Gegeben sind die Ausgangsbilanzen für ein oder zwei Jahre und die Aufgabenstellung erfordert die Anpassung der Prüfungsfeststellungen einer durchgeführten Betriebsprüfung in die Bilanzen sowie die daraus resultierenden Gewinnauswirkungen.

Vollständigkeitshalber sei noch erinnert, dass durchaus auch eine Hauptabschlussübersicht gegeben sein könnte, um die Einzelsachverhalte in der Umbuchungsliste anzupassen und den Jahresabschluss zu fertigen. In den letzten zehn Jahren wurde jedoch dieses Prüfungsmuster nicht abgerufen.

4.2 Prüfen einer Handels- und Steuerbilanz

Da die Maßgeblichkeit der Handelsbilanz für die Steuerbilanz (Vgl. hierzu Kap. III.2) immer ein zentrales Thema darstellt, bietet sich die Aufstellung und/oder die Überprüfung einer Handels- und Steuerbilanz förmlich an.

Regelmäßig ist in der Aufgabenstellung dann davon auszugehen, dass

1. Bei Ansatz- und Bewertungsfragen in der Steuerbilanz ein Wahlrecht so ausgeübt werden sollte, dass sich ein möglichst niedriger Steuerbilanzgewinn ergibt und
2. In der Handelsbilanz genau gegenteilig ein möglichst hohes Betriebsvermögen ausgewiesen werden sollte.

Hintergrund dieser Fragestellung ist naturgemäß das Zusammenspiel und die Abhängigkeit von Handels- und Steuerbilanz. An dieser Stelle sei noch erwähnt, dass genau bei dieser Fragestellung bei Kapitalgesellschaften regelmäßig auch die latenten Steuern nach § 274 HGB zu beachten sind.

II. Klausurtechnik und Methodenlehre

1. Lernen – ein lebenslänglicher Begleiter

Das Lernen ist ein lebenslanger und lebensbegleitender Prozess. Er beginnt eigentlich schon mit Vollendung der Geburt und begleitet uns ein Leben lang. Jeder von uns kann sich an seine Schulausbildung, Studium oder Lehre, berufsbegleitendes Lernen oder diverse Fortbildungsveranstaltungen erinnern. Gerade in der schnelllebigen Arbeitssituation ist eine stetige Qualifikationsanpassung unvermeidbar.

Die Berufe der Zukunft werden immer spezialisierter und einfache Tätigkeiten oder Routinetätigkeiten werden in der Industrie schon heute zum größten Teil von Computern und Robotern ausgeführt. Für unqualifizierte Arbeitskräfte bleibt da nur wenig Raum übrig. Die Folge ist eine Verringerung der Arbeitsplätze verbunden mit einer gleichzeitigen Steigerung der Produktivität. So reduzieren Banken und Versicherungen seit Jahren ihre Stellen; Internet-Banking und Internet-Shopping sind heute in allen Altersgruppen üblich.

Heute ist es nicht mehr die Muskelkraft, die entscheidet, wie viel der Einzelne zu leisten vermag, sondern unser Denkvermögen und die Fähigkeit, dieses kreativ einzusetzen. Unser Gehirn ist unser Kapital, und wir müssen lernen, davon Gebrauch zu machen. Dazu gehört vor allem die Bereitschaft, selbständig zu denken und eigenverantwortlich zu handeln, die Flexibilität, sich auf neue und sich schnell verändernde Anforderungen einlassen zu können, sowie die Fähigkeit, neue Informationen und Erfahrungen produktiv verarbeiten und umsetzen zu können.

Um die stetig wachsende Flut von Informationen bewältigen zu können, ist es in aller erster Linie nicht so wichtig, was man lernt, sondern **wie** man es lernt. Oder anders formuliert:

HINWEIS:
Richtiges Lernen will gelernt sein!

2. Unser Gehirn, ein Mehrspeichermodell

Unser Gedächtnis hat grundsätzlich die Aufgabe „Einprägen, Behalten, Abrufen"! Diese Aufgabe wird im Gehirn von drei verschiedenen Speichern übernommen: dem sensorischen Speicher, dem Kurzzeitgedächtnis und dem Langzeitgedächtnis.

Der sensorische Speicher, der eine nahezu unerschöpfliche Kapazität umfasst, nimmt alle Sinneseindrücke auf, die wir aus unserem Umfeld empfangen. Er dient dann als Filter. Er nimmt Rücksprache mit dem Langzeitgedächtnis auf und löscht nach wenigen Sekunden alle Informationen, denen keine Bedeutung zugemessen wird. Der sensorische Speicher wirkt wie ein Netz; unnötiges fällt durch die Maschen. Dies bedeutet konkret, unsere Aufmerksamkeit dient unseren Interessen. Haben wir also Interesse am Steuerrecht und ein Mindestmaß auch an Spaß an diesem Beruf, so sind Steuerinformationen für uns interessant und „bleiben in den Maschen hängen". Die Menge an Informationen kann sich auch teilweise verknüpfen, so dass Zusammenhänge nachvollziehbar werden. Fehlt das Interesse am Steuerrecht, fallen Informationen durch die Maschen und sind nur schwer wieder herzustellen.

Anders formuliert: beim Lesen und Ausüben von Hobbys und Neigungen fällt uns das Weiterlernen leicht. Bei individuellen Themen, die nicht oder nur wenig interessieren – als Beispiel sei an dieser Stelle Kunst und Malerei erwähnt – fällt die Informationsaufnahme schwer. So gestaltet sich z. B. ein Museumsbesuch ohne Interesse an den dort gezeigten Exponaten sehr langweilig und langatmig.

Wenn also Interesse besteht, dann werden Informationen aus dem sensorischen Speicher in den Kurzzeitspeicher gelangen. Dort können allerdings nur begrenzte Informationen behalten werden. D. h. konkret, wenn der Speicher voll ist und es kommen neue Informationen dazu, fallen alte eben wieder heraus. Man spricht von ca 5-9 Einheiten, die im Kurzzeitgedächtnis gespeichert werden können. Allerdings kann das Kurzzeitgedächtnis durch ständige Wiederholung „konserviert" werden.

Sie merken sich eine Telefonnummer und durch ständiges Vorsagen prägt sich diese Nummer ein. Werden Sie beim Einprägen unterbrochen, wird ihre Aufmerksamkeit auf etwas anderes gelenkt und sie haben die Nummer vergessen.

Der Langzeitspeicher dient als Auffangbecken für all das Wissen und die Erfahrungen, die wir im Laufe unseres Lebens ansammeln. Seine Kapazität ist nahezu unbegrenzt. Bevor jedoch eine Information im Langzeitspeicher abgelegt ist, müssen bestimmte Kriterien erfüllt sein.

Liegt z. B. eine neue Information vor, die ich mit einer bereits gespeicherten Information verknüpfen kann, dann ist die Chance besonders groß, dass die Information abgelegt wird.

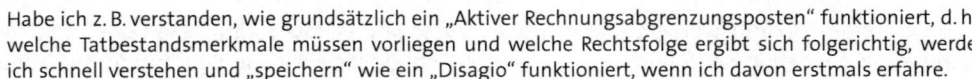
Habe ich z. B. verstanden, wie grundsätzlich ein „Aktiver Rechnungsabgrenzungsposten" funktioniert, d. h. welche Tatbestandsmerkmale müssen vorliegen und welche Rechtsfolge ergibt sich folgerichtig, werde ich schnell verstehen und „speichern" wie ein „Disagio" funktioniert, wenn ich davon erstmals erfahre.

Dabei spielt natürlich – wie schon erwähnt – auch das persönliche Interesse eine erhebliche Rolle. Informationen im Langzeitspeicher befinden sich dort in einem aktiven oder in einem passiven Bereich.

Informationen im aktiven Bereich können sie jederzeit abrufen. Vorstellbar ist dies mit einem Aktenschrank; die Ordner der ersten Reihe sind jederzeit sichtbar.

Informationen im passiven Bereich sind zwar gespeichert, erwecken aber den Anschein, dass sie vergessen wurden. Vergleich mit dem Aktenschrank sind das die Ordner, die nicht im unmittelbar zugänglichen Bereich stehen. Um sie zu finden, benötigen wir einen Schlüsselreiz.

Wenn Sie sich an die Mitschüler der ersten Klasse erinnern wollen, erscheint dies unmöglich. Wenn Sie jedoch ein Bild der ersten Klasse sehen (Schlüsselreiz), dann kommen Erinnerungen zurück.

Dies bedeutet nun konkret: Entweder beim Lernen schaffen Sie es, alle „Ordner" in die erste Reihe zu stellen oder Sie müssen sich umso mehr Schlüsselreize einfallen lassen. Durch stetiges Wiederholen kommen neue Informationen in die „erste Reihe" und sind ständig abrufbar.

HINWEIS:
Neu Gelerntes sollte stetig wiederholt werden. Wiederholen Sie neu Gelerntes mehrfach; z. B. am ersten Tag, am dritten Tag, am siebten Tag, am 14. Tag und schließlich am 28. Tag.

3. Welcher Lerntyp sind Sie?

Das vorgenannte scheint ziemlich allgemein gehalten und wirkt unkonkret. Dies soll nicht negativ gewertet werden. Denn jeder Mensch lernt anders und benötigt für sich seine ureigenen Lernmethoden. Insoweit gilt es zu erforschen, zu welchem Lerntyp man selbst gehört.

Zum Lernen spielen die Sinne ein große Rolle. Welche Sinne nun am meisten Einfluss auf das Lernen haben, hängt vom Lerntyp ab. Grundsätzlich unterscheidet man zwischen drei Lerntypen

1. der visuelle Lerntyp
2. der auditive Lerntyp und
3. der kinästhetische Lerntyp

Visuelle Lerntypen arbeiten beim Lernen am besten mit bildhaften Darstellungen. Da unser Gedächtnis auf diese Weise am besten funktioniert, prägen sich Informationen besonders gut ein. Visuelle Medien sind z. B. Bücher, Filme, Präsentationen, u. ä.

Der auditive Lerntyp verlässt sich auf sein Gehör. Er liebt es zuzuhören und sich vielleicht auf einem Merkzettel Informationen zu zitieren. Beliebte Medien hierzu sind Vorträge, Hörbücher u. ä.

Der kinästhetische Lerntyp verlässt sich hauptsächlich auf die körperliche Wahrnehmung, den Tastsinn. Sie wollen etwas ausprobieren, damit es im Gedächtnis bleibt. Dieser Lerntyp tut sich naturgemäß leichter bei praktischen Lernfeldern.

Grundsätzlich ist von jedem etwas in jedem Menschen. Aber wo liegt der Schwerpunkt? Dies gilt es herauszufinden, um sein persönliches Lernen zu verstetigen.

4. Der Lernprozess

4.1 Die Vorbereitung

Die Vorbereitung ist der erste Schritt im Lernprozess. Grundlage hierfür ist die Motivation, den Lernprozess zu starten. Die Motivation ermöglicht es, einen Lernprozess zu starten und auch abzuschließen. Warum quält man sich z. B. durch viele Steuerrechtsgebiete und Steuerfragen? Am Ende steht die Steuerberaterprüfung und mit deren Bestehen eröffnen sich weitere Entwicklungsmöglichkeiten. Aber nicht nur die berufliche Weiterentwicklung steht im Vordergrund. Mit erfolgreichem Bestehen kann man stolz auf sich selbst sein; man hat etwas erreicht, man hat einen Gipfel erklommen. Freunde und Familie, Bekannte und Verwandte freuen sich mit einem. Und wenn es auch nur eine Visitenkarte ist, die man mit einem Titel verbinden kann; man ist stolz, das Ziel erreicht zu haben.

> **HINWEIS:**
> Wenn Sie im Lernprozess mal einen Durchhänger haben, erinnern Sie sich, warum Sie „losgelaufen" sind. Warum haben Sie sich auf den Weg gemacht. Was war Ihre Motivation, was wollten Sie erreichen? Die positiven Ziele überwinden den Durchhänger.

4.2 Ort und Zeit des Lernens

Des Weiteren sollten Sie sich Gedanken zum Ort des Lernens machen. Damit ist der allgemeine Ort gemeint, an dem das Lernen stattfinden soll.

Bei verbal vermitteltem Lehrstoff kann man sich i. d. R. den Ort des Lernens nicht aussuchen wie z. B. bei Vorlesungen, Vorträgen oder Seminaren. Je nach Typ sollten Sie sich einen passenden Platz aussuchen. Der eine sitzt gerne ganz vorne, um von den Kollegen nicht gestört zu werden und einen ungestörten Blick auf den Vortragenden zu haben. Ein anderer platziert sich lieber hinten in der Ecke, um die gesamte Stimmung zu genießen und das ganze Umfeld einzufangen. Immer häufiger werden auch sog. Online-Seminare angeboten. Sind Sie ein Lerntyp, der am liebsten zuhause am PC lernen kann, ohne dass äußere Einflüsse vorhanden sind, dann bieten sich derartige Lerntypen an. Ein anderer schätzt die Vielfalt und lernt auch aus den Fragen und Diskussionen mit allen anderen Teilnehmern.

Beim Lernen aus Büchern und Skripten kann man sich den Lernort frei aussuchen. Insofern ist es „Geschmacksache", ob das Studium am liebsten zuhause am Schreibtisch oder auf der Decke am Badesee erfolgt.

Stress, Nervosität und Angst behindern den Lernprozess. Diese negativen Erregungen gilt es zu eliminieren. Allerdings ist ein gewisses Maß an Erregung Voraussetzung für ein erfolgreiches Lernen. Vielleicht lässt sich das veranschaulichen mit dem „Lampenfieber" eines Schauspielers. Ein gewisses Maß an Lampenfieber muss vorhanden sein, um seine Rolle konzentriert zu spielen.

Phlegmatische Typen brauchen etwas Aktivierung, um sich in den Erregungszustand zu bringen. Aktive oder sogar hyperaktive Typen brauchen vielleicht etwas Entspannung, um den richtigen Erregungszustand zu erreichen.

> **HINWEIS:**
> Egal, ob Sie phlegmatisch oder aktiv sind, ausreichend Licht und frische Luft eine angemessene Sitzgelegenheit – nicht zu bequem – sind gute Voraussetzungen für die richtige Erregung.

Jeder Mensch hat auch einen anderen Biorhythmus. D. h. der Zeitfaktor spielt eine wichtige Rolle. Versuchen Sie, ihren persönlichen Höhepunkt an jedem Tag auszuloten. Der eine ist frühmorgens fit und zu Höchstleistungen fähig; allerdings ist zur Mittagszeit sein Akku verbraucht. Ein anderer braucht zwar eine lange Anlaufphase, ist aber dann – z. B. spätnachmittags – fit und kann bis in die Nacht Höchstleistungen vollbringen. An dieser Stelle Tipps zu geben ist schwierig. Hier sollte jeder selbst in sich reinhören.

Fest steht – physikalisch zumindest – dass die Verdauung sehr viel Energie im Körper benötigt. Vermeiden Sie demzufolge vor dem Lernprozess umfangreiche und schwer verdauliche Kost. Führen Sie dem Körper lieber Wasser und Vitamine zu. Diese Flüssigkeiten benötigt der Körper.

Allgemein gilt, dass man mindestens zwei Liter am Tag trinken soll, um den Flüssigkeitsverlust wieder auszugleichen. Obst, Salat und Gemüse tun das Übrige.

Kaffee und Tee helfen kurzfristig, bewirken jedoch langfristig ein Absinken des Blutzuckerspiegels, verbunden mit einem Konzentrationsverlust.

Und letztendlich geben Sie Ihrem Körper Bewegung. Regelmäßiger Sport, ein Spaziergang oder auch gymnastische Übungen zuhause steigern das Konzentrationsvermögen.

4.3 Der Lernplan

Um den größtmöglichen Erfolg zu erzielen, sollte man sich auch entsprechende Ziele setzen. Je nach Lerntyp und persönlichem Rhythmus sollte man einen Lernplan erstellen.

Wichtig: Setzen Sie sich realistische Ziele!

Mit realistischen Zielen erreichen Sie diese auch in der Regel und Sie erreichen damit eine Förderung der Motivation. Sie können zum einen stolz auf sich sein, das Ziel erreicht zu haben und gleichzeitig die Basis geschaffen zu haben, die nächste Hürde zu nehmen. Zu hoch gesteckte Ziele können nicht erreicht werden und Misserfolg führt zur Demotivation, im schlimmsten Fall zur Aufgabe.

Z. B. müssen zum Bestehen einer Steuerberaterprüfung drei 6-stündige Klausuren erfolgreich geschrieben werden. Wer darin ungeübt ist, sollte sich in einzelnen Schritten auf die Länge der Klausuren einstellen; vielleicht zuerst eine 4-stündige, dann eine 5-stündige und abschließend dann die 6-stündige. Die Klausurinhalte müssen natürlich der Zeit angepasst sein. Eine Klausur ist mit 100 Leistungspunkten versehen. Unzählige Anbieter vermitteln Übungsklausuren mit Lösungsschemen. Damit kann man sich an den Leistungspunkten die Länge der Aufgabe auch selbst aussuchen.

Neben den Inhalten ist es natürlich auch wichtig, sechs Stunden zu „sitzen" und konzentriert zu arbeiten; auch das muss geübt sein. Wem regelmäßig nach zwei Stunden schon der Rücken schmerzt, muss an sich arbeiten, damit er physisch die sechs Stunden durchhält.

Als Lernplan bietet sich ein „Stundenplan" an. Sie können sich wöchentliche oder monatliche Ziele setzen; oder auch andere individuelle Zeiträume. Wichtig ist, ein Ziel vorzugeben, um einen Erfolg zu verspüren. Die Zeitspanne ist ihrem eigenen Biorhythmus und Ihrem persönlichen Umfeld und ihren Zielen geschuldet. Binden Sie in Ihren Stundenplan Ihr persönliches Umfeld ein. Partner, Eltern und Kinder, Freunde müssen über Ihr Vorhaben Bescheid wissen. Sie werden dann feststellen, dass Sie i. d. R. umfangreiche Hilfe erfahren.

Setzen Sie auch Prioritäten. Sie wissen: „Keiner kann alles wissen". Im Zweifel beweisen Sie „Mut zur Lücke"!

Beachten Sie bei der Erstellung des Stundenplans die Pausenregelung. Jeder kennt Situationen, in denen man z. B. in einem Fachbuch zwar gelesen hat, aber gedanklich schon beim Spieleabend war, der geplant ist. Dann ist die Konzentrationsfähigkeit nicht mehr vorhanden und man muss gegensteuern. Der „Erregungszustand" hat nachgelassen. Wenn Sie jetzt weiterarbeiten, ist dies umsonst und Zeitverschwendung. Sie müssen Ihren Akku wieder aufladen. Wie, ist vom Typus abhängig. Der eine geht spazieren, der andere geht schwimmen und wieder ein anderer setzt den Kopfhörer auf und hört seine Lieblingsmusik.

Üblicherweise sind maximal zwei Blöcke á 4 Stunden am Tag ausreichend. Mehr ist nicht effektiv; auch sollten Sie auf Pausenzeiten nicht verzichten. Betrachten Sie lernen als Atmung. Lernen ist (Wissen) einatmen; wer einatmet, muss auch mal ausatmen (Pause machen), um wieder weiter einatmen zu können.

Bedenken Sie am Ende der Vorbereitungsphase:

> Erfahrung ist die Summe aller Fehler, die man gemacht hat[3]!

4.4 Wie löse ich eine Prüfungsaufgabe

Die Steuerberaterprüfung im Prüfungsgebiet „Buchführung und Bilanzwesen" ist i. d. R. zwei- oder dreiteilig. Die einzelnen Teile sind nicht miteinander verbunden (bisher war das so gewesen). Insofern ist es wichtig, sich zunächst einen Überblick zu verschaffen.

> Machen Sie sich einen Gesamteindruck der Aufgabe!

Lesen Sie die Aufgabe durch, überfliegen Sie die Inhalte und Fragestellungen. Sollten Sie spontan Gedanken zum Text haben, vermerken Sie diese umgehend. Der erste Eindruck ist meistens gar nicht so schlecht.

Dieser erste Überblick über die Aufgabe soll Ihnen die Entscheidung erleichtern, mit welchem Aufgabenteil Sie die Bearbeitung beginnen. Starten Sie zunächst mit vermeintlich „leichten" Aufgaben, wobei „leicht" als individuelle Einschätzung zu verstehen ist. Liegt Ihnen z. B. die Bearbeitung von Aufgaben mit Kapitalgesellschaften besser als andere, beginnen Sie mit diesem Teilbereich.

Versuchen Sie beim ersten Überblick, auch die Länge einzuschätzen. Natürlich kann man dies nur sehr grob festlegen, aber man kann sicherlich erkennen, bin ich zwei Stunden oder 30 Minuten mit einem Teilbereich beschäftigt.

Dieser Überblick ist auch sehr wichtig für Ihre Konzentration. Für die nächsten sechs Stunden benötigen Sie einen gewissen Erregungszustand, ein „unbedingtes Wollen" der Bearbeitung der Prüfung. Zum einen wissen Sie nach oft monatelanger Vorbereitung, was kommt jetzt (endlich) auf Sie zu und zum anderen sind Sie auch „erfreut": endlich kann es los gehen und in Kürze haben Sie es auch hinter sich. Vergessen Sie alles um sich herum; konzentrieren Sie sich nur noch auf die Aufgabe.

> Lesen Sie zuerst die Aufgabenstellung!

Wenn Sie die Reihenfolge der Bearbeitung geklärt haben, dann lesen Sie bei der nun zu bearbeitenden Aufgabe konzentriert die Aufgabenstellung.

Welche Person muss ich bearbeiten?

Welchen Zeitraum muss ich bearbeiten?

Wie muss ich die Lösung formulieren?

Die rechtliche Würdigung und die Begründung sind immer gefordert. Muss ich nur den Handelsbilanzansatz, oder nur den Steuerbilanzansatz, oder auch beides behandeln.

Wie muss ich mit Wahlrechten umgehen?

Meistens wird in der Handelsbilanz ein möglichst hohes Vermögen, in der Steuerbilanz der niedrigste Gewinn gefordert.

Wie ist die technische Umsetzung?

Muss ich Buchungssätze formulieren? In HB, oder in StB? Oder bei beiden? Oder mit Überleitungsrechnung?

Muss ich die Gewinnauswirkung darstellen? Nach welcher Methode, BiPo-Methode oder GuV-Methode?

Welche Vorschriften sind u. U. ausgeschlossen?

---

3 Zitat von Albert Einstein

Manchmal heißt es: § 7g EStG ist nicht anzuwenden o. ä.

Konkrete Bearbeitung

Schreiben Sie die Stichpunkte der Aufgabenstellung auf ein Schmierblatt. Was muss ich machen, was kann ich weglassen. Es bietet sich auch an, bei umfangreichen Texten zunächst den Inhalt wie eine „Geschichte" zu erkennen und sich zu erzählen: z. B. Im Mai 2016 wurde ein bebautes Grundstück erworben. Nachdem festgestellt wurde, dass das Mauerwerk durchnässt war, musste erst der Schaden behoben werden. Nach dieser Baumaßnahme Ende 2017 erfolgte die Vermietung ab Januar 2018 und anschließend das Anlegen der Außenanlagen". Dann könnte man ein Lösungsschema entwickeln wie z. B.

▶ Erwerb 2016; Ermittlung AK für Grund und Boden und Gebäude

▶ Schadensbehebung; Rückstellungsbildung? Schadensersatz an Veräußerer?

▶ Eigene Schadensbehebung, nachträgliche AK oder Erhaltungsaufwand

▶ Vermietung in 2018, umsatzsteuerliche Sachbehandlung (Vorsteuerabzug?) Wie viele Wirtschaftsgüter?

▶ Außenanlagen? Eigene Wirtschaftsgüter? Bilanzierung und Bewertung

Oder machen Sie sich u. U. eine Zeichnung. Welche Firma ist mit welcher anderen Firma verflochten?

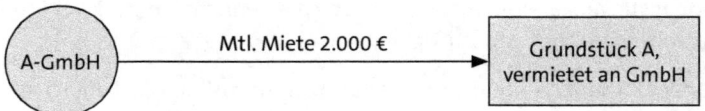

Betriebsaufspaltung?

Oder malen Sie einen Zeitstrahl auf; welche Sachverhalte sind in welchem zeitlichen Ablauf eingetreten?

Schreiben Sie bitte nur einseitig.

Beginnen Sie mit jeder Tz eine neue Seite. Sollten Sie mal „hängenbleiben", können Sie mit einer neuen Tz auf einer neuen Seite beginnen und später evtl. zurückkehren. Ordnen Sie Ihre Blätter auf dem Schreibtisch, damit Sie beim Nacharbeiten nicht lange suchen müssen.

Lassen Sie sich nicht durch andere Personen beeinflussen. „Ziehen Sie Ihr Ding durch". Wenn Sie einen Durchhänger haben, legen Sie das Schreibgerät beiseite und versuchen Sie, sich in 5-10 min wieder zu konzentrieren; z. B. durch Blick aus dem Fenster, durch positive Gedanken „ich weiß es!" oder „Diese Aufgabe habe ich doch schon mal mit Erfolg gelöst" oder ähnliches.

Und letztendlich

Zeit !!!

Achten Sie auf den Zeitrahmen. Die Zeit ist in der Prüfung Ihr größter Feind. Wenn Sie Zeitprobleme haben, versuchen Sie zumindest, in jeder Tz die sog. „Fussgängerpunkte" mitzunehmen. Nichts zu schreiben, ist die schlechteste Variante.

III. Bilanzsteuerliches Grundlagenwissen

1. Der Betriebsvermögensvergleich

1.1 Gewinnermittlungsformel

Der steuerliche Gewinn ermittelt sich nach § 4 Abs. 1 Satz 1 EStG wie folgt:

	Betriebsvermögen am Ende eines Wirtschaftsjahres
-	Betriebsvermögen am Ende des vorangegangenen Wirtschaftsjahres
+	Entnahmen
-	Einlagen
=	Gewinn

Der Einzelhändler A hat zum 31.12.2017 ein Betriebsvermögen i. H. v. 100.000 €. Zum 31.12.2018 ermittelt er ein Betriebsvermögen i. H. v. 250.000 €. In 2018 hat er aus einer Erbschaft einen Betrag i. H. v. 20.000 € auf das betriebliche Konto überwiesen, sowie einen Betrag i. H. v. 90.000 € zur Begleichung einer Rate für das eigengenutzte Einfamilienhaus entnommen.

Lösung:
Der Gewinn 2018 beträgt (250.000 - 100.000 + 90.000 - 20.000 =) 220.000 €

Der Betriebsvermögensvergleich muss zwingend beherrscht werden. Dabei ist es egal, welchen Klausurtypus und welche Aufgabenstellung gewählt wird. Gerade bei vorgegebenen Bilanzen, die durch die Einarbeitung einzelner Sachverhalte anzupassen sind, ergibt sich ein erheblicher Zeitgewinn, wenn die Gewinnauswirkung bereits bei der Wahl der Bilanzpostenänderung bekannt ist. Entsprechendes gilt bei sog. Kapitalanpassungen nach einer durchgeführten Betriebsprüfung.

Um die Systematik des Betriebsvermögensvergleichs zu erläutern, wähle ich nachfolgendes Beispiel zu einem Kartenspiel:

1.2 Erläuterungen zum Betriebsvermögensvergleich

Stellen Sie sich vor, Sie spielen Karten mit Freunden um Geld (Glücksspiel). Wie können Sie am Ende des Spieleabends feststellen, ob Sie gewonnen oder verloren haben:

Methode 1:
Sie halten nach jedem einzelnen Spiel Ihren Gewinn oder Verlust schriftlich fest und addieren nach Spielende sämtliche Gewinne bzw. Verluste; als Saldo ergibt sich der Gesamtgewinn (Staffelmethode vgl. Anlage).

	€		€
Geldsumme zu Spielbeginn	→5,–		
1. Spiel gewonnen	+ 0,50	Gewinn	0,50
Geldbestand	5,50	Gesamtgewinn	0,50
2. Spiel gewonnen	+ 4,20	Gewinn	+ 4,20
Geldbestand	9,70	Gesamtgewinn	4,70
3. Spiel verloren	- 0,40	Verlust	- 0,40
Geldbestand	9,30	Gesamtgewinn	4,30
4. Spiel gewonnen	+ 15,–	Gewinn	+ 15,–
Geldbestand	24,30	Gesamtgewinn	19,30
Getränke (Zeche) bezahlt	- 15,–	* –,–	
Geldbestand	9,30	Gesamtgewinn	19,30
5. - 9. Spiel gewonnen	+ 35,20	Gewinn	35,20
Geldbestand	44,50	Gesamtgewinn	54,50
Geldgeschenk vom Freund	+ 5,–	* –,–	
Geldbestand	49,50	Gesamtgewinn	54,50
10. Spiel verloren	- 4,50	Verlust	- 4,50
Geldbestand bei Spielende	→45,–	Totalgewinn	50,–

* Dieser Vorgang beeinflusst den Spielgewinn nicht, da er mit dem Spielverlauf nichts zu tun hat!!

Methode 2:

Sie können aber auch so vorgehen, dass lediglich festgehalten wird, mit wie viel Geld begonnen wurde und wie hoch der Geldbestand am Ende des Spiels ist. Durch die einfache Rechnung:

	Geldsumme am Ende	45
-	Geldsumme am Anfang	- 5
	erhalten Sie den Gewinn oder Verlust:	40

Und korrigieren dieses Ergebnis durch die nicht betrieblich veranlassten Veränderungen

+	Entnahmen	+ 15
-	Einlagen	- 5
=	Spielgewinn	50

Die Gewinnformel des § 4 Abs. 1 Satz 1 EStG ist abgeleitet aus dem Entwicklungsverlauf des Betriebsvermögens (= Kapitals) vom Jahresbeginn (Anfangskapital) zum Jahresende (Schlusskapital), nämlich:

1.	Kapital am 1.1.01 (Startkapital = **Anfangskapital**)	5 €
2.	+ Gewinn im Wj. 01 (Spielgewinne)	+ 50 €
3.	- Entnahmen (Zeche)	- 15 €
4.	+ Einlagen (Schenkung)	+ 5 €
	ergibt Kapital am 31.12.01 (**Schlusskapital**)	45 €

Angenommen, es ist eine Schlussbilanz zum 31.12.2018 (= Eröffnungsbilanz 1.1.2019) gegeben und die Aufgabenstellung erfordert von Ihnen

a) Die Bilanzposten zum 31.12.2018 zu berichtigen und
b) Die Gewinnauswirkung für 2018 und 2019 hieraus abzuleiten,

dann gilt folgendes Schema:

Lösung:

					GA 2018	GA 2019
Aktivposten +	=	Schlusskapital +	=		+	-
Aktivposten -	=	Schlusskapital -	=		-	+
Passivposten +	=	Schlusskapital -	=		-	+
Passivposten -	=	Schlusskapital +	=		+	-

2. Maßgeblichkeitsgrundsatz

Der Maßgeblichkeitsgrundsatz ist in § 5 Abs. 1 Satz 1 EStG verankert. Er bestimmt, dass Ansatz und Bewertungsvorschriften aus der handelsrechtlichen Buchführungsverpflichtung für die Steuerbilanz zwingend zu übernehmen sind. Allerdings gilt diese „Übernahmeverpflichtung" lediglich, soweit das Steuerrecht keine eigenständigen Normen ausweist. Unter Hinweis auf die Vorschrift des § 5 Abs. 6 EStG gelten die steuerrechtlichen Regeln dann vorrangig vor den handelsrechtlichen Regeln.

Der Einzelunternehmer A bilanziert ein Gebäude (HK 100.000 €, Fertigstellung Januar 2018) und schreibt es in der Handelsbilanz unter Berücksichtigung einer 100-jährigen Nutzungsdauer mit 1 % ab, so dass in der Schlussbilanz 2018 das Gebäude mit 99.000 € ausgewiesen wird.

Lösung:

Der handelsrechtliche Bilanzansatz ist zutreffend (§ 253 Abs. 3 Satz 1,2 HGB). Über den Grundsatz der Maßgeblichkeit ist

a) in einem ersten Schritt der Ansatz in die Steuerbilanz zu übernehmen und
b) in einem zweiten Schritt zu prüfen, ob dieser Ansatz auch steuerrechtlich zulässig ist.

Nach § 7 Abs. 4 Satz 1 Nr. 1 EStG schreibt das Steuerrecht zwingend eine Absetzung für Abnutzung bei Gebäuden von 3 % vor, wenn

- das Gebäude sich im Betriebsvermögen befindet,
- keinen Wohnzwecken dient und
- der Bauantrag nach dem 31.03.1985 erfolgte

Über § 5 Abs. 6 EStG ist in der Steuerbilanz ein abweichender Bilanzansatz zu wählen. Daraus ergibt sich in der Handelsbilanz zum 31.12.2018 ein Bilanzansatz von 99.000 € und in der Steuerbilanz ein Bilanzansatz von 97.000 €.

Abgeleitet aus den handelsrechtlichen Normen ergeben sich

1. Ansatz- und Bewertungs**gebote** auf der Aktivseite z. B. Definition der Anschaffungskosten nach § 255 Abs. 1 HGB
2. Ansatz- und Bewertungs**verbote** auf der Passivseite z. B. Ansatzverbote für bestimmte Rückstellungen; § 249 Abs. 2 Satz 1 HGB
3. Ansatz- und Bewertungs**wahlrechte** auf der Aktivseite Ansatzwahlrecht des Disagios nach § 250 Abs. 3 HGB
4. Wahlrechte auf der Passivseite sind seit Anwendung des BilMoG (2009) ausgeschlossen.

Nach den GoB ergeben sich in der Übernahme in die Steuerbilanz folgende Grundregeln:

Handelsbilanz	Steuerbilanz
Aktivierungsgebot	Aktivierungsgebot
Passivierungsgebot	Passivierungsgebot
Aktivierungswahlrecht	Aktivierungsgebot
Passivierungswahlrecht	Passivierungsverbot

a) Anschaffungsnebenkosten (z. B. die Grunderwerbsteuer beim Grundstückserwerb) gehören zu den Anschaffungskosten und sind auch in der Steuerbilanz keine Betriebsausgaben (§ 255 Abs. 1 Satz 2 HGB, H 6.2 „Nebenkosten" EStH).

b) Rückstellungen für ungewisse Verbindlichkeiten sind auch in der Steuerbilanz zwingend anzusetzen (§ 249 Abs. 1 Satz 1 HGB, R 5.7 Abs. 1 Nr. 1 EStR).

c) Eine Disagio kann in der Handelsbilanz aktiviert werden, in der Steuerbilanz muss es aktiviert werden (§ 250 Abs. 3 HGB, H 6.10 „Damnum" EStH).

Die bis zur Anwendung des BilMoG vorgeschriebene umgekehrte Maßgeblichkeit ist mit Anwendung des BilMoG in 2009 entfallen. Die seinerzeitige umgekehrte Maßgeblichkeit forderte, dass ein steuerliches Wahlrecht nur in Übereinstimmung mit der Handelsbilanz auszuüben war.

Steuerliche Wahlrechte sind nunmehr unabhängig vom Ansatz in der Handelsbilanz anzuwenden; § 5 Abs. 1 Satz 2 EStG.

Der Betriebsinhaber X erwirb eine Maschine zum Einkaufspreis von netto 20.000 € im Januar 2018 und ermittelt zum 31.12.2018 unter Berücksichtigung

a) einer linearen AfA nach § 7 Abs. 1 Satz 1 EStG i. H. v. 4.000 € und
b) einer Sonderabschreibung nach § 7g EStG i. H. v. ebenfalls 4.000 €

einen Schlussbilanzansatz i. H. v. 12.000 €.

Lösung:

In der Handelsbilanz müsste die Maschine mit 16.000 € angesetzt werden nach § 253 Abs. 3 Satz 1 und 2 HGB; das Wahlrecht zur Berücksichtigung der Sonderabschreibung nach § 7g Abs. 5 EStG von maximal 20 % gilt nur für die Steuerbilanz und kann unabhängig von der Handelsbilanz gewählt werden; § 5 Abs. 1 Satz 2 EStG.

Hinweis:

Bei einem abweichenden Ansatz sind Formvorschriften nach § 5 Abs. 1 Sätze 2,3 EStG geboten.

Zu Zweifelsfragen hinsichtlich der Anwendung der Maßgeblichkeit der Handelsbilanz für die Steuerbilanz vgl. auch BMF v. 12.3.2010 - IV C 6 - S 2133/09/10001, BStBl 2010 I 239.

3. Inhalt der Bilanz; Abgrenzung Betriebsvermögen – Privatvermögen

Ausgehend vom Vollständigkeitsgebot muss zur vollständigen und richtigen Gewinnermittlung das Betriebsvermögen sowohl mengenmäßig, als auch wertmäßig zutreffend ausgewiesen werden.

3.1 Mengenmäßiger Ausweis des Betriebsvermögens

Nach § 246 HGB hat der Jahresabschluss sämtliche Vermögensgegenstände, Schulden, Rechnungsabgrenzungsposten, Aufwendungen und Erträge zu enthalten, soweit gesetzlich nichts anderes bestimmt ist. Dieses Vollständigkeitsgebot gilt auch für die Steuerbilanz.

Für den Begriff Vermögensgegenstand wird in der Steuerbilanz der Begriff „Wirtschaftsgut" verwendet; die Begriffe sind identisch. Der Betriebsinhaber (Einzelunternehmer, GmbH, KG) darf nur die Wirtschaftsgüter ausweisen, die ihm auch zuzurechnen sind, d. h. die ihm als bürgerlich-rechtlichem Eigentümer gehören oder für die er als wirtschaftlicher Eigentümer gilt.

Der Unternehmer A nutzt ein Gebäude für eigenbetriebliche Zwecke; das Gebäude gehört seiner Ehefrau B.

Lösung:

A kann das Gebäude nicht bilanzieren, weil er nicht bürgerlich-rechtlicher Eigentümer ist.

Sowohl im Handelsrecht (§ 240 HGB), als auch im Steuerrecht (§ 39 Abs. 1 AO) sind die Vermögensgegenstände/Wirtschaftsgüter dem (zivilrechtlichen) Eigentümer zuzurechnen. Allerdings erfolgt eine vom zivilrechtlichen Eigentümer abweichende Zurechnung beim wirtschaftlichen Eigentümer, wenn dieser die Gefahr des Untergangs, das Risiko der Verschlechterung oder die Chance einer Wertsteigerung trägt.

Die Vorschriften zum wirtschaftlichen Eigentum befinden sich in § 39 Abs. 2 AO und in § 246 Abs. 1 Satz 2 HGB. Danach liegt i. d. R. wirtschaftliches Eigentum vor, wenn der Nutzende die tatsächliche Herrschaft über ein Wirtschaftsgut ausübt und den Eigentümer hiervon ausschließen kann.

Wirtschaftliches Eigentum ist insbesondere in folgenden Fällen anzunehmen:

Kauf unter Eigentumsvorbehalt	Der Erwerber wird bis zur vollständigen Bezahlung nicht Eigentümer; jedoch ist die Gefahr des zufälligen Untergangs auf den Erwerber übergegangen. Er hat das Wirtschaftsgut zu bilanzieren.
Übergang Nutzen und Lasten	Beim Grundstückserwerb wird das Eigentum durch Grundbucheintragung vollzogen. Durch die Übernahme der auf dem Grundstück lastenden Gebühren und die Nutzung des Grundstücks ist der Nutzende wirtschaftlicher Eigentümer.
Sicherungsübereignung	Solange der Sicherungsgeber seinen Verpflichtungen nachkommt, ist der Sicherungsnehmer gehindert, über die Sache wirtschaftlich zu verfügen.
Leasingverträge	Für die Zurechnung von Leasinggegenständen hat die Finanzverwaltung entsprechende Erlasse verabschiedet, siehe hierzu Kap. IV.5
Nießbrauch	Nießbrauch ist das Recht, die Nutzung aus einer Sache zu ziehen. Im Regelfall bleibt der zivilrechtliche Eigentümer auch wirtschaftlicher Eigentümer.
Treuhandverhältnisse	Der Treuhänder erwirbt i. d. R. das Treuhandvermögen, um jedoch die Vermögensrechte im Interesse des Treugebers auszuüben. Insoweit bleibt der Treugeber wirtschaftlicher Eigentümer.

3.2 Begriff Vermögensgegenstand / Wirtschaftsgut

Der Begriff Wirtschaftsgut ist genauso wie der deckungsgleiche handelsrechtliche Begriff „Vermögensgegenstand" gesetzlich nicht definiert. So hat zwangsläufig die Rechtsprechung in umfangreichen Urteilen mit der Abgrenzung „Wirtschaftsgut" entschieden und eine doch recht weitläufige Definition entwickelt.

Danach sind Wirtschaftsgüter „Sachen, Rechte oder tatsächliche Zustände, konkrete Möglichkeiten oder Vorteile für den Betrieb, deren Erlangung der Kaufmann sich etwas kosten lässt, die einer besonderen Bewertung zugänglich sind, in der Regel eine Nutzung für mehrere Jahre erbringen und zumindest mit dem Betrieb übertragen werden können" (H 4.2 Abs. 1 „Wirtschaftsgut – Begriff" EStH).

Der Umfang eines Wirtschaftsguts bestimmt sich nach der wirtschaftlichen Betrachtungsweise; so ist z. B. ein betrieblich genutztes Kraftfahrzeug als ein Wirtschaftsgut zu aktivieren. Es erfolgt keine entsprechende Aktivierung der Einzelteile. Zum Kfz gehört z. B. auch die Anhängerkupplung, der Satz Winterreifen, das Autoradio oder das Navigationsgerät.

Zu den Wirtschaftsgütern gehören auch Ansprüche wie z. B. Forderungen, wenn sie bereits entstanden sind (Realisationsprinzip, § 252 Abs. 1 Nr. 4 HGB).

Nutzungsvorteile sind keine Wirtschaftsgüter, demzufolge nicht bilanzierungsfähig. Anders verhält es sich mit dinglichen oder obligatorischen Nutzungsrechten; diese sind i. d. R. immaterielle Wirtschaftsgüter (vgl. hierzu BMF v. 24. 7. 1998 - IV B 3 - S 2253 - 59/98, BStBl 1998 I 914 – geändert durch BMF v. 9. 2. 2001 - IV C 3 - S 2253, BStBl 2001 I 171 und BMF v. 30. 9. 2013 - IV C 1 - S 2253/07/10004, BStBl 2013 I 1184 – sog. „Nießbrauchserlass").

3.2.1 Notwendiges Betriebsvermögen

Wirtschaftsgüter, die ausschließlich und unmittelbar den eigenbetrieblichen Zwecken dienen, sind zwingend in der Bilanz auszuweisen. Das Merkmal „Betriebsvermögen" ist nicht von der tatsächlichen Bilanzierung abhängig, sondern die unmittelbare Verwendung für den Betrieb ist ausreichend. Zwingend als notwendiges Betriebsvermögen sind auch Wirtschaftsgüter auszuweisen, deren Nutzung zu mehr als 50 % (überwiegend) betrieblich ist.

Dazu gehören u. a.

a) Wirtschaftsgüter, die keine Gebäude sind (R 4.2 Abs. 1 Sätze 1, 4 EStR),

b) Gebäude und Gebäudeteile (R 4.2 Abs. 7 Satz 1 EStR).

Das Zuordnungsmerkmal nach der Nutzung kann nicht für alle Wirtschaftsgüter gelten. So ist es z. B. eine Einzelfallentscheidung, ob Wertpapiere oder Beteiligungen dem **notwendigen** Betriebsvermögen zugeordnet werden können. Genossenschaftsanteile sind z. B. notwendiges Betriebsvermögen, wenn sie für den Betrieb eine konkrete und unmittelbare Funktion besitzen (H 4.2 „Beteiligungen – Freiwillig gezeichnete Genossenschaftsanteile" EStH). Allerdings werden Wertpapiere allein durch ihre Verpfändung für Betriebskredite nicht notwendiges Betriebsvermögen (H 4.2 „Wertpapiere" EStH).

> **HINWEIS:**
> Notwendiges Betriebsvermögen ist zwingend zu bilanzieren; eine bisherige Nichterfassung führt zur Überprüfung einer Bilanzberichtigung nach § 4 Abs. 2 Satz 1 EStG.

3.2.2 Gewillkürtes Betriebsvermögen

Gewillkürtes Betriebsvermögen kann in der Bilanz ausgewiesen werden. Allerdings existiert kein freies Wahlrecht hierzu. Für die Bildung von gewillkürtem Betriebsvermögen muss eine betriebliche Veranlassung gegeben sein (H 4.2 „Gewillkürtes Betriebsvermögen" EStH).

Soll ein Wirtschaftsgut als gewillkürtes Betriebsvermögen ausgewiesen werden, so muss der Betriebsinhaber die Zuordnung unmissverständlich in geeigneter Weise dokumentieren (z. B. durch eine Einlagebuchung), so dass ein sachverständiger Dritter dieses ohne weitere Erklärung erkennen kann. Die Zuordnung muss zeitnah erfolgen; kann demzufolge nicht rückwirkend vorgenommen werden.

Der Unternehmer A hat Aktien im Privatvermögen (AK: 100.000 €), deren Wert am Bilanzstichtag 31.12.2017 auf 65.000 € aufgrund der Finanzkrise gesunken ist. Am 31.3.2018 bucht er im Rahmen des Jahresabschlusses 2017 die Aktien mit den AK ein und berücksichtigt einen Aufwand i. H. v. 35.000 €, um die Aktien mit dem niedrigeren Teilwert anzusetzen.

Lösung

Aktien sind Wertpapiere und sind grundsätzlich als gewillkürtes Betriebsvermögen auszuweisen, da die Möglichkeit einer Liquiditätsreserve für einen objektiven betrieblichen Zusammenhang ausreichend ist (H 4.2 „Kreditgrundlage" EStH). Allerdings erfolgte keine zeitnahe Zuordnung; insoweit könnte die früheste Aufnahme ins Betriebsvermögen am 31.3.2018 erfolgen. Aber auch dies ist fraglich, da Wirtschaftsgüter, die voraussichtlich nur betriebliche Verluste bringen, nicht in das Betriebsvermögen überführt werden dürfen (H 4.2 Abs. 1 „Wirtschaftsgut – verlustbringende Wirtschaftsgüter" EStH).

HINWEIS:

Gewillkürtes Betriebsvermögen kann bilanziert werden; in der Aufgabenstellung ist i. d. R. eine Aussage zu finden, ob „so viel wie möglich" oder „so wenig wie möglich" Betriebsvermögen auszuweisen ist. Oder man findet die Formulierung: „Eine möglichst hohe Bilanzsumme ist zu wählen" oder ähnliche Formulierungen.

Zum Ausweis von gewillkürtem Betriebsvermögen bei Gebäuden und Gebäudeteilen vgl. H 4.2 Abs. 9 EStH.

3.2.3 Notwendiges Privatvermögen

Nicht bilanzierungsfähig sind Wirtschaftsgüter des notwendigen Privatvermögens. Hierzu gehören Wirtschaftsgüter, die zu keiner Beziehung zum Betrieb stehen oder von untergeordneter Bedeutung für den Betrieb sind. Hierfür sieht die Verwaltung einen privaten Nutzungsanteil von mehr als 90 % an (betrieblicher Anteil gleich oder weniger als 10 % = R 4.2 Abs. 1 Satz 5 EStR).

Im Regelfall sind diese Wirtschaftsgüter schon ihrer Art nach zu erkennen, z. B.:

1. Privater Schmuck, Kleidung, Wohnungseinrichtung,
2. Gegenstände, die zur Ausübung eines Hobbys erworben worden sind wie z. B. eine Eisenbahnanlage, oder antike Bilder u. Ä.

3.2.4 Schulden als Betriebsvermögen

Die Zuordnung von **Verbindlichkeiten** zum Betriebsvermögen erfolgt, wenn die Schuld betrieblich veranlasst ist; wenn nicht, liegt keine Betriebsschuld vor. Eine Behandlung als gewillkürtes Betriebsvermögen ist nicht möglich. Entscheidend für die Zuordnung ist das sog. „Veranlassungsprinzip", d. h. wodurch die Schuldaufnahme verursacht worden ist (H 4.2 Abs. 15 „Betriebsschuld" EStH).

Der Unternehmer A hat in seinem Betriebsvermögen einen PKW ausgewiesen, den er nachweislich zu 80 % betrieblich nutzt. Das Fahrzeug wurde teilweise fremdfinanziert.

Zwischenlösung

Der PKW ist notwendiges Betriebsvermögen, da seine betriebliche Nutzung mehr als 50 % beträgt. Das Finanzierungsdarlehen war damit durch den Erwerb von Betriebsvermögen veranlasst, deshalb liegt eine Betriebsschuld vor.

Weiterführung des Beispiels

Zum 1.7.2018 schenkt A dieses Kfz seiner Tochter zum 18. Geburtstag

Lösung

Das Fahrzeug ist zum 1.7.2018 zu entnehmen nach § 4 Abs. 1 Satz 2 EStG. Da das Kfz nunmehr kein Betriebsvermögen mehr darstellt, ist die Restschuld zum 1.7.2018 ebenso zu entnehmen; R 4.2 Abs. 15 EStR

3.2.5 Entnahmen

Entnahmen sind Vorgänge, durch die das Betriebsvermögen gemindert wird; es erfolgt eine Überführung in den außerbetrieblichen Bereich (Gegenstandsentnahme) oder eine Nutzung für den außerbetrieblichen Bereich (Nutzungsentnahme). Die Minderung des Betriebsvermögens durch Entnahmen darf sich nicht auf das Ergebnis auswirken; deshalb ist im Rahmen des Betriebsvermögensvergleichs eine Korrektur vorzunehmen. Die Entnahmen sind in § 4 Abs. 1 Satz 2 EStG (R 4.3 EStR) normiert.

Als Entnahmen sind auch der Ausschluss oder die Beschränkung des deutschen Besteuerungsrechts hinsichtlich eines Gewinns aus der Veräußerung eines Wirtschaftsguts oder der Nutzung eines Wirtschaftsguts (§ 4 Abs. 1 Satz 3 ff. EStG) zu bewerten.

Grundsätzlich können nur Wirtschaftsgüter entnommen werden, auch wenn diese bisher (zutreffend) nicht bilanziert wurden. So ist z. B. ein selbst geschaffenes immaterielles Wirtschaftsgut (z. B. ein Patent) entnahmefähig. Ein „Nicht-Wirtschaftsgut" ist nicht entnahmefähig. Wenn z. B. ein Kfz-Meister in seiner Werkstatt eine Reparatur für das Fahrzeug seiner Eltern unentgeltlich durchführt, so liegt keine Entnahme vor, da die eigene Arbeitsleistung kein Wirtschaftsgut darstellt und demzufolge nicht entnahmefähig ist.

Zur Entnahme bedarf es einer Entnahmehandlung (R 4.3 Abs. 3 EStR), die durch einen Entnahmewillen getragen ist.

a) Der Bäcker genießt ein Tässchen Kaffee in seinem Verkaufsraum.
b) Der Schmuckhändler entnimmt einen Ring, um ihn seiner Freundin zu schenken.
c) Der Kfz-Händler schenkt ein Fahrzeug aus seinem Warenbestand seiner Tochter zum 18. Geburtstag.

Entnommen werden können Barmittel oder Geldbestände (durch Überweisung). Des Weiteren sind jederzeit entnahmefähig alle Wirtschaftsgüter des Anlagevermögens und des Umlaufvermögens.

Von einer Nutzungsentnahme spricht man, wenn ein Gegenstand nicht entnommen wird, sondern lediglich für einen bestimmten Zeitraum außerbetrieblich genutzt wird. Eine Leistungsentnahme liegt vor, wenn betriebliche Aufwendungen für den außerbetrieblichen Bereich erbracht werden.

1 Die private Nutzung eines betrieblichen Kraftfahrzeugs (= Nutzungsentnahme).
2 Ein angestellter Handwerker repariert die Heizung im privaten Einfamilienhaus des Betriebsinhabers (= Leistungsentnahme).

Von den Entnahmen sind abzugrenzen

1. die Überführung von Wirtschaftsgütern von einem Betrieb des Steuerpflichtigen in einen anderen Betrieb desselben Steuerpflichtigen (§ 6 Abs. 5 Satz 1 EStG – begrifflich eine Entnahme, die allerdings zum Buchwert erfolgt), oder

2. die Überführung von Wirtschaftsgütern von einem Betrieb des Steuerpflichtigen in einen Betrieb eines anderen Steuerpflichtigen (§ 6 Abs. 4 Satz 1 EStG), oder

3. die Überführung von Wirtschaftsgütern in das Gesamthandsvermögen einer Mitunternehmerschaft, an der der Überführende beteiligt ist (§ 6 Abs. 5 Satz 3 EStG).

In allen diesen Fällen liegt keine Entnahme vor, sondern ein Sondertatbestand.

HINWEIS:

Die einkommensteuerliche Entnahme eines Gegenstands ist umsatzsteuerlich einer Lieferung gleichzusetzen; § 3 Abs. 1b UStG. Auch die Nutzungs- oder Leistungsentnahme ist umsatzsteuerlich einer Sonstigen Leistung gleichzusetzen; § 3 Abs. 9a UStG. Mit Ausnahme der Leistungsentnahme ist Voraussetzung für den umsatzsteuerlichen Leistungsaustausch, dass beim Erwerb der Vorsteuerabzug möglich war.

3.2.6 Einlagen

Einlagen sind Vorgänge, durch die das Betriebsvermögen durch außerbetriebliche Vorgänge vermehrt wird (vgl. § 4 Abs. 1 Satz 8 EStG). Möglich ist die Einlage von Geld und von Wirtschaftsgütern; Nutzungsvorteile sind nicht einlagefähig. Die Mehrung des Betriebsvermögens durch Einlagen darf sich nicht auf das Ergebnis auswirken; deshalb ist im Rahmen des Betriebsvermögensvergleichs eine Korrektur vorzunehmen.

Der Unternehmer A gewinnt im Lotto 400.000 € und löst damit eine betriebliche Verbindlichkeit ab.
Lösung
Es liegt eine Geldeinlage vor, indem eine betriebliche Schuld mittels privater Mittel getilgt wird.

3.3 Einteilung der Wirtschaftsgüter

Bilanzierungsfähige Wirtschaftsgüter/Vermögensgegenstände auf der Aktivseite der Bilanz sind bestimmten Bewertungskriterien unterworfen. Aus diesem Grund ist es sinnvoll, einem Wirtschaftsgut gleich die entsprechenden Merkmale zuzuordnen, wie z. B.:

Selbständige oder unselbständige Wirtschaftsgüter

Grundsätzlich ist jede Sache i. S. d. § 90 BGB ein selbständiges WG. Ausgehend vom Grundsatz der Einzelbewertung ist der Vermögensgegenstand/das Wirtschaftsgut als Bewertungseinheit einzeln zu bewerten. Daraus resultiert – meistens – eine einheitliche Abschreibung. So wird z. B. ein neues Kfz einheitlich auf eine Nutzungsdauer von 6 Jahren abgeschrieben, wohl wissend, dass Einzelteile (z. B. Reifen, Auspuff) isoliert eine kürzere Nutzungsdauer haben. Unselbständige Wirtschaftsgüter unterliegen den Regeln des Wirtschaftsguts. So ist ein Datenträger (DVD) unselbständiger Teil der Software (BStBl 1987 II 728). Oder beim Bruchteilseigentum ist jeder Miteigentumsanteil ein eigenes Wirtschaftsgut.

Anlagevermögen oder Umlaufvermögen

Anlagevermögen ist dazu bestimmt, dem Betrieb dauernd zu dienen (§ 247 Abs. 2 HGB); Umkehrschluss: Umlaufvermögen dient nicht dauernd dem Betrieb (R 6.1 Abs. 2 EStR).

Typische bilanzsteuerliche Merkmale des Anlagevermögens:

- ▶ AfA, falls abnutzbares Anlagevermögen (evtl. auch Sonder- und erhöhte Absetzungen nach § 7c ff. EStG),
- ▶ u. U. Begünstigungsregeln beim Verkauf (§ 6b EStG),
- ▶ gesonderte Bewertungsvorschriften (§ 253 Abs. 1 und 3 HGB, § 6 Abs. 1 Nr. 1 und 2 EStG).

Typische bilanzsteuerliche Merkmale des Umlaufvermögens:

- ▶ keine AfA,
- ▶ gesonderte Bewertungsvorschriften (§ 253 Abs. 4 HGB, § 6 Abs. 1 Nr. 2 EStG),
- ▶ u. U. Inventurvereinfachungsverfahren (§ 241 HGB).

Ein Kfz-Händler hat einen Vorführwagen im Bestand. Ist das Fahrzeug dem Anlagevermögen oder dem Umlaufvermögen zuzuordnen?

Lösung

Vorführwagen sind dem Anlagevermögen zuzuordnen (H 6.1 EStH „Vorführ- und Dienstwagen").

Nach Verwaltungsmeinung – R 6b.3 Abs. 1 Satz 2 EStR – liegt ein Wirtschaftsgut des Anlagevermögen vor, wenn es mindestens 6 Jahre zum Betriebsvermögen gehört.

Bewegliche oder unbewegliche Wirtschaftsgüter

Bewegliche Wirtschaftsgüter im Ertragssteuerrecht sind Sachen (§ 90 BGB), Tiere (§ 90a BGB), Scheinbestandteile (R 7.1 Abs. 2 EStR) und Betriebsvorrichtungen (R 7.3 EStR). Immaterielle Wirtschaftsgüter zählen nicht zu den beweglichen Wirtschaftsgütern (H 7.1 EStH „Bewegliche Wirtschaftsgüter").

Bewegliche Wirtschaftsgüter können u. a.

- ▶ bei Vorliegen aller Voraussetzungen als GWG – auch als sog. Sammelposten nach § 6 Abs. 2a EStG – behandelt werden,
- ▶ können durch die Sonderabschreibung nach § 7g EStG begünstigt werden.

Abnutzbare oder nicht abnutzbare Wirtschaftsgüter

Abnutzbare Wirtschaftsgüter unterliegen einer **Absetzung für Abnutzung**; hierzu gehören (R 7.1 Abs. 1 EStR):

- ▶ bewegliche Wirtschaftsgüter,
- ▶ immaterielle Wirtschaftsgüter,
- ▶ unbewegliche Wirtschaftsgüter, die keine Gebäude oder Gebäudeteile sind,
- ▶ Gebäude und Gebäudeteile.

3. Inhalt der Bilanz; Abgrenzung Betriebsvermögen – Privatvermögen

> **HINWEIS:**
> Weisen Sie in der Steuerberaterprüfung den Wirtschaftsgütern gleich die entsprechenden Merkmale zu.

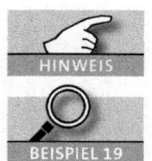

Erwerb eines Softwareprogramms für 700 €

Lösung

Das Programm ist als immaterielles Wirtschaftsgut nach § 5 Abs. 2 EStG, § 246 Abs. 1 HGB zu bilanzieren, da es entgeltlich erworben wurde. Es handelt sich um ein unbewegliches (H 7.1 „Bewegliche Wirtschaftsgüter" EStH), abnutzbares (R 7.1 Abs. 1 Nr. 2 EStR) Wirtschaftsgut des Anlagevermögens (R 6.1 Abs. 1 Sätze 1, 4 EStR, § 247 Abs. 2 HGB), das mit den Anschaffungskosten (§ 255 Abs. 1 HGB) abzüglich planmäßiger AfA (§ 253 Abs. 3 HGB, § 6 Abs. 1 Nr. 1 EStG) zu bewerten ist.

Es liegt kein sog. Trivialprogramm vor (R 5.5 Abs. 1 Satz 3 EStR) und die Regelungen für geringwertige Wirtschaftsgüter (§ 6 Abs. 2 und 2a EStG) sind nicht anwendbar.

Abnutzbar, und damit AfA-fähig, sind Wirtschaftsgüter, deren Wert sich durch Zeitablauf verringert. Die Zulässigkeit der AfA wird zum einen begründet mit der Wertverzehrthese, deren Aufgabe es ist, den Wertverlust über die betriebsgewöhnliche Nutzungsdauer zu verteilen oder der sog. Aufwandsverteilungsthese, die eine reine Verteilung der Anschaffungskosten oder Herstellungskosten über die betriebsgewöhnliche Nutzungsdauer vorsieht (lineare AfA nach § 7 Abs. 1 EStG).

Übersteigt die betriebsgewöhnliche Nutzungsdauer nicht einen Zeitraum von 1 Jahr (i. S. v. 365 Tagen), so erfolgt keine Verteilung der Anschaffungs- oder Herstellungskosten und die Aufwendungen sind sofort abziehbare Betriebsausgaben nach § 4 Abs. 4 EStG.

3.4 Zeitpunkt der Ermittlung des Betriebsvermögens

Eine Aufstellung der Bilanz mit vollständigem Ausweis aller Wirtschaftsgüter erfolgt zum Abschluss eines Wirtschaftsjahres. Im Regelfall entspricht das Wirtschaftsjahr dem Kalenderjahr (§ 4a Abs. 1 Satz 2 Nr. 3 EStG). Das Wirtschaftsjahr ist der Gewinnermittlungszeitraum, für den ein Gewinn durch Betriebsvermögensvergleich zu ermitteln ist. Das Wirtschaftsjahr darf 12 Monate nicht überschreiten (§ 8b Satz 1 EStDV); es darf allerdings in Ausnahmefällen weniger als 12 Monate betragen. Zulässig ist auch ein Wirtschaftsjahr von 12 Monaten, wenn der Abschlusszeitpunkt nicht auf den 31. 12. fällt.

Der Unternehmer A eröffnet am 1. 4. 2018 ein Handelsunternehmen und will regelmäßig seine Abschlüsse zum 31. 3. machen.

Lösung

Ein Abschlussstichtag abweichend vom Kalenderjahr ist zulässig, wenn die jeweilige Firma ins Handelsregister eingetragen ist (§ 4a Abs. 1 Satz 2 Nr. 2 EStG).

Ein Wirtschaftsjahr von weniger als 12 Monaten kann vorliegen bei

a) Eröffnung oder Erwerb eines Betriebs (§ 6 Abs. 1 EStDV i. V. m. § 8b Satz 2 Nr. 1 EStDV)

b) Veräußerung oder Aufgabe eines Betriebs (§ 6 Abs. 2 EStDV i. V. m. § 8b Satz 2 Nr. 1 EStDV)

c) Umstellung von einem Abschlusszeitpunkt 31. 12. auf einen anderen Abschlusszeitpunkt oder umgekehrt.

Eine **Umstellung** auf einen vom 31. 12. abweichenden Zeitpunkt ist allerdings nur mit Zustimmung des Finanzamts möglich (§ 4a Abs. 1 Satz 2 Nr. 2 Satz 2 EStG).

Bei Wirtschaftsjahren, die kürzer als 12 Monate sind, spricht man von **Rumpfwirtschaftsjahren**.

> **HINWEIS:**
> Rumpfwirtschaftsjahre sind in Prüfungen mit Vorsicht zu genießen. Sämtliche Sachverhalte, die Fristen oder Zeiträume beinhalten, sind genau zu prüfen wie z. B. die Verzinsung nach § 6b Abs. 7 EStG, die Verbleibensfrist nach § 7g Abs. 6 Nr. 2 EStG, AfA nach § 7 Abs. 5 EStG oder die Passivierung einer Pensionsrückstellung nach § 6a Abs. 2 Nr. 1 EStG.

4. Steuerliche Bewertungsmaßstäbe

Die zutreffende Gewinnermittlung durch Betriebsvermögensvergleich erfordert eine entsprechende Bewertung der einzelnen Bestandteile (aktive wie passive Wirtschaftsgüter, sowie Entnahmen und Einlagen). Bewertung bedeutet eine Umrechnung in Geld (Euro) der nicht in Geld bestehenden Wirtschaftsgüter. Die Bewertung erfolgt zum Zeitpunkt der Bilanzerstellung, also i. d. R. zum 31. 12. eines Kalenderjahrs.

Bei der Bewertung sind alle werterhellenden Umstände zu berücksichtigen. Es handelt sich dabei um Sachverhalte, die am Bilanzstichtag bereits vorlagen, aber erst bis zum Bilanzerstellungstag bekannt werden.

Bei einem Schuldner wurde am 20. 12. 2018 das Insolvenzverfahren beantragt. Der Gläubiger X hat hiervon am 25. 1. 2019 erfahren, seine Bilanz 2018 hat X am 28. 2. 2019 erstellt.

Lösung

Die Forderung, die X an den Schuldner hat, ist in seiner Bilanz zum 31. 12. 2018 mit 0 € zu bewerten, da mit Antrag auf Eröffnung des Insolvenzverfahrens die Forderung keine Wertigkeit mehr hat. X hat hiervon bis zum Tag der Bilanzerstellung erfahren. Würde der Antrag erst nach dem 31. 12. 2018 gestellt werden, wäre die Forderung vollwertig zu bilanzieren; es läge ein nicht zu beachtender wertbeeinflussender Vorgang vor.

4.1 Anschaffungskosten

„Vermögensgegenstände sind höchstens mit den Anschaffungskosten … anzusetzen" (§ 253 Abs. 1 Satz 1 HGB). Ebenso wie die Bewertungsvorschriften des HGB beinhalten die Bewertungsvorschriften des EStG als Höchstwertansatz die Anschaffungskosten (§ 6 Abs. 1 Nr. 1 und 2 EStG). Hintergrund dieser Regelung ist die Vermutung, dass ein WG den Wert innehat, den es gekostet hat. Zudem verhindert die Bewertungsobergrenze den Ausweis nicht realisierter stiller Reserven.

Die AK stellen außerdem grundsätzlich die Ausgangsbasis für die Bemessung der handelsrechtlichen und steuerrechtlichen Abschreibungen dar (R 7.3 Abs. 1 Satz 1 EStR).

Im EStG sind die Anschaffungskosten nicht definiert; die Begriffsbestimmung befindet sich im § 255 Abs. 1 HGB und H 6.2 „Anschaffungskosten" EStH. Aus der Definition der AK ergeben sich drei wesentliche Kriterien:

AK sind alle Aufwendungen,

- um einen Gegenstand zu **erwerben** und
- um ihn in einen **betriebsbereiten Zustand** zu versetzen,
- die Aufwendungen müssen dem Gegenstand **einzeln** zugeordnet werden können. Nebenkosten und nachträgliche Anschaffungskosten gehören ebenfalls dazu.

Die Definition der AK entspricht den Grundsätzen ordnungsgemäßer Buchführung und ist über den Maßgeblichkeitsgrundsatz für das EStG verbindlich. Außerdem beinhaltet das EStG keine Unterscheidung bei der Begriffsbestimmung der Anschaffungskosten im Gewinn/Überschussbereich.

4.1.1 Erwerb eines Gegenstands

Anschaffungskosten liegen nur vor, wenn ein Wirtschaftsgut von einem Fremden in die eigene Verfügungsmacht übergeht. Aufwendungen für innerbetriebliche Transporte z. B. gehören demnach nicht zu den Anschaffungskosten.

Es muss ein Erwerbsvorgang vorliegen. Erforderlich ist ein entgeltlicher Erwerbsvorgang durch Kauf oder Werklieferungsvertrag. Auch ein Tauschvorgang stellt einen Erwerbsvorgang (und einen Veräußerungsvorgang) dar.

Maßgebend sind die Anschaffungskosten im Zeitpunkt des Erwerbs, d. h. im Lieferzeitpunkt (§ 9a EStDV). Dies ist vor allem wichtig bei Erwerbsvorgängen mit besonderen Zahlungsbedingungen wie z. B.:

1. Erwerb durch Darlehen in Fremdwährung

   (AK = Wechselkurs/Briefkurs im Zeitpunkt der Anschaffung)

2. Erwerb durch Rentenzahlungen

   (AK = Rentenbarwert im Zeitpunkt der Anschaffung)

3. Erwerb durch Ratenzahlungen

   (Ratenbarwert im Zeitpunkt der Anschaffung)

4. Erwerb durch Hingabe eines Wirtschaftsguts

   (Tausch – Gemeiner Wert des hingegebenen Wirtschaftsguts im Zeitpunkt der Anschaffung)

4.1.2 Versetzung in den betriebsbereiten Zustand

Anschaffungskosten liegen bis zum betriebsbereiten Zustand vor; d.h. der Anschaffungsvorgang ist bei Übergang des Eigentums (bürgerlich-rechtlich oder wirtschaftlich) noch nicht abgeschlossen, wenn eine Nutzung nach der Zweckbestimmung noch nicht möglich ist. So ist z. B. ein neu erworbenes Gebäude mit allen Aufwendungen zu aktivieren, die zur Herstellung der objektiven wie subjektiven Funktionstüchtigkeit notwendig sind. Aufwendungen für die subjektive Funktionstüchtigkeit sind die Aufwendungen, die für die subjektive Zweckbestimmung geleistet werden.

Erwerb eines Mietwohnhauses zur beabsichtigten Nutzung als Bürogebäude. Nach dem Erwerb erfolgt ein Umbau u. a. durch Veränderungen aller sanitären Anlagen (Entfernen aller Badewannen) und Entfernen von Wänden zur Erstellung von Großraumbüros.

Lösung

Sämtliche Baumaßnahmen sind Maßnahmen zur Herstellung der subjektiven Funktionstüchtigkeit und damit den Anschaffungskosten zuzurechnen (BMF v. 18.7.2003 - IV C 3 - S 2211, BStBl 2003 I 386, Rdn. 5 ff.).

4.1.3 Einzelkosten der Anschaffung

Nur direkt zuordenbare Kosten (auch Anschaffungsnebenkosten genannt) sind Anschaffungskosten des Wirtschaftsguts. Kosten, die einem WG nicht direkt, d.h. nur über einen Verteilungsschlüssel zugeordnet werden können, sind keine Anschaffungskosten. Hierzu gehören im Regelfall Frachtkosten, Porto, oder sonstige Transportkosten. Beim Grundstückserwerb sind Nebenkosten der Anschaffung die Grunderwerbsteuer, die Notarkosten, die dem Erwerb dienen und die entsprechenden Grundbuchkosten.

4.1.4 Sonderfälle der Anschaffungskosten

Anschaffungskosten bei gestundetem Kaufpreis

Maßgebend für die Anschaffungskosten ist der abgezinste Barwert bei längerer Stundung, d.h. bei einer Stundung über 12 Monate ab Fälligkeit.

Anschaffungskosten bei übernommenen Verbindlichkeiten

Übernommene Verbindlichkeiten gehören zu den Anschaffungskosten, egal, ob diese beim Veräußerer in einem Zusammenhang mit dem veräußerten WG gestanden haben oder nicht.

Anschaffungskosten bei übernommener Rentenverpflichtung

Maßgebend ist der Rentenbarwert im Zeitpunkt des Erwerbs.

Anschaffungskosten bei mit dinglichen Nutzungsrechten belasteten Wirtschaftsgütern (z. B. Erbbaurecht, dingliches Wohnrecht oder andere Dienstbarkeiten)

Die Belastungen wirken sich wertmindernd auf das WG aus und führen somit zu einem niedrigeren Kaufpreis. Der Stpfl. erwirbt also ein um das Nutzungsrecht gemindertes Eigentum. Da die Belastungen keine Verbindlichkeiten darstellen, erhöhen sie die AK nicht.

Anschaffungskosten bei mit obligatorischen Nutzungsrechten belasteten Wirtschaftsgütern (z. B. Erwerb eines vermieteten Gebäudes)

Diese Belastungen mindern die Anschaffungskosten des Wirtschaftsguts nicht (z. B. Anschaffungskosten einer unentgeltlich den Eltern überlassenen Wohnung); gleichzeitig ist das Wohnrecht zu passivieren und auf den Zeitraum der Nutzung zu verteilen (z. B. über 10 Jahre).

Anschaffung im Zwangsversteigerungsverfahren

Anschaffungskosten sind das Zuschlagsgebot plus die bestehen bleibenden Belastungen des Erwerbers (z. B. vorrangige Grundschulden), die zu entrichtende Grunderwerbsteuer sowie alle weiteren Verpflichtungen, die der Ersteigerer im Zusammenhang mit dem Erwerb übernimmt.

Anschaffung in ausländischer Währung

Maßgebend ist der Wechselkurs (Briefkurs) zum Tag der Entstehung der Schuld; d. h. regelmäßig der Tag der Lieferung. Bitte beachten Sie, dass die bestehende Zahlungsverpflichtung als Schuld auszuweisen ist und ebenfalls mit dem Wechselkurs (diesmal aber Geldkurs) im Zeitpunkt des Erwerbs. Also kann bereits beim Erwerb ein Kursverlust entstehen.

Vorsteuer als Anschaffungskosten

Ist die Vorsteuer in vollem Umfang abziehbar, gehört sie nicht zu den Anschaffungskosten (§ 9b Abs. 1 EStG). Im Umkehrschluss gehört sie zu den Anschaffungskosten, wenn sie nicht abziehbar ist (R 9b Abs. 1 EStR).

Bei teilweisem Vorsteuerabzug ist sachgerecht aufzuteilen.

Weitere Sonderfälle

Vgl. H 6.2 EStH

4.1.5 Minderung der Anschaffungskosten

„Anschaffungspreisminderungen sind abzusetzen", so heißt es in § 255 Abs. 1 Satz 3 HGB. Hierbei handelt es sich insbesondere um Rabatte, Boni, Skonti und andere Minderungen (z. B. wegen Mängelrüge).

Anschaffungskosten werden ebenfalls gemindert durch die Möglichkeit der Übertragung von Rücklagen wie z. B.:

Rücklage nach § 6b EStG	§ 6b Abs. 3 EStG
Rücklage für Ersatzbeschaffung	R 6.6 Abs. 5 EStR
Zuschussrücklagen	R 6.5 Abs. 2 EStR
Auflösung des IAB	§ 7g Abs. 2 Satz 2 EStG

HINWEIS:

Die vorgenannten exemplarischen Minderungen der Anschaffungskosten sind aufgrund steuerlicher Wahlrechte möglich, die nach § 5 Abs. 1 Satz 1 EStG unabhängig vom Ansatz in der Handelsbilanz berücksichtigt werden können.

4.1.6 Nachträgliche Anschaffungskosten

Nachträgliche Anschaffungskosten sind zwingend zu den Anschaffungskosten zu rechnen. Hierbei handelt es sich um Aufwendungen, die, wenn sie vor der Betriebsbereitschaft angefallen wären, Anschaffungskosten wären (z. B. Erstmaliger Kauf von Winterreifen bei einem vorhandenen Kfz). Unerheblich ist das Alter des ursprünglichen Wirtschaftsguts. So ist z. B. der Anbau von Garagen an Ein- oder Zweifamilienhäuser auch dann als nachträgliche HK zu qualifizieren, wenn der Anbau erst Jahre nach der Anschaffung des Gebäudes erfolgt.

HINWEIS:

Wenn sich die Anschaffungskosten ändern (diese sind die AfA-Bemessungsgrundlage), so ist die Absetzung für Abnutzung neu zu bestimmen (H 7.3 „nachträgliche Anschaffungs- oder Herstellungskosten" EStH und H 7.4 „nachträgliche Anschaffungs- oder Herstellungskosten" EStH).

4.1.7 Aufteilung der Anschaffungskosten

Soweit Anschaffungskosten auf mehrere WG entfallen, sind diese im Verhältnis der Teilwerte oder gemeinen Werte aufzuteilen. Dies hat insbesondere Bedeutung bei der Anschaffung von Grundstücken und Eigentumswohnungen (H 7.3 „Kaufpreisaufteilung" EStH).

Eine Kaufpreisaufteilung ist in Klausurfällen auch regelmäßig enthalten beim Erwerb eines gesamten Unternehmens. Der Kaufpreis ist auf alle erworbenen Wirtschaftsgüter zu verteilen (§ 6 Abs. 1 Nr. 7 EStG) im Verhältnis der Teilwerte; maximal sind jedoch die Anschaffungskosten anzusetzen.

4.2 Herstellungskosten

Schema zur Ermittlung der Herstellungskosten

	Fertigungsmaterial
+	Fertigungslöhne
+	Sondereinzelkosten der Fertigung
+	Materialgemeinkosten
+	Fertigungsgemeinkosten
=	**Handelsrechtliche und steuerrechtliche Mindestherstellungskosten; § 255 Abs. 2 HGB**
+	auf die Fertigung entfallenden allgemeine Verwaltungskosten; (Umfang der Verwaltungskosten siehe R 6.3 Abs. 3 EStR).
=	**Maximale Herstellungskosten**

Vertriebskosten unterliegen einem Ansatzverbot (§ 255 Abs. 2 Satz 4 HGB).

Der Streit des wahlweisen Ansatzes der Verwaltungskosten in der StB ist nunmehr entschieden. Mit Einfügung des § 6 Abs. 1 Nr. 1b EStG ist eine gesetzliche Regelung geschaffen worden, die das handelsrechtliche Ansatzwahlrecht auch steuerlich übernimmt; anzuwenden für Wirtschaftsjahre, die nach dem 22. 7. 2016 enden; für Wirtschaftsjahre, die vor dem 23. 7. 2016 enden, kann die Regelung wahlweise angesetzt werden; § 52 Abs. 12 Satz 1 EStG.

Auch bestimmte Fremdkapitalzinsen unterliegen einem handelsrechtlichen Ansatzwahlrecht nach § 255 Abs. 3 Satz 2 HGB. Nach Ansicht der Finanzverwaltung führt der handelsrechtliche Ansatz zwingend zur steuerrechtlichen Berücksichtigung.

HINWEIS:
Prüfungsaufgaben fordern im Regelfall den niedrigst möglichen Gewinn. Dies hat zur Folge, dass Aktivposten in der Bilanz so niedrig wie möglich ausgewiesen werden müssen. Danach dürfen in der Steuerbilanz sämtliche Verwaltungskosten nicht berücksichtigt werden.

4.2.1 Bedeutung der Herstellungskosten

Die Definition der Herstellungskosten ist in § 255 Abs. 2,3 HGB normiert, diese gilt auch für die Steuerbilanz über die Maßgeblichkeit der Handelsbilanz für die Steuerbilanz. Danach sind als Herstellungskosten zu erfassen: die Aufwendungen, die durch den Verbrauch von Gütern und die Inanspruchnahme von Diensten für die Herstellung eines Vermögensgegenstands, seine Erweiterung oder für eine über den ursprünglichen Zustand hinausgehende wesentliche Verbesserung entstehen.

4.2.2 Ermittlung der Herstellungskosten

Bei der Ermittlung der Herstellungskosten haben sich – entlehnt aus der Betriebswirtschaftslehre – im Wesentlichen 2 Verfahren entwickelt:

Divisionskalkulation

Die Divisionskalkulation bietet sich an bei der Herstellung von Massenprodukten. Getrennt nach Kostenarten – meist aus den Aufwandskonten ersichtlich – werden die Bestandteile der Herstellungskosten für einen Zeitraum – ein Wirtschaftsjahr – summarisch ermittelt und auf die Menge der hergestellten Wirtschaftsgüter verteilt.

Zuschlagskalkulation
Bei der Zuschlagskalkulation werden mittels eines BAB (Betriebsabrechnungsbogens) zunächst

1. die Kostenarten, die in die Herstellungskosten einfließen, ermittelt (Kostenartenrechnung),
2. diese dann auf die Kostenstellen (Material, Fertigung, Verwaltung, Vertrieb) verteilt (Kostenstellenrechnung),
3. mittels Inventur die Kostenträger ermittelt; die durch BAB ermittelten Gemeinkosten (Material und Fertigung) werden ins Verhältnis zu den entsprechenden Einzelkosten gesetzt und mittels Zuschlagskalkulation dem Kostenträger zugerechnet (Kostenträgerrechnung).

4.2.3 Teilfertige Wirtschaftsgüter

Bei am Bilanzstichtag noch nicht fertig gestellten Wirtschaftsgütern ist es für die Aktivierung der Herstellungskosten unerheblich, ob die bis zum Bilanzstichtag angefallenen Aufwendungen bereits zur Entstehung eines als Einzelheit greifbaren Wirtschaftsguts geführt haben. Die anteiligen Herstellungskosten sind als Vermögensgegenstand auszuweisen.

Eine Besonderheit ergibt sich bei der Bilanzierung von **teilfertigen Bauten auf fremden Grund und Boden**. Zunächst ist festzuhalten, dass ein teilfertiges Gebäude als wesentlicher Bestandteil des Grund und Bodens dem Grundstückseigentümer zuzurechnen ist. Teilfertige Bauten werden somit als „Vorräte" dem Umlaufvermögen zugeordnet (H 6.1 „Halbfertige Bauten auf fremdem Grund und Boden" EStH). Die Bewertung erfolgt mit den Herstellungskosten. Eventuell bereits absehbare Verluste, die mit der Fertigstellung verbunden sind, sind vollständig bei der Teilwertermittlung der teilfertigen Bauten zu berücksichtigen; sie sind nicht auf den Grad der Fertigstellung beschränkt (H 6.7 „Halbfertige Bauten auf fremdem Grund und Boden" EStH).

4.2.4 Sonderfälle der Herstellungskosten

Neben den „üblichen" Bestandteilen der Herstellungskosten werden in den Prüfungsfällen gerne Sachverhalte eingebaut, deren Zuordnung zu den Herstellungskosten ad hoc nicht entschieden werden kann, wie z. B.:

Abschreibungen
Die AfA ist, soweit im Material- oder Fertigungsbereich anfallend, Bestandteil der Herstellungskosten. Grundsätzlich ist die in der Bilanz gewählte AfA auch Bestandteil der Herstellungskosten. Für Sonderabschreibungen besteht ein Wahlrecht. Wird auf den Ansatz verzichtet (Grundfall in der StB-Prüfung), so kann nur die lineare AfA angesetzt werden. Aufwendungen für GWGs (§ 6 Abs. 2 und 2a EStG) sind niemals Bestandteil der Herstellungskosten; ebenso wie Teilwertminderungen (R 6.3 Abs. 4 Satz 6 EStR).

Steueraufwendungen sind nicht Bestandteil der HK (R 6.3 Abs. 6 EStR); dies gilt auch für die Gewerbesteuer nach § 4 Abs. 5b EStG.

Kalkulatorische Kosten sind kein Bestandteil der Herstellungskosten. Eine Ausnahme bietet hier die Gesellschaftervergütung nach § 15 Abs. 1 Satz 1 Nr. 2 EStG, die, da handelsrechtlicher Aufwand im Gesamthandsvermögen, zwingend auch Bestandteil der Fertigungslöhne und damit Bestandteil der zu aktivierenden Herstellungskosten im Gesamthandsvermögen darstellt.

An der ABC-OHG ist B Betriebsleiter und für die Fertigung verantwortlich. Er bezieht ein jährliches Bruttogehalt i. H. v. 120.000 €.

Lösung

Bei der Bewertung der Inventurbestände sind die an B gezahlten Löhne den Fertigungslöhnen, und damit den handels- und steuerrechtlichen Herstellungskosten zwingend zuzuordnen (H 6.3 „Kalkulatorische Kosten" EStH); dies gilt unabhängig davon, dass B in seiner Sonderbilanz einen entsprechenden Lohnertrag i. H. v. 120.000 € zu versteuern hat.

4.3 Teilwert

Die Definition des Teilwerts ist in § 6 Abs. 1 Nr. 1 Satz 3 EStG normiert. Danach ist „Teilwert [...] der Betrag, den der Erwerber eines ganzen Betriebs im Rahmen des Gesamtkaufpreises für das einzelne Wirtschaftsgut ansetzen würde; dabei ist davon auszugehen, dass der Erwerber den Betrieb fortführt".

Da die Definition von einem fiktiven Erwerb ausgeht, kann der Teilwert i. d. R. nur ein Schätzbetrag sein. Die höchstrichterliche Rechtsprechung hat entsprechende Regeln zur Teilwertvermutung aufgestellt (H 6.7 „Teilwertvermutungen" EStH), um eine gewisse Standardisierung zu erreichen. Danach ist z. B. der Teilwert von nicht abnutzbaren Wirtschaftsgütern des Anlagevermögens immer – auch an nachfolgenden Bilanzstichtagen – mit den Anschaffungskosten des Wirtschaftsguts identisch, wenn lt. Sachverhalt nicht andere Merkmale vorliegen. Diese Teilwertvermutungen können jederzeit widerlegt werden.

4.3.1 Ansatzmöglichkeiten

Der Teilwert ist neben den Anschaffungskosten und den Herstellungskosten die dritte Säule der Bewertungsmaßstäbe. Sowohl für das abnutzbare Anlagevermögen (§ 6 Abs. 1 Nr. 1 Satz 2 EStG) als auch für das Umlaufvermögen und das nicht abnutzbare Anlagevermögen (§ 6 Abs. 1 Nr. 2 Satz 2 EStG) kann der jeweils **niedrigere** Teilwert angesetzt werden, wenn die Wertminderung von Dauer ist. Es handelt sich hierbei um ein steuerliches Wahlrecht, das auch unterschiedlich zur Handelsbilanz ausgeübt werden darf; BMF v. 12. 3. 2010, a. a. O., Rdn. 15. Voraussetzung hierfür ist jedoch, dass entsprechende Aufzeichnungspflichten erfüllt werden; BMF v. 12. 3. 2010, a. a. O., Rdn. 19 – 23.

Der Ansatz eines dauernd wertgeminderten Teilwerts ist auch bei der Passivierung von Verbindlichkeiten zu berücksichtigen (§ 6 Abs. 1 Nr. 3 EStG). Für Bilanzansätze ist entscheidend, dass nur ein **niedrigerer** Teilwert angesetzt werden kann; ein höherer Wert als die Anschaffungskosten kann nicht berücksichtigt werden. Dies würde zum Ausweis nicht realisierter Gewinne führen und damit gegen das Realisationsverbot verstoßen (§ 252 Abs. 1 Nr. 4 HGB).

Entnahmen (§ 6 Abs. 1 Nr. 4 EStG) und Einlagen (§ 6 Abs. 1 Nr. 5 EStG) sind mit dem Teilwert anzusetzen. Auch bei der Eröffnung eines Betriebs (§ 6 Abs. 1 Nr. 6 EStG) bzw. beim Erwerb eines Betriebs (§ 6 Abs. 1 Nr. 7 EStG) ist der Teilwert als Bewertungsmaßstab zu beachten.

4.3.2 Merkmal „Dauernde Wertminderung"

Der Teilwert kommt bilanziell nur zum Ansatz, wenn er

1. niedriger ist als die Anschaffungskosten/Herstellungskosten und

2. wenn die Wertminderung von Dauer ist.

Entgegen der handelsrechtlichen Beurteilung, die auch – jedoch nur bei Finanzanlagen – bei vorübergehender Wertminderung ein Wahlrecht zum Ansatz des niedrigeren Teilwerts zulässt; § 253 Abs. 3 Satz 6 HGB, kann in der Steuerbilanz nur ein dauernd wertgeminderter Teilwert zum Ansatz kommen. Dem Merkmal „dauernde Wertminderung" kommt damit im Bilanzsteuerrechtrecht entscheidende Bedeutung zu.

Die Finanzverwaltung hat in der Vergangenheit mit mehreren umfangreichen BMF-Schreiben zu dieser Problematik Stellung bezogen. Zuletzt wurde mit Schreiben vom 2. 9. 2016, BStBl 2016 I 995 umfangreich und aktuell zur Frage der dauernden Wertminderung Stellung bezogen.

HINWEIS:
Für das abnutzbare Anlagevermögen (BMF v. 2. 9. 2016, a. a. O., Rdn. 8-10) und für das Umlaufvermögen (Rdn. 16) hat die Finanzverwaltung zur Erzielung einer gewissen Rechtssicherheit vereinfachte Regelungen entwickelt, um die dauernde von der vorübergehenden Wertminderung zu unterscheiden. Ebenfalls wurden einheitliche Regelungen für Fremdwährungsverbindlichkeiten getroffen (BMF v. 2. 9. 2016, a. a. O., Rdn. 30-36).

4.3.3 Ermittlungsmöglichkeiten

Der Definition folgend ist der Teilwert zunächst vom Beschaffungsmarkt her zu ermitteln, d. h. der Teilwert entspricht den Wiederbeschaffungskosten zum Bilanzstichtag.

III. Bilanzsteuerliches Grundlagenwissen

Der Unternehmer C hat eine Ware im Bestand, die er zu Anschaffungskosten i. H.v. 100 € erworben hat. Ihm liegt ein Angebot eines Lieferanten vor, die gleiche Ware für 90 € zu erwerben.

Lösung

Ein fremder Erwerber würde im Rahmen des Gesamtkaufpreises für die Ware nur 90 € bezahlen; der Teilwert beträgt 90 €.

Die Wertermittlung kann auch durch die sog. retrograde Methode erfolgen, d. h. abgeleitet vom Absatzmarkt. Im Regelfall erfolgt diese Anwendung bei der sog. Ladenhüterbewertung (R 6.8 Abs. 2 EStR).

Eine Ware, deren AK 100 € netto betragen haben, kann durch Änderung des modischen Geschmacks der Kunden nur noch für 80 € brutto verkauft werden. Der übliche Rohgewinnaufschlag beträgt 40 % (USt: 19 %).

Lösung

Teilwertermittlung – Verkaufserlös brutto	80 €
= Verkaufserlös netto (gerundet)	67 €
Abzüglich Rohgewinn (67 = 140 %; 40 % = gerundet)	./. 19 €
= Teilwert	48 €

5. (Muster-) Lösungsaufbau zu Bewertungsmaßstäben für Aktivposten

5.1 Zugangs- und Folgebewertung – § 6 Abs. 1 Nr. 1 EStG bei abnutzbarem Anlagevermögen

Sachverhalt:

Der Unternehmer A erwirbt am 5. 7. 2018 ein Kraftfahrzeug zum Preis von 30.000 € zzgl. 19 % USt. Die Lieferung erfolgt am 30. 8. 2018. A überweist den Kaufpreis am 15. 9. 2018 unter Abzug von 2 % Skonto. Die Nutzungsdauer des Fahrzeugs beträgt 6 Jahre. Die Zulassungsgebühren (Nummernschild, Zulassung) betragen insgesamt 120 € (ohne USt-Ausweis) und werden am 31. 8. 2018 bar bezahlt.

Das Fahrzeug dient zu 100 % betrieblichen Zwecken.

Lösung:

A: **Zuordnung Betriebsvermögen Ja/Nein**
   Wenn Ja, genaue Bezeichnung des Wirtschaftsguts

Da das Kfz zu 100 % betrieblich genutzt wird, ist es als notwendiges Betriebsvermögen sowohl in der Handelsbilanz (§ 246 Abs. 1 HGB – Vollständigkeitsgebot), als auch in der Steuerbilanz (§ 4 Abs. 1 Satz 1 EStG – Ausweis des „richtigen" Betriebsvermögens) auszuweisen; R 4.2 Abs. 1 Satz 1 EStR.

Es handelt sich um Anlagevermögen nach § 247 Abs. 2 HGB, R 6.1 Abs. 1 Satz 1 EStR, da es dauernd dem Betrieb zu dienen bestimmt ist.

Das Kfz ist als bewegliches (R 7.1 Abs. 2 EStR) und abnutzbares (R 7.1 Abs. 1 Nr. 1 EStR) Anlagevermögen auszuweisen; R 6.1. Abs. 1 Satz 5 EStR

B: **Zugangsbewertung – Wann und Bewertung?**

Wann:

Die Zugangsbewertung erfolgt mit Lieferung nach § 9a EStDV, H 7.4 „Lieferung" 1. Tiret EStH; die Bezahlung spielt keine Rolle. Im vorliegenden Fall folglich Zugang am 30. 8. 2018.

Bewertung:

Der Zugang von Wirtschaftsgütern des abnutzbaren Anlagevermögens erfolgt bei einem entgeltlichen Erwerb mit den AK:

Anschaffungskosten:

Die AK ermitteln sich nach § 255 Abs. 1 HGB, H 6.2 „AK" EStH;
Zu den AK gehören

a. Der Kaufpreis – netto nach § 9b Abs. 1 EStG, 30.000 € wenn die Vorsteuer abziehbar ist

b. Abzüglich Skonto bei tatsächlicher Inanspruchnahme § 255 Abs. 1 S. 3 HGB, H 6.2 „Skonto" EStH – 2 % von 30.000 € = - 600 €

c. Zzgl. Nebenkosten der Anschaffung, soweit direkt zuordenbar § 255 Abs. 1 S. 2 HGB, H 6.2 „Nebenkosten" EStH + 120 €

Anschaffungskosten insgesamt 29.520 €

Die in Rechnung gestellte Vorsteuer ist nach § 15 Abs. 1 Satz 1 Nr. 1 UStG In voller Höhe abziehbar und abzugsfähig, wobei zu berücksichtigen ist, dass der Skontoabzug die Vorsteuer mindert; § 17 Abs. 1 Satz 2 UStG.

Buchungssatz bei Zugang des Kfz:

BS:	€			€
Kraftfahrzeuge	29.520	an	Bank	34.986
Vorsteuer (29.400 · 19 %)	5.586		Kasse	120

C: **Bewertung zum Bilanzstichtag – hier zum 31. 12. 2018**

Wirtschaftsgüter des abnutzbaren Anlagevermögens werden mit den AK abzüglich AfA bewertet; § 253 Abs. 1, Abs. 3 HGB und § 6 Abs. 1 Nr. 1 EStG

Anschaffungskosten:

Ermittlung s. o. = 29.520 €

Absetzung für Abnutzung (Afa)

Das Kfz wird planmäßig nach § 253 Abs. 3 HGB, § 7 Abs. 1 S. 1,2 EStG abgeschrieben; dabei verteilen sich die Anschaffungskosten auf die betriebsgewöhnliche Nutzungsdauer; hier lt. Sachverhalt 6 Jahre; R 7.4 Abs. 3 Satz 1 EStR.

Die AfA beginnt im Zeitpunkt der Anschaffung; R 7.4 Abs. 1 S. 1 EStR, § 9a EStDV (hier August 2018) und ist zeitanteilig – pro rata temporis; abgekürzt: p. r. t. – zu berechnen; § 7 Abs. 1 S. 4 EStG. Dabei sind volle Monate zu berechnen. Es besteht ein Zwang zur AfA; diese ist vorzunehmen; R 7.1 Abs. 1 EStR.

AfA somit: 1/6 von 29.520 = 4.920 €/Jahr entspricht 2.050 € für 5 Monate.

Buchungssatz für AfA:

BS:	€			€
Afa Kfz	2.050	an	Kraftfahrzeuge	2.050

Bilanzansatz Kfz : 29.520 - 2.050 = **27.470 €**

Weiterführung des Beispiels:

Wegen eines Modellwechsels ist das erworbene Fahrzeug nur noch schwer verkäuflich; ein fremder Erwerber würde zum Stichtag 31. 12. 2019 nur noch 20.000 € für das Fahrzeug bezahlen.

Lösung:

A: **Ermittlung des Bilanzansatzes zum 31. 12. 2019:**

Begründung s. o.

EB: 27.470 € abzüglich jährliche Afa 4.920 =

Bilanzansatz zum 31. 12. 2019: 22.550 €

B: Vergleich mit Teilwert

Der Teilwert nach § 6 Abs. 1 Nr. 1 Satz 3 EStG, R 6.7 Satz 1 EStR beträgt 20.000 €

Diese Minderung des Teilwerts (handelsrechtliche Bezeichnung: beizulegender Wert) ist von Dauer, da bei einem Modellwechsel wohl keine vorübergehende Wertminderung anzunehmen ist.

Bei einer voraussichtlich dauernden Wertminderung ist in der Handelsbilanz zwingend der niedrigere beizulegende Wert anzusetzen; § 253 Abs. 3 Satz 5 HGB. In der Steuerbilanz besteht hierzu ein Wahlrecht nach § 6 Abs. 1 Nr. 1 Sätze 1, 2 EStG. Bei unterschiedlichen Ansätzen in HB und StB bestehen gesonderte Aufzeichnungspflichten; § 5 Abs. 1 Sätze 2,3 EStG.

Dieses steuerliche Wahlrecht ist unabhängig vom Ansatz in der Handelsbilanz auszuüben; § 5 Abs. 1 S. 1 2. HS EStG; BMF v. 12. 3. 2010 a. a. O., Rdn. 13,15; bei gesucht niedrigstem Gewinn (übliche Aufgabenstellung) ist von diesem Wahlrecht Gebrauch zu machen.

Buchungssatz für AfA:

BS:	€			€
Afa Kfz	4.920	an	Kraftfahrzeuge	7.470
TW-Minderung	2.550			

C: Bewertung zum Bilanzstichtag – hier zum 31. 12. 2019

Wirtschaftsgüter des abnutzbaren Anlagevermögens werden mit den AK abzüglich AfA oder dem niedrigerem Teilwert bewertet; § 253 Abs. 1, Abs. 3 HGB und § 6 Abs. 1 Nr. 1 Satz 1,2 EStG

Bilanzansatz Kfz : 27.470 - 4.920 - 2.550 = **20.000 €**

Alternative:

Aufgrund hervorragender Benzinverbrauchswerte beträgt der Teilwert zum 31. 12. 2019 25.000 €

Lösung:

A: Ermittlung des Bilanzansatzes zum 31. 12. 2019:

Begründung s. o.

EB: 27.470 € abzüglich jährliche Afa 4.920 =

Bilanzansatz zum 31. 12. 2019: 22.550 €

B: Vergleich mit Teilwert

Der Teilwert nach § 6 Abs. 1 Nr. 1 Satz 3 EStG, R 6.7 Satz 1 EStR beträgt 25.000 €

Dieser Teilwert (handelsrechtliche Bezeichnung: beizulegender Wert) ist höher als der planmäßige Buchwert; ein höherer Ansatz als der planmäßige Buchwert ist nicht zulässig; § 253 Abs. 1 HGB, § 6 Abs. 1 Nr. 1 Satz 1,2 EStG. Die lineare AfA ist zwingend vorzunehmen; R 7.1 Abs. 1 EStR

Buchungssatz für AfA:

BS:	€			€
Afa Kfz	4.920	an	Kraftfahrzeuge	4.920

C: Bewertung zum Bilanzstichtag – hier zum 31. 12. 2019

Wirtschaftsgüter des abnutzbaren Anlagevermögens werden mit den AK abzüglich AfA oder dem niedrigerem Teilwert bewertet; § 253 Abs. 1, Abs. 3 HGB und § 6 Abs. 1 Nr. 1 EStG

Bilanzansatz Kfz : 27.470 - 4.920 = **22.550 €**

Weitere Alternative:

Zum 31. 12. 2019 ist lt. Sachverhalt keine Angabe zum Teilwert enthalten.

Lösung:

A: Ermittlung des Bilanzansatzes zum 31.12.2019:

Begründung s. o.

EB: 27.470 € abzüglich jährliche Afa 4.920 =

Bilanzansatz zum 31.12.2019: 22.550 €

B: Vergleich mit Teilwert

Der Teilwert nach § 6 Abs. 1 Nr. 1 Satz 3 EStG, R 6.7 S. 1 EStR ist nicht bekannt. Allerdings bestehen lt. Rechtsprechung Teilwertvermutungen; H 6.7 „Teilwertvermutungen – Nr. 3" EStH. Nach der genannten Fundstelle entspricht die Teilwertvermutung bei abnutzbarem Anlagevermögen dem planmäßigen Buchwert, also den AK abzüglich der linearen AfA = 22.550 €.

Da folglich kein niedrigerer Teilwert vorliegt, findet § 6 Abs. 1 Nr. 1 S. 2 EStG keine Anwendung. Die lineare AfA ist zwingend vorzunehmen; R 7.1 Abs. 1 EStR

Buchungssatz für AfA:

BS:	€			€
Afa Kfz	4.920	an	Kraftfahrzeuge	4.920

C: Bewertung zum Bilanzstichtag – hier zum 31.12.2019

Wirtschaftsgüter des abnutzbaren Anlagevermögens werden mit den AK abzüglich AfA oder dem niedrigerem Teilwert bewertet; § 253 Abs. 1, Abs. 3 HGB und § 6 Abs. 1 Nr. 1 EStG

Bilanzansatz Kfz : 27.470 - 4.920 = **22.550 €**

5.2 Zugangs- und Folgebewertung – § 6 Abs. 1 Nr. 2 EStG bei nicht abnutzbarem Anlagevermögen

Sachverhalt:

Der Unternehmer A erwirbt am 5.7.2018 ein unbebautes Grundstück zum Preis von 300.000 €. Der Übergang von Nutzen und Lasten erfolgt am 30.8.2018. A überweist den Kaufpreis am 15.9.2018 vom betrieblichen Bankkonto. Die Nebenkosten des Erwerbs

1. Notar – und Grundbuchkosten: 10.000 € zzgl. 1.140 € USt

2. Grunderwerbsteuer i. H. v. 10.500 €.

werden im Oktober 2018 vom betrieblichen Bankkonto überwiesen. Das Grundstück dient als Lagerplatz ausschließlich betrieblichen Zwecken.

Lösung:

A: Zuordnung Betriebsvermögen Ja/Nein
Wenn Ja, genaue Bezeichnung des Wirtschaftsguts

Da das Grundstück 100 % betrieblich genutzt wird, ist es als notwendiges Betriebsvermögen sowohl in der Handelsbilanz (§ 246 Abs. 1 HGB – Vollständigkeitsgebot), als auch in der Steuerbilanz (§ 4 Abs. 1 Satz 1 EStG – Ausweis des „richtigen" Betriebsvermögens) auszuweisen; R 4.2 Abs. 7 S. 1 EStR.

Es handelt sich um Anlagevermögen nach § 247 Abs. 2 HGB, R 6.1 Abs. 1 Satz 1 EStR, da es dauernd dem Betrieb zu dienen bestimmt ist.

Das Grundstück ist als nicht abnutzbares Anlagevermögen auszuweisen; R 6.1. Abs. 1 Satz 1,6 EStR

B: **Zugangsbewertung – Wann und Bewertung?**

Wann:

Die Zugangsbewertung erfolgt mit „Lieferung" nach § 9a EStDV, H 7.4 „Lieferung" 1. Tiret EStH; bei Grundstücken ist dies der Übergang von Nutzen und Lasten. Die Bezahlung spielt keine Rolle. Im vorliegenden Fall folglich Zugang am 30. 8. 2018.

Bewertung:

Der Zugang von Wirtschaftsgütern des nicht abnutzbaren Anlagevermögens erfolgt bei einem entgeltlichen Erwerb mit den AK:

Anschaffungskosten:

Die AK ermitteln sich nach § 255 Abs. 1 HGB, H 6.2 „AK" EStH

Zu den AK gehören

a) Der Kaufpreis 300.000 €

b) Zzgl. Nebenkosten der Anschaffung, soweit direkt zuordenbar
§ 255 Abs. 1 S. 2 HGB, H 6.2 „Nebenkosten" EStH + 20.500 €
Netto, da Vorsteuerabzugsberechtigung nach § 15 Abs. 1 UStG

Anschaffungskosten insgesamt 320.500 €

Die in Rechnung gestellte Vorsteuer ist nach § 15 Abs. 1 Satz 1 Nr. 1 UStG in voller Höhe abziehbar und abzugsfähig, wenn das Grundstück zur Ausführung steuerpflichtiger Umsätze dient.

Buchungssatz bei Zugang des Grund und Bodens:

BS:	€			€
Grund und Boden	320.500	an	Bank	321.640
Vorsteuer	1.140			

C: **Bewertung zum Bilanzstichtag – hier zum 31. 12. 2018**

Wirtschaftsgüter des nicht abnutzbaren Anlagevermögens werden mit den AK bewertet; § 253 Abs. 1 HGB und § 6 Abs. 1 Nr. 2 Satz 1 EStG

Anschaffungskosten:

Ermittlung s. o. = 320.500 €

Weiterführung des Beispiels:

Aufgrund schlechter Bodenqualität und Bodenverschmutzung ist der Wert des Grundstücks in 2019 gesunken; ein fremder Erwerber würde zum Stichtag 31. 12. 2019 nur noch 250.000 € für das Grundstück bezahlen.

Lösung:

A: **Ermittlung des Bilanzansatzes zum 31. 12. 2019:**

Bilanzansatz zum 31. 12. 2019 nach § 6 Abs. 1 Nr. 2 S. 1 EStG: 320.500 €

B: **Vergleich mit Teilwert**

Der Teilwert nach § 6 Abs. 1 Nr. 1 Satz 3 EStG, R 6.7 Satz 1 EStR beträgt: 250.000 €

Diese Minderung des Teilwerts (handelsrechtliche Bezeichnung: beizulegender Wert) ist von Dauer, solange die Bodenverunreinigung anhält; H 6.7 „Teilwertabschreibung" 6. Tiret. EStH

Bei einer voraussichtlich dauernden Wertminderung ist in der Handelsbilanz zwingend der niedrigere beizulegende Wert anzusetzen; § 253 Abs. 3 Satz 5 HGB. In der Steuerbilanz besteht hierzu ein Wahlrecht nach § 6 Abs. 1 Nr. 2 Satz 2 EStG. Bei unterschiedlichen Ansätzen in HB und StB bestehen gesonderte Aufzeichnungspflichten; § 5 Abs. 1 Sätze 2,3 EStG.

Dieses steuerliche Wahlrecht ist unabhängig vom Ansatz in der Handelsbilanz auszuüben; § 5 Abs. 1 Satz 1 2. HS EStG; BMF v. 12. 3. 2010, a. a. O., Rdn. 13,15; bei gesucht niedrigstem Gewinn (übliche Aufgabenstellung) ist von diesem Wahlrecht Gebrauch zu machen.

Buchungssatz:

BS:	€			€
TW-Minderung	70.500	an	Grund und Boden	70.500

C: **Bewertung zum Bilanzstichtag – hier zum 31. 12. 2019**

Wirtschaftsgüter des nicht abnutzbaren Anlagevermögens werden mit den AK oder dem niedrigerem Teilwert bewertet; § 253 Abs. 1, Abs. 3 Satz 5 HGB und § 6 Abs. 1 Nr. 2 Sätze 1, 2 EStG

Bilanzansatz Grund und Boden: = **250.000 €**

Alternative:

Aufgrund erhöhter Nachfrage beträgt der Teilwert zum 31. 12. 2019 350.000 €

Lösung:

A: **Ermittlung des Bilanzansatzes zum 31. 12. 2019:**

Begründung s. o.

Bilanzansatz zum 31. 12. 2019: 320.500 €

B: **Vergleich mit Teilwert**

Der Teilwert nach § 6 Abs. 1 Nr. 1 Satz 3 EStG, R 6.7 Satz 1 EStR beträgt 350.000 €

Dieser Teilwert (handelsrechtliche Bezeichnung: beizulegender Wert) ist höher als die AK; ein höherer Ansatz als die AK ist nicht zulässig; § 253 Abs. 1 HGB, § 6 Abs. 1 Nr. 2 Sätze 1,2 EStG.

C: **Bewertung zum Bilanzstichtag – hier zum 31. 12. 2019**

Wirtschaftsgüter des nicht abnutzbaren Anlagevermögens werden mit den AK oder dem niedrigerem Teilwert bewertet; § 253 Abs. 1, Abs. 3 Satz 5 HGB und § 6 Abs. 1 Nr. 2 EStG

Bilanzansatz Grund und Boden: = **320.500 €**

Weitere Alternative:

Zum 31. 12. 2019 ist lt. Sachverhalt keine Angabe zum Teilwert enthalten.

Lösung:

A: **Ermittlung des Bilanzansatzes zum 31. 12. 2019:**

Begründung s. o.

Bilanzansatz zum 31. 12. 2019: 320.500 €

B: **Vergleich mit Teilwert**

Der Teilwert nach § 6 Abs. 1 Nr. 1 Satz 3 EStG, R 6.7 Satz 1 EStR ist nicht bekannt. Allerdings bestehen lt. Rechtsprechung Teilwertvermutungen; H 6.7 „Teilwertvermutungen – Nr. 2" EStH. Nach der genannten Fundstelle entspricht die Teilwertvermutung bei nicht abnutzbarem Anlagevermögen den AK.

Da folglich kein niedrigerer Teilwert vorliegt, findet § 6 Abs. 1 Nr. 2 Satz 2 EStG keine Anwendung.

C: **Bewertung zum Bilanzstichtag – hier zum 31. 12. 2019**

Wirtschaftsgüter des nicht abnutzbaren Anlagevermögens werden mit den AK oder dem niedrigerem Teilwert bewertet; § 253 Abs. 1, Abs. 3 Satz 5 HGB und § 6 Abs. 1 Nr. 2 EStG

Bilanzansatz Grund und Boden: = **320.500 €**

5.3 Zugangs- und Folgebewertung – § 6 Abs. 1 Nr. 2 EStG beim Umlaufvermögen

Beispiel:

Der Unternehmer A erwirbt am 5.7.2018 Ware zum Preis von 30.000 € zzgl. 19 % USt. Die Auslieferung erfolgte am 30.8.2018. A überweist den Kaufpreis am 15.9.2018 vom betrieblichen Bankkonto unter Abzug von 2 % Skonto. Die Nebenkosten des Erwerbs

1. Frachtkosten: 1.000 € zzgl. 190 € USt

2. Frachtversicherung 500 €.

werden im Oktober 2018 vom betrieblichen Bankkonto überwiesen. Zu den Bilanzstichtagen 31.12.2018 und 31.12.2019 soll die Ware noch vollständig auf Lager sein.

Lösung:

A: **Zuordnung Betriebsvermögen Ja/Nein**
   Wenn Ja, genaue Bezeichnung des Wirtschaftsguts

   Umlaufvermögen ist notwendiges Betriebsvermögen sowohl in der Handelsbilanz (§ 246 Abs. 1 HGB – Vollständigkeitsgebot), als auch in der Steuerbilanz (§ 4 Abs. 1 Satz 1 EStG – Ausweis des „richtigen" Betriebsvermögens) auszuweisen.

   Es handelt sich um Umlaufvermögen nach § 247 Abs. 2 HGB analog, R 6.1 Abs. 2 EStR, da zur Veräußerung bestimmt.

B: **Zugangsbewertung – Wann und Bewertung?**
   Wann:

   Die Zugangsbewertung erfolgt mit „Lieferung" nach § 9a EStDV, H 7.4 „Lieferung" 1. Tiret EStH. Die Bezahlung spielt keine Rolle. Im vorliegenden Fall folglich Zugang am 30.8.2018.

   Bewertung:

   Der Zugang von Wirtschaftsgütern des Umlaufvermögens erfolgt bei einem entgeltlichen Erwerb mit den AK:

   Anschaffungskosten:

   Die AK ermitteln sich nach § 255 Abs. 1 HGB, H 6.2 „AK" EStH

   Zu den AK gehören

   a) Der Kaufpreis 30.000 € netto nach § 9b Abs. 1 EStG

   b) Zzgl. Nebenkosten der Anschaffung, soweit direkt zuordenbar § 255 Abs. 1 S. 2 HGB, H 6.2 „Nebenkosten" EStH + 1.500 € netto, da Vorsteuerabzugsberechtigung nach § 15 Abs. 1 UStG

   c) Abzüglich Skonto im Zeitpunkt der Inanspruchnahme; § 255 Abs. 1 Satz 3 HGB, H 6.2 „Skonto" EStH - 600 €

   Anschaffungskosten insgesamt 30.900 €

   Die in Rechnung gestellte Vorsteuer ist nach § 15 Abs. 1 Satz 1 Nr. 1 UStG in voller Höhe abziehbar und abzugsfähig.

   Buchungssatz bei Zugang der Ware:

BS:	€			€
Wareneinkauf	30.900	An	Bank	36.676
Vorsteuer	5.776			

C: **Bewertung zum Bilanzstichtag – hier zum 31.12.2018**

   Wirtschaftsgüter des Umlaufvermögens werden mit den AK bewertet; § 253 Abs. 1 HGB und § 6 Abs. 1 Nr. 2 Satz 1 EStG

Anschaffungskosten:

Ermittlung s. o. = 30.900 €

Weiterführung des Beispiels:

Aufgrund der Änderung des modischen Geschmacks ist der Wert der Ware zum 31.12.2019 um 20 % dauerhaft gesunken.

Lösung:

A: **Ermittlung des Bilanzansatzes zum 31.12.2019:**

Bilanzansatz zum 31.12.2019 nach § 6 Abs. 1 Nr. 2 Satz 1 EStG: 30.900 €

B: **Vergleich mit Teilwert**

Der Teilwert nach § 6 Abs. 1 Nr. 1 Satz 3 EStG, R 6.7 Satz 1 EStR beträgt 24.720 €

Diese Minderung des Teilwerts (handelsrechtliche Bezeichnung: beizulegender Wert) ist von Dauer.

Bei einer voraussichtlich dauernden Wertminderung ist in der Handelsbilanz zwingend der niedrigere beizulegende Wert anzusetzen; § 253 Abs. 4 HGB (sog. Strenges Niederstwertprinzip). In der Steuerbilanz besteht hierzu ein Wahlrecht nach § 6 Abs. 1 Nr. 2 Satz 2 EStG. Bei unterschiedlichen Ansätzen in HB und StB bestehen gesonderte Aufzeichnungspflichten; § 5 Abs. 1 Sätze 2,3 EStG.

Dieses steuerliche Wahlrecht ist unabhängig vom Ansatz in der Handelsbilanz auszuüben; § 5 Abs. 1 Satz 1 2. HS EStG; BMF v. 12.3.2010, a.a.O., Rdn. 13,15; bei gesucht niedrigstem Gewinn (übliche Aufgabenstellung) ist von diesem Wahlrecht Gebrauch zu machen.

Buchungssatz:

BS:	€			€
TW-Minderung	6.180	an	WEK	6.180

HINWEIS:
Richtig wäre auch, keine Buchung vorzunehmen, sondern lediglich den Schlussbestand mit 24.720 € zu bewerten; die Differenz von 6.180 € geht dann als Aufwand in den Wareneinsatz.

C: **Bewertung zum Bilanzstichtag – hier zum 31.12.2019**

Wirtschaftsgüter des Umlaufvermögens werden mit den AK oder dem niedrigerem Teilwert bewertet; § 253 Abs. 1, Abs. 3 S. 5 HGB und § 6 Abs. 1 Nr. 2 Sätze 1, 2 EStG

Bilanzansatz Waren: = **24.720 €**

Alternative:

Aufgrund erhöhter Nachfrage beträgt der Teilwert zum 31.12.2019 35.000 €

Lösung:

A: **Ermittlung des Bilanzansatzes zum 31.12.2019:**

Begründung s. o.

Bilanzansatz zum 31.12.2019: 30.900 €

B: **Vergleich mit Teilwert**

Der Teilwert nach § 6 Abs. 1 Nr. 1 S. 3 EStG, R 6.7 Satz 1 EStR beträgt 35.000 €

Dieser Teilwert (handelsrechtliche Bezeichnung: beizulegender Wert) ist höher als die AK; ein höherer Ansatz als die AK ist nicht zulässig; § 253 Abs. 1 HGB, § 6 Abs. 1 Nr. 2 Sätze 1, 2 EStG.

C: **Bewertung zum Bilanzstichtag – hier zum 31.12.2019**

Wirtschaftsgüter des Umlaufvermögens werden mit den AK oder dem niedrigerem Teilwert bewertet; § 253 Abs. 1, Abs. 4 HGB und § 6 Abs. 1 Nr. 2 EStG

Bilanzansatz Waren: = **30.900 €**

Weitere Alternative:

Zum 31.12.2019 ist lt. Sachverhalt keine Angabe zum Teilwert enthalten.

Lösung:

A: **Ermittlung des Bilanzansatzes zum 31.12.2019:**

Begründung s. o.

Bilanzansatz zum 31.12.2019: 30.900 €

B: **Vergleich mit Teilwert**

Der Teilwert nach § 6 Abs. 1 Nr. 1 Satz 3 EStG, R 6.7 Satz 1 EStR ist nicht bekannt. Allerdings bestehen lt. Rechtsprechung Teilwertvermutungen; H 6.7 „Teilwertvermutungen – Nr. 4" EStH. Nach der genannten Fundstelle entspricht die Teilwertvermutung beim Umlaufvermögen den Wiederbeschaffungskosten.

Da folglich kein niedrigerer Teilwert vorliegt, findet § 6 Abs. 1 Nr. 2 Satz 2 EStG keine Anwendung.

C: **Bewertung zum Bilanzstichtag – hier zum 31.12.2019**

Wirtschaftsgüter des Umlaufvermögens werden mit den AK oder dem niedrigerem Teilwert bewertet; § 253 Abs. 1, Abs. 4 HGB und § 6 Abs. 1 Nr. 2 EStG

Bilanzansatz Waren: = **30.900 €**

IV. Inhaltliche Schwerpunkte der letzten Steuerberaterprüfungen

1. Immaterielle Wirtschaftsgüter

Nach der Tabelle in Kap. I.3 war das Thema „immaterielle Wirtschaftsgüter" in vier der letzten zehn Prüfungen enthalten. In der Prüfung 2014 war die Thematik jedoch speziell an einem Verwaltungserlass ausgerichtet. Es handelte sich um Aufwendungen für die sog. ERP – Software (Enterprise Resource Planning Software). Zu diesem Themengebiet ist ein BMF-Schreiben ergangen; BMF v. 18. 11. 2005 - IV B 2 - S 2172 - 37/05, BStBl 2005 I S. 1025. Mit Kenntnis dieses BMF-Schreibens war die Aufgabe auch sicher lösbar.

Zu immateriellen Wirtschaftsgütern vgl. §§ 248 Abs. 2, 255 Abs. 2a, 285 Nr. 22 HGB, sowie § 5 Abs. 2 EStG, R 5.5 EStG und H 5.5 EStH

1.1 Definition

Immateriell (= unkörperlich) sind Wirtschaftsgüter, die nicht durch unmittelbare Anschauung erfahrbar sind. Hierbei handelt es sich um Rechte, rechtsähnliche Werte und sonstige Vorteile (R 5.5 Abs. 1 Satz 1 EStR). Weder das Handels- noch das Steuerrecht enthalten eine Definition des immateriellen Wirtschaftsgutes. In Anlehnung an die Rechtsprechung des BFH, u. a. Urteil v. 28. 3. 1990 - II R 30/89, BStBl 1990 II 569 lässt sich jedoch der Begriff des immateriellen Wirtschaftsgutes wie folgt definieren:

1. Rechte, Möglichkeiten und **besondere Vorteile** für den Betrieb,
2. zu deren Erlangung der Unternehmer **Aufwendungen** getragen hat,
3. die dem Betrieb **über den Bilanzstichtag** hinaus zugute kommen,
4. die einer **besonderen** Abgrenzung und **Bewertung** zugänglich sind und
5. für die ein Erwerber des Betriebes ein **besonderes Entgelt** ansetzen würde.

Als Beispiele wären zu nennen

- Nutzungs-, Marken-, Urheber-, Verlags- oder Belieferungsrechte,
- Konzessionen, Erfindungen, Patente, Fabrikationsverfahren und Know-how,
- Warenzeichen, Computer-Programme (Software) sowie
- Geschäfts- bzw. Firmen- oder Praxiswert.

1.2 Bilanzierung von immateriellen Wirtschaftsgütern

Für die Beurteilung der Bilanzierungsfähigkeit werden die immateriellen Anlagegüter sowohl handels- als auch steuerrechtlich in **zwei Gruppen** unterschieden. Die Einteilung wird dabei in Abhängigkeit der jeweiligen Entstehung wie folgt vorgenommen:

Selbstgeschaffene immaterielle Wirtschaftsgüter

Selbstgeschaffene oder originäre immaterielle Wirtschaftsgüter sind in der Handelsbilanz wahlweise bilanzierungsfähig (§ 248 Abs. 2 HGB). Für bestimmte immaterielle Wirtschaftsgüter besteht jedoch weiterhin ein handelsrechtliches Aktivierungsverbot. Hierzu gehören Marken, Drucktitel, Verlagsrechte, Kundenlisten und vergleichbare Wirtschaftsgüter (§ 248 Abs. 2 Satz 2 HGB). Begründet wird dieses Aktivierungsverbot mit der Nähe zum originären Firmen- oder Geschäftswert und der damit verbundenen sehr schwierig abzugrenzenden Zuordnung.

Erfolgt handelsrechtlich eine Aktivierung, ist zwischen Forschungs- und Entwicklungskosten zu unterscheiden (StB-Prüfung 2013). Aktiviert werden dürfen nur die Entwicklungskosten. Forschungskosten sind nicht aktivierungsfähig. Ist eine Trennung nicht möglich, ist eine Aktivierung ausgeschlossen; § 255 Abs. 2a Satz 4 HGB.

Unabhängig hiervon besteht in der Steuerbilanz grundsätzlich ein Aktivierungsverbot; § 5 Abs. 2 EStG.

Entgeltlich erworbene immaterielle Wirtschaftsgüter

Für entgeltlich erworbene immaterielle Wirtschaftsgüter besteht ein Aktivierungszwang sowohl handels- als auch steuerrechtlich. Die Bilanzierung eines immateriellen Wirtschaftsgutes des Anlagevermögens ist nur dann zulässig, wenn der betreffende Vermögenswert entgeltlich von einem Dritten erworben wurde. Diese Voraussetzung gilt als erfüllt, wenn das immaterielle Wirtschaftsgut im **Rahmen eines Leistungsaustausches** (z. B. Kaufvertrag oder Tausch) aus dem Vermögen eines Anderen übernommen wird (R 5.5 Abs. 2 Satz 1 und 2 EStR). Dies ist nur möglich, wenn das erworbene immaterielle Wirtschaftsgut bereits vor Abschluss des Kaufvertrags bestanden hat. Unerheblich ist allerdings, wenn es erst durch den Abschluss des Rechtsgeschäfts entsteht.

Beim Erwerb von Software ist zu differenzieren. Beim Erwerb externer Dienstleister (z. B. ein Software-Unternehmen) ist zu prüfen, wer nach den vertraglichen Grundlagen das Herstellerrisiko trägt. Wird eine Software erworben, die nach Erwerb sofort einsetzbar sein soll, so liegt ein Werkvertrag vor und damit ein entgeltlicher Erwerb. Wird jedoch im Rahmen einer eigenständigen Entwicklung ein Dienstvertrag mit einem Softwareunternehmen zur Auswertung bestimmter Fragestellungen vereinbart, liegt ein selbst hergestelltes immaterielles Wirtschaftsgut vor.

Entsprechendes gilt bei Aufwendungen für einen Internet-Auftritt.

Bei **selbst hergestellten** immateriellen Wirtschaftsgütern – z. B. eigene Erfindungen, die patentiert wurden – besteht ein Aktivierungsverbot.

HINWEIS:

Das Aktivierungsverbot gilt nicht bei Wirtschaftsgütern des Umlaufvermögens, bei unentgeltlichem Erwerb vom Rechtsvorgänger (z. B. § 6 Abs. 3 EStG) oder bei Einlage eines immateriellen Wirtschaftsguts in ein Betriebsvermögen.

1.3 Bewertung von immateriellen Wirtschaftsgütern

Immaterielle Wirtschaftsgüter können sowohl zum abnutzbaren als auch zum nicht abnutzbaren Anlagevermögen gehören. Wenn ihr Nutzen einem zeitlichen Wertverzehr unterliegt (z. B. bei einem zeitlich beschränkten Recht), sind sie dem unbeweglichen abnutzbaren Anlagevermögen zuzuordnen. In der Folge sind ihre Anschaffungskosten nach der linearen AfA-Methode gem. § 7 Abs. 1 EStG über die Nutzungsdauer gleichmäßig zu verteilen.

Nicht abnutzbar ist ein immaterielles Wirtschaftsgut nur dann, wenn es dem Betrieb für die gesamte Dauer seines Bestehens erhalten bleibt und nur bei Eintritt außergewöhnlicher Ereignisse, die durch eine Teilwertabschreibung zu berücksichtigen sind, verloren geht. Zu den nicht abnutzbaren immateriellen Wirtschaftsgütern zählt beispielsweise der Domain-Name einer Internetadresse (H 7.1 „Domain-Namen" EStH).

1.4 Aufzählung einzelner immaterieller Wirtschaftsgüter

1.4.1 Geschäfts- oder Firmenwert

Der Wert eines Unternehmens beruht nicht allein auf seiner Vermögenssubstanz, also den materiellen und immateriellen Wirtschaftsgütern abzüglich der Betriebsschulden. Vielmehr gibt es über diesen Substanzwert hinaus auch einen dem Unternehmen als solchem innewohnenden Wert, der im Geschäftsleben als selbständiges Wirtschaftsgut anerkannt und bei Unternehmensveräußerungen zusätzlich honoriert wird, den sog. Geschäfts- oder Firmenwert (auch als „good will" oder „guter Ruf" eines Unternehmens bezeichnet).

In Abhängigkeit der Entstehung die folgenden **beiden Arten** unterschieden:

▶ Originärer (= selbst geschaffener) Geschäfts- oder Firmenwert

   Als originären Geschäfts- oder Firmenwert versteht man den über der Substanz eines Unternehmens liegenden Mehrwert, der sich im Laufe der Zeit in einem Unternehmen selbst herausgebildet hat; für diesen Wert besteht insoweit sowohl handels- als auch steuerrechtlich ein strenges Aktivierungsverbot (§ 248 Abs. 2 HGB und § 5 Abs. 2 EStG).

▶ **Derivativer (= erworbener) Geschäfts- oder Firmenwert**

Als derivativer Geschäfts- oder Firmenwert wird der Mehrbetrag bezeichnet, der beim Kauf eines Betriebes vom Käufer bezahlt wird. Da hier eine betragsmäßige Bestimmung des Geschäftswertes durch den Kaufpreis möglich ist, muss ein entgeltlich erworbener Geschäftswert handelsrechtlich aktiviert werden (= Aktivierungsgebot, § 246 Abs. 1 Satz 4 HGB). Für steuerliche Zwecke gilt in diesen Fällen ebenfalls ein Aktivierungsgebot (§ 5 Abs. 2 EStG).

Bei geschäftswertbildenden Faktoren, die dem allgemeinen Geschäftswert zuzurechnen sind (z. B. Firmenname, Kundenstamm oder Betriebsorganisation), liegt kein eigenständiges immaterielles Einzelwirtschaftsgut vor (R 5.5 Abs. 1 Satz 4 EStR). Als Bestandteil des Geschäftswertes können diese Werte nur gemeinsam mit dem Geschäftswert abgeschrieben werden.

Ein aktivierter Geschäftswert ist in der Handelsbilanz planmäßig abzuschreiben; § 253 Abs. 3 Sätze 3,4 HGB. Hierbei gilt eine angenommen Nutzungsdauer von 10 Jahren. Steuerrechtlich gilt eine gesetzlich festgelegte Nutzungsdauer von 15 Jahren (§ 7 Abs. 1 Satz 3 EStG). Daneben kommt ein niedrigerer Teilwert ebenfalls in Betracht, wenn die Wertminderung von Dauer ist.

Während der Geschäftswert den Mehrwert verkörpert, der einem gewerblichen Unternehmen über seinem Substanzwert hinaus innewohnt, stellt der **Praxiswert** den entsprechenden Mehrwert einer freiberuflichen Praxis dar. Für die bilanzsteuerliche Würdigung eines Praxiswertes gelten grundsätzlich die gleichen – bereits besprochenen – Regelungen wie beim Geschäftswert.

Eine Einschränkung ergibt sich jedoch hinsichtlich der planmäßigen Abschreibung eines entgeltlich erworbenen Praxiswertes. Ein Praxiswert wird über einen kürzeren Zeitraum von ca. 3 bis 5 Jahren abgeschrieben. Für den anlässlich einer Sozietätsgründung aufgedeckten Praxiswert gilt jedoch wegen der weiteren Mitwirkung des bisherigen Praxisinhabers eine in etwa doppelt so lange Nutzungsdauer von 6 bis 10 Jahren.

Der Gewerbetreibende Max Moritz erwirbt am 1.1.2018 das Unternehmen „W. Bolte - Hähnchenbraterei" im Ganzen. W. Bolte hat am 31.12.2017 folgende nicht zu beanstandende Schlussbilanz aufgestellt.

A	Bolte 31.12.2017		P
GruBo	50.000	Verbindl.	150.000
Gebäude	250.000	so. Passiva	50.000
BGA	20.000	Kapital	200.000
so. Aktiva	80.000		
	400.000		400.000

Folgende stille Reserven sind in den Wirtschaftsgütern enthalten:

GruBo	20.000
Geb.	20.000
BGA	10.000
so. Akt.	10.000
Patent	40.000 (bilanziert 0)

Der Kaufpreis beträgt 350.000 €. Davon erbringt Max Moritz 40 % aus eigenen Mitteln, den Rest finanziert er bei seiner Bank.

Lösung:

Auf der Aktivseite waren beim Veräußerer Buchwerte i. H. v. 400.000 € vorhanden, die zum Preis von 500.000 € (zzgl. 100.000 € stille Reserven) erworben wurden. Die AK sind in der Eröffnungsbilanz enthalten. Nach Abzug von 200.000 € Verbindlichkeiten wurden folglich Wirtschaftsgüter zum Teilwert von 300.000 € erworben zum Preis von 350.000 €. Nach § 246 Abs. 1 Satz 4 HGB ist der übersteigende Betrag in einem Firmenwert auszuweisen. Auch in der Steuerbilanz liegt ein entgeltlicher Erwerb eines Firmenwerts vor; § 5 Abs. 2 EStG analog, der im Rahmen der Zugangsbewertung zu aktivieren ist.

In der Handelsbilanz wäre der Firmenwert über 10 Jahre gleichmäßig verteilt abzuschreiben; § 253 Abs. 3 Sätze 3,4 HGB. In der Steuerbilanz müsste der Firmenwert über 15 Jahre abgeschrieben werden; § 7 Abs. 1 Satz 3 EStG.

A	Max Moritz 1. 1. 2018		P
GruBo	70.000	Verbindl.	150.000
Gebäude	270.000	so. Passiva	50.000
BGA	30.000	Kapital	140.000
so. Aktiva	90.000	Verbindl.	210.000
Patent	40.000		
Firmenwert	50.000		
	550.000		550.000

(Kapital 140.000 + Verbindl. 210.000 = 350.000)

1.4.2 Software

Die für den Betrieb eines Computers bzw. einer EDV-Anlage erforderlichen Programme (Software) stellen grundsätzlich eigenständige immaterielle Wirtschaftsgüter dar, die getrennt von der dazugehörigen Hardware zu beurteilen sind.

Die **Systemsoftware**, das Betriebssystem eines Computers, stellt ein immaterielles Wirtschaftsgut dar. In Ausnahmefällen wird es jedoch zusammen mit der Hardware aktiviert und abgeschrieben (BFH v. 16. 2. 1990 - III B 90/88, BStBl 1990 II 794).

Die **Anwendersoftware** (z. B. Textverarbeitungs- und Buchführungsprogramme) stellen immer immaterielle Wirtschaftsgüter dar und sind als solche zu bilanzieren.

Eine Ausnahme davon bilden nur die sog. **Trivialprogramme** (z. B. Kundenkartei oder Verlagsarchiv, oder Programme, die keine Befehlsstruktur enthalten, sondern nur Bestände wie z. B. eine Telefonbuch CD), die als abnutzbare materielle Wirtschaftsgüter angesehen werden. Aus Vereinfachungsgründen behandelt die Finanzverwaltung alle Computerprogramme bis zu einem Wert von 800 € als Trivialprogramm, auch wenn es sich hierbei um normale Anwendersoftware handelt (R 5.5 Abs. 1 Satz 2, 3 EStR). Dies kann dazu führen, dass die Regelungen über geringwertige Wirtschaftsgüter nach § 6 Abs. 2 EStG anzuwenden ist. Die Betragsgrenze wurde für Zugänge nach dem 31. 12. 2017 von 410 € auf 800 € erhöht. Die GWG-Regelung nach § 6 Abs. 2a EStG – die sog. Sammelpostenbewertung – findet jedoch keine Anwendung.

Bei **betriebswirtschaftlichen Softwaresystemen** (z. B. SAP) handelt es sich um komplexe und aufwendige EDV-Programme, die zur ganzheitlichen Steuerung und Optimierung der Unternehmensabläufe eingesetzt werden. In diesem Zusammenhang wird häufig auch von sog. ERP-Software (englische Abkürzung für: Enterprise Resource Planning Software) gesprochen. Siehe hierzu BMF-Schreiben v. 18. 11. 2005 - IV B2 - S 2172 - 37/05, BStBl 2005 I 1025).

1.4.3 Abstandszahlungen an Mieter oder Pächter

Abstandszahlungen, die im Zusammenhang mit einem Grundstückserwerb an den bisherigen Pächter oder Mieter geleistet werden, sind als selbständiges immaterielles Wirtschaftsgut zu aktivieren. Die Anschaffungskosten für ein derartiges Wirtschaftsgut sind auf den Zeitraum zwischen dem neu vereinbarten Räumungstermin und dem ursprünglich festgelegten Ablauf des Pacht- bzw. Mietverhältnisses abzuschreiben.

Der Unternehmer A erwirbt ein Gebäude, das er ausschließlich betrieblich nutzen möchte. Eine Geschossfläche ist noch an einen Rechtsanwalt vermietet; der Mietvertrag hat noch eine Restlaufzeit von 4 Jahren. A leistet eine Abstandszahlung von 20.000 € und erwirkt hiermit die Auflösung des Mietvertrags.

Lösung

A erwirbt mit der Zahlung einen konkreten Vorteil, eine Nutzungsmöglichkeit über 4 Jahre, die ohne die Zahlung ausgeschlossen wäre. Es liegen Anschaffungskosten für ein Nutzungsrecht (= Immaterielles Wirtschaftsgut) vor, das zu aktivieren und gleichmäßig über den erworbenen Nutzungszeitraum (hier 4 Jahre) aufzulösen bzw. abzuschreiben ist.

1.4.4 Belieferungsrechte

Das Recht eines Lieferanten, von seinen Kunden die Abnahme eines bestimmten Produkts oder einer bestimmte Menge verlangen zu können, ist als immaterielles Wirtschaftsgut zu aktivieren, wenn es entgeltlich erworben wurde (H 5.5 EStH „Immaterielle Wirtschaftsgüter sind u. a. – 1. Anstrich"). Der Aktivierung des immateriellen Wirtschaftsgutes steht dabei nicht entgegen, dass es erstmals durch den entgeltlichen Erwerbsvorgang begründet wurde (R 5.5 Abs. 2 Satz 3 EStR).

Der Unternehmer A eröffnet eine Gaststätte. Die Einrichtung wird von der X-Brauerei finanziert. Diese sichert sich damit ein 10-jähriges Belieferungsrecht.

Lösung

Das Belieferungsrecht ermöglicht der Brauerei, die Abnahme einer bestimmten Menge ihrer Produkte zu verlangen. Mit der Zahlung der Einrichtung (z. B. 30.000 €) hat sie dieses Recht erworben. Es ist zu aktivieren und über 10 Jahre linear abzuschreiben.

1.4.5 Zuschüsse

Durch Hingabe eines sog. verlorenen Zuschusses kann ein immaterielles Wirtschaftsgut entstehen, wenn der zahlende Unternehmer von dem Zuschussempfänger eine bestimmte Gegenleistung erhält oder eine solche nach den Umständen zu erwarten ist oder wenn der Zuschussgeber hierdurch einen besonderen Vorteil erlangt, der nur für ihn wirksam ist (R 5.5 Abs. 2 Satz 4 EStR).

Hierzu abgrenzend entsteht jedoch bei einer reinen Kostenbeteiligung kein immaterielles Wirtschaftsgut. Aus diesem Grund sind Aufwendungen, die keinen individuellen – auf den Betrieb bezogenen – Vorteil zur Folge haben oder bei denen nur eine allgemeine Mitbenutzung möglich ist, als sofort abziehbarer Aufwand zu behandeln (H 5.5 „Kein entgeltlicher Erwerb liegt u. a. vor – 2. Anstrich" EStH). Hierzu gehören beispielsweise:

1. der Kostenbeitrag für den Ausbau einer zum Betrieb führenden öffentlichen Straße,
2. die Kostenbeteiligung an den Mehrkosten für eine Kläranlage, die durch betriebsbedingte Abwasserzuführungen veranlasst sind oder
3. freiwillige Zahlungen eines Kaufhauses für die Errichtung einer Fußgängerzone.

2. Gebäude

2.1 Allgemeines

Der Aufstellung in Kap. I.3 ist zu entnehmen, dass Gebäudesachverhalte mit zum Hauptanwendungsbereich einer Steuerberaterprüfung gehören. Im Folgenden soll an mögliche Prüfungsschwerpunkte erinnert werden:

Prüfungsschwerpunkt	Zu beachten ist ....
Zugangsbewertung	Entweder durch Erwerbsvorgang oder Herstellung eines Gebäudes oder durch Einlage
Anschaffungskosten	Kaufpreis, Nebenkosten der Anschaffung, Grunderwerbsteuer, Finanzierungskosten, angemessene Kaufpreisaufteilung, Zeitpunkt der Zugangsbewertung, wirtschaftliches Eigentum, anschaffungsnaher Herstellungsaufwand
besondere AK	Erwerb durch Tausch oder Tausch mit Baraufgabe, Erwerb durch Raten- oder Rentenkauf, Erwerb mit Fremdfinanzierung, evtl. auch Fremdwährungsdarlehen
unangemessene AK	Erwerb vom GmbH-Gesellschafter oder umgekehrt, Erwerb vom KG-Gesellschafter oder umgekehrt
Herstellungskosten	R 6.4 EStR, H 6.4 EStH, Abbruchkosten, Ablöse- und Abstandszahlungen, Erschließungskosten, Erdarbeiten, Abgrenzungsfragen Grund und Boden – Gebäude, Außenanlagen usw.
Gebäude SV	Gebäude auf fremdem Grund und Boden – Aktuell !! BMF v. 16.12.2016 - IV C 6 - S 2134/15/10003, BStBl 2016 I 1431 (Bauten auf Ehegattengrundstücken)

Unterschiedliche Nutzungen	Aufteilung eines Gebäudes nach dem Nutzungs- und Funktionszusammenhang; R 4.2 Abs. 3 EStR, selbständige und unselbständige Gebäudeteile, Mietereinbauten, unterschiedliche AfA bei unterschiedlichen Nutzungen, unterschiedliche Vorsteuerabzugsberechtigung bei unterschiedlichen Nutzungen
Bewertungsfragen	AfA – Ermittlung, typisierte Afa oder kürzere Nutzungsdauer, AfaA, Abbruch- oder Teilabbruch, dauernde oder vorübergehende Teilwertminderung, AfA nach Wertminderung oder Wertaufholung; § 11c Abs. 2 EStDV
Rückstellungen	Und letztendlich auch Rückstellungsfragen im Zusammenhang mit Gebäuden, Aufwendungen für unterlassene Instandhaltung, Anwalts- und Gerichtskosten, Entsorgungsfragen oder Wiederherstellungsaufwand bei verschmutzten Grund und Boden u. ä.

Die Vielfalt der Aufgabenstellungen ist nahezu unüberschaubar. Auch die Aufgabensteller orientieren sich lediglich an Teilbereichen. In den eingefügten Beraterprüfungen 2014 und 2015 sind Gebäudesachverhalte enthalten mit

a) Bewertungsfragen, Teilwertminderung und deren Wegfall

Vgl. hierzu Übungsfälle in Tz V. und Tz IX.

b) Bauten auf fremdem Grund und Boden in der Prüfung 2014

Folgende Fundstellen sind „gebäudetypisch":

Fundstelle	Inhalt
R 4.2. Abs. 3 EStR	Aufteilung der Gebäude nach dem Nutzungs- und Funktionszusammenhang a) Betriebsvorrichtung b) Scheinbestandteile c) Ladeneinbauten u. ä. d) Mietereinbauten e) sonstige selbständige Gebäudeteile; siehe R 4.2 Abs. 4 EStR
R 4.2 Abs. 4 EStR	Unterschiedliche Nutzungen und Funktionen bei sonstigen selbständigen Gebäudeteilen; a) eigenen Wohnzwecken dienendes Gebäudeteil b) fremden Wohnzwecken dienendes Gebäudeteil c) eigenbetriebliche Zwecke d) fremdbetriebliche Zwecke
R 4.2 Abs. 5 EStR	Abgrenzung selbständige-unselbständige Gebäudeteile
R 4.2 Abs. 6 EStR	Aufteilungsmaßstab bei mehreren Gebäudeteilen
Bilanzansatz	
R 4.2 Abs. 7 EStR	Notwendiges Betriebsvermögen
R 4.2 Abs. 8 EStR	Grundstücksteile von untergeordneter Bedeutung, § 8 EStDV
R 4.2 Abs. 9,10 EStR	Gewillkürtes Betriebsvermögen
Mitunternehmerschaften	
R 4.2 Abs. 11 EStR	Grundstücke im Gesamthandsvermögen
R 4.2 Abs. 12 EStR	Grundstücke im Sonderbetriebsvermögen

2.2 Aufteilung: Grund und Boden – Gebäude

Zunächst ist festzuhalten, dass Grundstücke unabhängig von ihrer Bebauung in einer Sammelposition ausgewiesen werden können. Dies ist dem Umstand geschuldet, dass zivilrechtlich der Grund und Boden gemeinsam mit dem Gebäude eine Einheit bilden.

In der Handelsbilanz und in der Steuerbilanz ist zu unterscheiden: während der Grund und Boden als nicht abnutzbares unbewegliches Wirtschaftsgut des Anlagevermögens auszuweisen ist (R 6.1 Abs. 1 Satz 6 EStR), stellt das Gebäude ein abnutzbares, unbewegliches Wirtschaftsgut des Anlagevermögens (R 6.1 Abs. 1 Satz 5 EStR) dar.

„Ein Gebäude ist ein Bauwerk auf eigenem oder fremdem Grund und Boden, das Menschen oder Sachen durch räumliche Umschließung Schutz gegen äußere Einflüsse gewährt, den Aufenthalt von Menschen gestattet, fest mit dem Grund und Boden verbunden, von einiger Beständigkeit und standfest ist." (Zitat aus R 7.1 Abs. 5 Satz 2 EStR). Diese in den Verwaltungsanweisungen enthaltene Definition ist in manchen Fällen nicht so einfach nachvollziehbar. So kann ein Container im Einzelfall ein Gebäude darstellen oder sogar eine Tankstellenüberdachung, wie der BFH (seltsamerweise) festgestellt hat (H 7.1 „Gebäude" EStH).

> **HINWEIS:**
> Gebäudesachverhalte sind nahezu in jeder Steuerberaterprüfung enthalten. Insoweit ist die Feststellung, ob es sich – überhaupt – um ein Gebäude handelt, regelmäßig am Beginn der Bearbeitung einer Tz. zu stellen. Zur Abgrenzung zu anderen Wirtschaftsgütern vgl. BMF v. 5. 6. 2013 - S 3130, BStBl 2013 I 734.

Der Bilanzausweis eines Gebäudes orientiert sich am einheitlichen Nutzungs- und Funktionszusammenhang (R 4.2 Abs. 3 EStR). Unstreitig liegt ein bilanzierungsfähiges Gebäude vor, wenn die Nutzung einheitlich ist.

> Der Schreiner S erwirbt ein Gebäude, das er ausschließlich als Werkstatt und Büroraum nutzt.
>
> Lösung
>
> Es liegt eine einheitliche Nutzung vor – eigenbetrieblich genutztes Gebäudeteil –, das Gebäude ist als ein Wirtschaftsgut zu bilanzieren (zusätzlich wäre natürlich auch der anteilige Grund und Boden zu bilanzieren).

Unselbständige Gebäudebestandteile wie Heizung, Beleuchtung, Treppen (inkl. Aufzüge, Rolltreppen) stellen mit dem Gebäude eine Einheit dar (R 4.2 Abs. 5 EStR). Soweit jedoch nach dem Nutzungs- und Funktionszusammenhang kein Gebäudeteil vorliegt, ist von einem selbständigen Wirtschaftsgut auszugehen (R 4.2 Abs. 3 und 4 EStR).

2.2.1 Abgrenzung zum Grund und Boden

Maßnahmen zur Verbesserung des Grund und Bodens sind den Aufwendungen für des Grund und Bodens zuzuordnen und nicht dem Gebäude. Im Wesentlichen sind zu nennen

- Hangabtragung:
  Hierzu gehören Aufwendungen, die der erstmaligen oder wesentlich verbesserten Nutzung des Grund und Bodens dienen wie z. B. eine Trockenlegung u. Ä.
- Erschließungsaufwendungen:
  Kommunale Beiträge für die Erschließung von Anlagen außerhalb des Grund und Bodens.
- Sonstige Aufwendungen:
  Vgl. im einzelnen H 6.4 „Anschaffungskosten des Grund und Bodens" EStH.

2.2.2 Abgrenzung zu Außenanlagen

Außenanlagen sind im Betriebsvermögen getrennt vom Gebäude aufzuzeichnen; entweder als Bauten oder als andere Anlagen (§ 266 Abs. 2 A II Nr. 1 und 3 HGB). Bei diesen Wirtschaftsgütern ist insbesondere die Abgrenzung zu Betriebsvorrichtungen zu beachten. Die Abgrenzungsfrage stellt sich insbesondere bei Wege-, Hof- und Platzbefestigungen. Diese gehören zwar im allgemeinen zu den **selbständigen Außenanlagen** zur Nutzung des Grundstücks, weil sie es besser zugänglich machen (H 7.1 „Unbewegliche Wirtschaftsgüter" EStH); doch ist eine Betriebsvorrichtung anzunehmen, wenn die Befestigung zu einem auf dem Grundstück betriebenen Gewerbebetrieb in einer besonderen und unmittelbaren Beziehung steht; wie z. B. bei der Bodenbefestigung einer Tankstelle.

2.2.3 Abgrenzung zu Betriebsvorrichtungen

Eine Betriebsvorrichtung (BVO) ist ein selbständiges WG, weil sie nicht in einem einheitlichen Nutzungs- und Funktionszusammenhang mit dem Gebäude steht; auch wenn sie wesentlicher Bestandteil des Gebäudes ist (R 7.1 Abs. 3 EStR).

Die BVO gilt als bewegliches Wirtschaftsgut und kann damit

- als GWG nach § 6 Abs. 2, 2a EStG behandelt werden oder
- zusätzlich durch eine Sonderabschreibung nach § 7g EStG abgeschrieben werden
- im Bilanzwert durch eine Rücklage nach § 6b Abs. 10 EStG gemindert werden,

wenn die jeweiligen Tatbestandsmerkmale erfüllt sind. Des Weiteren ist die Abgrenzung zum Gebäudeteil besonders wichtig u. a. wegen

1. Bewertungsfragen hinsichtlich des Bewertungsgesetzes (Steuerbilanzwert nach § 109 BewG),
2. grunderwerbsteuerlichen Fragen und
3. Umsatzsteuerbefreiungen nach §§ 4 Nr. 9, Nr. 12a UStG.

Zu den wesentlichen Merkmalen eines Gebäudes gehört der – übliche – **Aufenthalt von Menschen**. Ist nur ein vorübergehender Aufenthalt möglich, so liegt eine BVO vor, wie z. B. bei Transformatorenhäuschen, Kühlräumen u. Ä. Bauliche Unzulänglichkeiten oder sonstige Mängel, die den Aufenthalt erschweren (Lärm, Feuchtigkeit, Röntgenraum beim Arzt), führen allein noch nicht zu BVO.

Der Tankstelleninhaber T betreibt eine freie Tankstelle. Welche Wirtschaftsgüter könnten ausgewiesen werden?

Lösung

Bodenbefestigung	= üblicherweise BVO
Einfriedungen	= Regelmäßig Außenanlage, evtl. im Einzelfall BVO
Zapfsäulen	= BVO
Kassenhäuschen	= Gebäude
Zapfstellenüberdachung	= BVO
Tankstellendach mit mehr als 400 qm Fläche	= Gebäude

2.2.4 Abgrenzung zu Scheinbestandteilen

Einbauten, die der Steuerpflichtige für sich selbst oder zugunsten des Mieters/Pächters für vorübergehende Zwecke vornimmt, sind ebenfalls selbständige Wirtschaftsgüter. Die Voraussetzung eines vorübergehenden Zwecks ist erfüllt, wenn die voraussichtliche Nutzungsdauer des Einbaus nicht länger als die Laufzeit des Miet- oder Pachtverhältnisses ist oder wenn diese bei ihrem Ausbau noch einen erheblichen Wiederverwendungswert repräsentieren (R 7.1 Abs. 4 EStR, H 7.1 „Scheinbestandteile" EStH).

Scheinbestandteile gehören ebenso wie BVO's zu den beweglichen abnutzbaren Wirtschaftsgütern des Anlagevermögens.

Der Unternehmer U hat ein Gebäude zu betrieblichen Zwecken angemietet. Neben der bereits vorhandenen Heizung baut er eine zusätzliche Heizungsanlage ein. Diese kann jederzeit entfernt werden und anderweitig eingesetzt werden.

2.2.5 Abgrenzung zu selbständigen Einbauten

Zu den selbständigen Einbauten zählen Ladeneinbauten, Schaufensteranlagen, Gaststätteneinbauten sowie ähnliche Einbauten, die einem schnellen Wandel des modischen Geschmacks unterliegen, und zwar auch dann, wenn sie in Neubauten eingefügt werden (R 4.2 Abs. 3 Satz 3 Nr. 3 EStR).

In Abgrenzung zu den Betriebsvorrichtungen ist festzustellen, dass es sich hierbei um **unbewegliche Wirtschaftsgüter** handelt (R 7.1 Abs. 6 EStR); d. h. die AfA ermittelt sich nach den für Gebäude geltenden Grundsätzen. Liegt eine Nutzungsdauer unter der für Gebäude typisierten Nutzungsdauer vor (im Betriebsvermögen 33,3 Jahre), so ist von der tatsächlichen Nutzungsdauer auszugehen.

2.2.6 Abgrenzung zu sonstigen selbständigen Gebäudeteilen

2.2.6.1 Eigenbetrieblich genutzter Gebäudeteil

Als eigenbetrieblich genutzter Gebäudeteil (R 4.2 Abs. 3 Satz 3 Nr. 5 und Abs. 4 Satz 1 EStR) ist jedes Gebäudeteil zu verstehen, das unmittelbar betrieblichen Zwecken dient, wie z. B. Büroräume, Lagerräume, Werkstatthallen, Lagerhallen, Fertigungshallen, Verkaufsräume u. ä. Zum eigenbetrieblichen Gebäudeteil zählen auch Wohnräume, die aufgrund einer Vermietung an Arbeitnehmer dem notwendigen Betriebsvermögen zuzurechnen sind. Eine Zurechnung zum notwendigen Betriebsvermögen ist dann gegeben, wenn für die Vermietung ausschließlich betriebliche Gründe maßgebend sind (H 4.2 Abs. 7 „Vermietung an Arbeitnehmer." EStH)

Mehrere eigenbetriebliche genutzte Wirtschaftsgüter in einem Gebäude sind als **ein** Wirtschaftsgut zu behandeln.

Der Bäcker A hat ein Betriebsgebäude erworben. Im EG sind die Verkaufsräume, im 1. OG hat er ein kleines Café eingerichtet. Im 2. OG befinden sich die Büroräume und im 3. OG wohnt der Geschäftsführer, dessen Wohnung ist unmittelbar an die Tätigkeit im Unternehmen geknüpft.

Lösung

Der Bäcker hat ein Wirtschaftsgut zu bilanzieren, ein eigenbetrieblich genutztes Gebäudeteil.

HINWEIS:

Der Wohnzwecken dienende Gebäudeteil ist ungeachtet der Zuordnung zum Wirtschaftsgut „eigenbetrieblich genutzter Gebäudeteil" gesondert abzuschreiben (§ 7 Abs. 4 Satz 1 Nr. 2a EStG, R 7.2 Abs. 1 Satz 2 EStR).

2.2.6.2 Fremdbetrieblich genutzter Gebäudeteil

Zur fremdgewerblichen Nutzung zählt ein Gebäudeteil, das zu gewerblichen, selbständigen oder land- und forstwirtschaftlichen Zwecken genutzt wird oder ein Gebäudeteil, das hoheitlichen oder gemeinnützigen Zwecken dient.

Eine Ausnahme stellt das Arbeitszimmer eines Mieters in einer vermieteten Wohnung dar. Dieses ist aus Vereinfachungsgründen dem Wirtschaftsgut „fremden Wohnzwecken dienenden Gebäudeteil" zuzurechnen (R 7.2 Abs. 3 Satz 2 EStR).

2.2.6.3 Eigenen Wohnzwecken dienender Gebäudeteil

Neben der „klassischen" eigenen Wohnung oder dem eigenen Wohnzwecken dienenden Einfamilienhaus liegt auch ein entsprechender Gebäudeteil vor, wenn die Wohnung einem Angehörigen unentgeltlich überlassen wurde. Das häusliche Arbeitszimmer eines Arbeitnehmers dient nicht Wohnzwecken (H 7.2 „Wohnzwecke" EStH).

2.2.6.4 Fremden Wohnzwecken dienender Gebäudeteil

Wohnzwecken dienend heißt, auf Dauer Menschen Aufenthalt und Unterkunft zu gewähren. Kurzfristige Vermietungen (Hotels, Pensionen) zählen nicht hierzu. Auch die Arbeitnehmerwohnung dient Wohnzwecken.

Zu beachten ist, ob die Überlassung zu Wohnzwecken für sich selbst nicht einen Gewerbebetrieb darstellt (H 15.7 „Ferienwohnung", „Campingplatz" EStH).

2.3 Grund und Boden und Gebäude als Betriebsvermögen

Zum **notwendigen** Betriebsvermögen gehören regelmäßig Grundstücke und Grundstücksteile, die der Steuerpflichtige ausschließlich und unmittelbar für eigenbetriebliche Zwecke nutzt (R 4.2 Abs. 7 EStR). Entscheidend ist die tatsächliche Verwendung des Grundstücks. Die Bilanzierungsmöglichkeit kann auch für ein Vorratsgrundstück gegeben sein. Insoweit die Bilanzierung eines Gebäudes notwendig ist, ist auch der anteilige G+B zwingend in der Bilanz auszuweisen.

Dagegen kommt einem Grundstück die Eigenschaft als notwendiges Betriebsvermögen nicht schon deshalb zu, weil es mit betrieblichen Mitteln erworben wurde oder als Sicherung für betriebliche Kredite dient.

Gebäude oder Gebäudeteile, die im Eigentum einer Kapitalgesellschaft stehen, sind zwingend in der HB/StB als Betriebsvermögen auszuweisen. Die Zuordnung zum Betriebsvermögen bei Kapitalgesellschaften erfolgt unabhängig der Nutzung des Grundstücks.

> **HINWEIS:**
> In Prüfungen sind häufig Fehler bei der Bilanzierung – Ausweis oder Nichtausweis als Betriebsvermögen – enthalten. Im ersten Schritt wäre dann eine „Bilanzberichtigung" vorzunehmen; vgl. hierzu Kap. IV.9.

Bilanzierende Steuerpflichtige können Grundstücke oder Grundstücksteile, die in einem gewissen objektiven Zusammenhang mit dem Betrieb stehen und ihn zu fördern bestimmt und geeignet sind, zum Betriebsvermögen zählen (R 4.2 Abs. 9 EStR). Man spricht dann von **gewillkürtem Betriebsvermögen**. Das gilt z. B. für Mietwohngrundstücke oder vermietete Geschäftsgrundstücke. Eine eigengenutzte Wohnung des Steuerpflichtigen kann nicht als Betriebsvermögen ausgewiesen werden.

Eigenbetrieblich genutzte Grundstücksteile, deren Wert im Verhältnis zum Wert des ganzen **Grundstücks von untergeordneter Bedeutung** ist, brauchen nach ständiger Praxis nicht als Betriebsvermögen behandelt zu werden (§ 8 EStDV). Die gesetzlichen Grenzen sind alternativ

1. ein Fünftel des eigenbetrieblich genutzten Gebäudeteils oder
2. absoluter Wert von mehr als 20 500 €.

Zivilrechtlich bilden der Grund und Boden sowie das Gebäude eine Einheit. Steuerlich sind die Außenanlagen als eigenständiges Wirtschaftsgut zu berücksichtigen. Der Grundstücksteil i. S. d. § 8 EStDV bezieht sich auf die Gesamtheit, also auf den Grund und Boden, den Gebäudeanteil sowie eventuell vorhandene Außenanlagen, auch wenn bilanzsteuerrechtlich von einer unterschiedlichen Bilanzierung auszugehen ist.

Die Frage der Wertermittlung orientiert sich am Verhältnis der Nutzflächen. Führt der Ansatz der Nutzflächen zu einem unangemessenen Ergebnis, kann vom Rauminhalt ausgegangen werden. Im Grenzfall kann sich der Steuerpflichtige auch darauf berufen, dass Nebenräume ausschließlich privat genutzt werden.

> **HINWEIS:**
> Die Prüfung der Tatbestandsmerkmale, ob von einer Bilanzierung abgesehen werden kann oder nicht, ist an jedem Bilanzstichtag neu zu prüfen. Die erstmalige rechtmäßige „Nichtbilanzierung" ist demzufolge nur für diesen Bilanzstichtag bindend.

Die Bewertung der Einlage erfolgt mit dem Teilwert, wobei bei einer Anschaffung innerhalb der letzten drei Jahre vor der Einlage von den fortgeführten Anschaffungskosten auszugehen ist. Die Einschränkung hinsichtlich der 3 Jahre gilt nicht bei einer Einlage nach einer Schenkung, da eine unentgeltliche Einzelrechtsnachfolge keine Anschaffung darstellt.

Rechtsfolgen bei Grundstücksteilen i. S. v. § 8 EStDV:

1. Rechtsfolge bei Bilanzierung

    Alle Aufwendungen – einschließlich der AfA – des eigenbetrieblich genutzten Gebäudeteils sind Betriebsausgaben (R 4.7 Abs. 2 Satz 4 EStR). Bei Veräußerung tritt eine Gewinnrealisierung ein.

2. Rechtsfolge bei Nichtbilanzierung

    Alle Aufwendungen – einschließlich der AfA – des eigenbetrieblich genutzten Gebäudeteils sind Betriebsausgaben. Bei Veräußerung tritt eine Gewinnrealisierung nur dann ein, wenn die Frist nach § 23 Abs. 1 Satz 1 Nr. 1 EStG (10 Jahre) nicht überschritten ist.

> **HINWEIS:**
> Typische Anwendungsfälle in Prüfungen sind Büroräume und Lagerräume im Einfamilienhaus, betrieblich genutzte Garagen u. Ä.

2.4 Bewertung von Grundstücken

Der **Grund und Boden** ist, wenn er dem Betriebsvermögen zugerechnet wird, als nicht abnutzbares Wirtschaftsgut des Anlagevermögens auszuweisen. Die Bewertung erfolgt mit den Anschaffungskosten (§ 253 Abs. 1 HGB, § 255 Abs. 1 HGB) oder dem wertgeminderten niedrigeren beizulegenden Wert (§ 253 Abs. 3 Satz 5 HGB). Nach BilMoG besteht in der Handelsbilanz bei voraussichtlich dauernder Wertminderung ein **Zwang** zur Vornahme außerplanmäßiger Abschreibungen.

In der Steuerbilanz ist der Grund und Boden ebenfalls mit den Anschaffungskosten anzusetzen. Der niedrigere Teilwert findet jedoch nur bei einer dauernden Wertminderung Berücksichtigung (§ 6 Abs. 1 Nr. 2 Satz 1 und 2 EStG). Der Ansatz in der Steuerbilanz kann unabhängig vom Ansatz in der Handelsbilanz gewählt werden; § 5 Abs. 1 EStG.

Das **Gebäude** ist, wenn es dem Betriebsvermögen zugerechnet wird, als abnutzbares Wirtschaftsgut des Anlagevermögens auszuweisen. Die Bewertung erfolgt mit den Anschaffungskosten abzüglich der planmäßigen Abschreibung (§ 253 Abs. 3 HGB, § 255 Abs. 1 HGB) oder dem wertgeminderten niedrigeren beizulegenden Wert (§ 253 Abs. 3 Satz 5 HGB). In der HB muss bei voraussichtlich dauernder Wertminderung eine außerplanmäßige Abschreibung durchgeführt werden.

In der Steuerbilanz ist das Gebäude ebenfalls mit den Anschaffungskosten abzüglich AfA anzusetzen. Der niedrigere Teilwert findet jedoch nur bei einer dauernden Wertminderung Berücksichtigung (§ 6 Abs. 1 Nr. 1 Satz 1 und 2 EStG) und sein Ansatz ist unabhängig vom Ansatz in der Handelsbilanz (§ 5 Abs. 1 EStG).

Wurde das Gebäude selbst hergestellt, treten an die Stelle der Anschaffungskosten die Herstellungskosten (§ 255 Abs. 2 HGB).

2.4.1 Anschaffungszeitpunkt

Die Anschaffungskosten sind im Anschaffungszeitpunkt zu ermitteln. Das Einkommensteuerrecht bestimmt als Jahr der Anschaffung das Jahr der Lieferung (§ 9a EStDV). Der Begriff der Lieferung bedeutet Verschaffung der Verfügungsmacht. Damit ist der Zeitpunkt der Übertragung des wirtschaftlichen Eigentums vom Veräußerer auf den Erwerber gemeint. Dies ist regelmäßig der Fall, wenn **Eigenbesitz, Gefahr, Nutzen und Lasten** auf den Erwerber übergehen.

Der Vermögensgegenstand ist zu diesem Zeitpunkt beim Erwerber zu bilanzieren. Dies gilt unbeschadet der Tatsache, dass Anschaffungskosten zeitlich auch **vor** oder **nach dem** Anschaffungszeitpunkt anfallen können (Anschaffungskostenzeitraum). Zu diesen Aufwendungen gehören z. B. Anschaffungsnebenkosten und nachträgliche Anschaffungskosten. Auf den zeitlichen Zusammenhang mit dem Erwerb kommt es dabei nicht an.

Unerheblich ist steuerrechtlich auch der Abschluss des Kaufvertrags.

2.4.2 Anschaffungskosten

Die Definition der Anschaffungskosten ist sowohl im Handels- als auch im Steuerrecht identisch (§ 255 Abs. 1 HGB, H 6.2 EStH „Anschaffungskosten"). Im Regelfall bedient sich der Aufgabensteller bei der Zusammenstellung der Anschaffungskosten der dort genannten Entscheidungen.

Für die Frage, ob in Rechnung gestellte Vorsteuerbeträge als Anschaffungskosten zu qualifizieren sind, ist zunächst die Abzugsfähigkeit der Vorsteuer nach § 15 Abs. 1 UStG zu prüfen. Sind die Vorsteuerbeträge abzugsfähig, liegen keine Anschaffungskosten vor (§ 9b Abs. 1 EStG); im Umkehrschluss liegen Anschaffungskosten vor (R 9b Abs. 1 EStR).

Beim Erwerb eines Gebäudes mit mehreren selbständig zu beurteilenden Wirtschaftsgütern ist der Kaufpreis auf die einzelnen WG **aufzuteilen**. Maßgebend ist das Verhältnis der Nutzflächen; sollte dies zu einem unangemessenen Ergebnis führen, können auch andere Maßstäbe hinzugezogen werden (z. B. Rauminhalte oder Ausgangsumsätze). Liegen zwar mehrere Wirtschaftsgüter vor, ist die steuerliche Beurteilung einheitlich vorzunehmen, so können sie auch zusammengefasst werden (R 4.2 Abs. 6 Satz 3 EStR).

Eine Aufteilung eines Kaufpreises in den Anteil Grund und Boden und Gebäude ist nur unter Berücksichtigung des konkreten Einzelfalles möglich. Als Maßstab gilt das Verhältnis der Teilwerte (H 7.3 „Kaufpreisaufteilung" EStH).

2.4.3 Herstellungskosten

Von Herstellungskosten (§ 255 Abs. 2 HGB) ist auszugehen, wenn etwas neues, bisher nicht Vorhandenes selbst geschaffen wird. Bei Gebäuden ist die Vorschrift des § 15 EStDV zu beachten, die besagt, dass als Bauherr zu behandeln ist, wer auf eigene Rechnung und auf eigene Gefahr ein Gebäude errichtet.

Zu den üblichen Herstellungskosten bei Gebäuden vgl. die Ausführungen in R 6.4 EStR und H 6.4 EStH.

2.4.4 Baumaßnahmen nach Anschaffung oder Herstellung eines Gebäudes

Die Kernfrage ist, ob **nach Fertigstellung** eines Gebäudes Aufwendungen als

1. nachträgliche Anschaffungs- oder Herstellungskosten oder

2. als Betriebsausgaben

zu behandeln sind.

Hierzu hat die Finanzverwaltung aufgrund der umfangreichen, immer wieder sehr aktuellen Problematik versucht, in einem Schreiben Hilfestellung zu bieten (BMF v. 18.7.2003, BStBl 2003 I 386). Die Inhalte des relativ umfangreichen Schreibens sind in folgende Stichpunkte zusammenzufassen:

Die Verwaltung erweitert den Begriff der Anschaffungskosten auch auf die Aufwendungen, die die Betriebsbereitschaft herstellen. Dies kann die Herstellung der objektiven oder subjektiven Funktionstüchtigkeit bedeuten oder auch die Hebung von Standards in sog. zentralen Ausstattungsmerkmalen.

Die Verwaltung definiert den Begriff der (nachträglichen) Herstellungskosten konkret mit

1. Baumaßnahmen, die zu einer Erweiterung führen

    (Anbau, Nutzflächenerweiterung, Substanzmehrung),

2. Baumaßnahmen, die ein nicht mehr nutzbares Gebäude erstmals nutzbar machen,

3. Baumaßnahmen, die zu einer über den ursprünglichen Zustand hinausgehender wesentlichen Verbesserung führen.

2.4.5 Anschaffungsnaher Herstellungsaufwand

Nach der bisherigen Rechtsprechung des BFH und der Verwaltungsauffassung werden im Grundstücksbereich Instandsetzungs- und Modernisierungsaufwendungen, die nach den allgemeinen Kriterien Erhaltungsaufwand darstellen, als sog. **anschaffungsnaher Herstellungsaufwand** und damit als Herstellungskosten behandelt, wenn die Aufwendungen im Zusammenhang mit der Anschaffung eines Gebäudes gemacht werden (innerhalb von 3 Jahren nach der Anschaffung) und im Verhältnis zum Kaufpreis hoch sind (netto mehr als 15 % der Anschaffungskosten des Gebäudes). Der Tenor der langjährig gesicherten Rechtsprechung findet sich wieder in § 6 Abs. 1 Nr. 1a EStG.

HINWEIS:

Bei jedem Anschaffungsvorgang eines Gebäudes sind die in zeitlicher Folge auftretenden Erhaltungsaufwendungen hinsichtlich der Anwendung von § 6 Abs. 1 Nr. 1a EStG zu überwachen.

2.4.6 Vereinfachungsregelung

Betragen für die einzelne Baumaßnahme die Kosten nicht mehr als 4 000 € (netto), so liegen stets Erhaltungsaufwendungen vor. Dies gilt im Betriebsvermögen und im Privatvermögen; R 21.1 Abs. 2 EStR. Diese von der Finanzverwaltung gewährte Regelung soll der Verwaltungsvereinfachung dienen.

Diese Vereinfachungsregelung gilt für Aufwendungen **nach** Fertigstellung, nicht für Aufwendungen **für** die Fertigstellung.

2.4.7 Abbruchkosten

Abbruchkosten führen i. d. R. für die abgerissene Gebäudesubstanz zu einem Aufwand, einer Absetzung für außergewöhnliche technische Abnutzung (§ 7 Abs. 1 Satz 7 EStG). Damit ist der Buchwert eines Gebäudes im Zeitpunkt des Abbruchs als Betriebsausgabe zu behandeln.

In besonderen Fällen können die Abbruchkosten und damit auch der Restbuchwert **nicht** sofort als Betriebsausgaben oder Werbungskosten abgezogen werden, sondern sie sind

1. Herstellungskosten des Neubaus oder
2. Anschaffungskosten des Grund und Bodens.

Dieser Fall liegt vor bei einem **Erwerb in Abbruchabsicht** eines noch nutzbaren Gebäudes. Ob ein Erwerb in Abbruchabsicht vorliegt, ergibt sich entweder aus dem Kaufvertrag oder aus den Anträgen des Erwerbers an die Baubehörde oder aus dem Beweis des ersten Anscheins, wenn mit dem Abbruch des Gebäudes innerhalb von 3 Jahren nach dem Erwerb begonnen wird. Diese Vermutung ist widerlegbar (H 6.4 „Abbruchkosten" EStH).

Wird jedoch ein Grundstück mit einem zum Abbruch bestimmten, da **wirtschaftlich verbrauchten Gebäude** gekauft, entfällt der gesamte Kaufpreis auf den Grund und Boden. Das Gebäude ist wirtschaftlich verbraucht, wenn für Erwerber und Veräußerer die Möglichkeit einer wirtschaftlich sinnvollen Verwendung durch Nutzung oder anderweitige Veräußerung endgültig entfallen ist.

HINWEIS:
Abbruchkosten sind ein beliebtes Prüfungsthema (enthalten in den StB-Prüfungen 2010, 2011 und 2013). Bei genauem Studium des umfangreichen H 6.4 „Abbruchkosten" EStH wird man feststellen, dass die Finanzverwaltung vier Anwendungsfälle auflistet – mit den entsprechenden Lösungsvarianten.

2.4.8 Rechtsfolgen bei nachträglichen Anschaffungs- oder Herstellungskosten

Führen Baumaßnahmen zu nachträglichen Anschaffungs- oder Herstellungskosten, so sind die Aufwendungen, da sie keine Betriebsausgaben sind, dem bisherigen Buchwert zuzurechnen und zu aktivieren (H 7.3 „Nachträgliche Anschaffungs- oder Herstellungskosten" EStH). Problematisch wird die Weiterbehandlung des Bilanzansatzes durch die anzuwendende AfA.

Die Ermittlung der AfA erfolgt mit dem bisherigen Prozentsatz auf die um die Baumaßnahme erhöhte ursprüngliche Bemessungsgrundlage (H 7.4 „Nachträgliche Anschaffungs- oder Herstellungskosten" EStH.

> Der Unternehmer A besitzt seit dem 15. 1. 2015 eine Werkhalle (HK 1.000.000 €, AfA bisher 3 %). Der Bilanzansatz zum 31. 12. 2017 beträgt somit 910.000 €. In Juli 2018 fallen Baumaßnahmen i. H. v. 50.000 € an, die unstreitig als Herstellungskosten zu qualifizieren sind. Ermitteln Sie den Bilanzansatz zum 31. 12. 2018.
>
> Lösung
>
> | | | |
> |---|---:|---:|
> | Bilanzansatz 2017 | | 910.000 € |
> | zzgl. nachtr. HK | | + 50.000 € |
> | AfA-Bemessungsgrundlage bisher: | 1.000.000 € | |
> | zzgl. nachtr. HK | + 50.000 € | |
> | = neue AfA-Bemessunggrundlage | 1.050.000 € | |
> | AfA – Satz 3 % hiervon = | | - 31.500 € |
> | = Bilanzansatz zum 31. 12. 2018 | | 928.500 € |

HINWEIS:
Nachträgliche Herstellungskosten sind immer so zu behandeln, als wären sie zu Beginn des Jahres angefallen (R 7.4 Abs. 9 Satz 3 EStR).

2.4.9 Abschreibungen bei Gebäuden

Die handelsrechtliche Gebäudeabschreibung erfährt keine Besonderheit; die Abschreibung richtet sich nach der planmäßigen Nutzungsdauer (§ 253 Abs. 3 Satz 1 und 2 HGB)

Das Steuerrecht sieht hiervon eine typisierte AfA-Regelung vor. Danach ist prüfungstechnisch wie folgt vorzugehen:

Sind für ein Gebäude folgende 3 Voraussetzungen erfüllt:

- Das Gebäude ist Betriebsvermögen.
- Das Gebäude dient keinen Wohnzwecken.   } 3 % Jahres-AfA
- Der Bauantrag erging nach dem 31. 3. 1985.

Ist eine der 3 Voraussetzungen nicht erfüllt, beträgt die AfA

a) 2 %, wenn die Fertigstellung nach dem 31. 12. 1924 erfolgte,

b) 2,5 %, wenn die Fertigstellung vor dem 1. 1. 1925 erfolgte.

Eine von der typisierten Gebäude-AfA abweichende AfA ist nur zulässig, wenn die tatsächliche Nutzungsdauer kürzer ist als die typisierte. Eine tatsächliche Nutzungsdauer liegt vor bei einer drohenden Enteignung oder einem sicher bevorstehendem Abbruch. Eine schlechte Bauausführung rechtfertigt keine tatsächliche Nutzungsdauer (H 7.4 „Nutzungsdauer" EStH).

Die in § 7 Abs. 5 EStG enthaltene degressive Gebäudeabschreibung ist nicht mehr aktuell. Der letzte aktuelle Gewinnermittlungszeitraum für die erstmalige Anwendung des § 7 Abs. 5 Satz 1 Nr. 3c EStG war 2005. Das heißt, in Prüfungsfällen kann eine degressive Gebäude-AfA nur aus bisher bereits bilanzierten Gebäuden herrühren.

2.4.10 Abschreibungen bei Gebäuden nach AfaA oder Teilwertminderung

Ist der Bilanzansatz eines Gebäudes gemindert

- durch eine AfaA (z. B. eines Teilabbruchs) oder
- eine Teilwertminderung,

so erfolgt die Folgeabschreibung im Folgejahr danach nach § 11c Abs. 2 EStDV. Danach mindert sich die ursprüngliche AfA-Bemessungsgrundlage um die AfaA oder die Teilwertminderung.

Ein Gebäude (HK 500.000 €, Fertigstellung zum 1. 7. 2012, Bauantrag 2011), wird seit Fertigstellung mit 3 % abgeschrieben. Aufgrund von Baumängeln erfolgt zum 1. 4. 2017 ein Teilabbruch von 20 % des Gebäudes und unmittelbar nach Abbruch der Anbau eines neuen Gebäudeteils (Fertigstellung 1. 11. 2017) zu HK i. H. v. 150.000 €. Ermitteln Sie den Bilanzansatz zum 31. 12. 2018.

Lösung

HK 2012		500.000 €
abzgl. AfA für 4,5 Jahre à 3 % = 13,5 % =		67.500 €
abzgl. AfA für 3 Monate bis 31. 3. 2017 =		- 3.750 €
Restwert zum 31. 3. 2017		428.750 €
AfaA hiervon 20 % =		- 85.750 €
AfA-Bemessungsgrundlage bisher:	500.000 €	
zzgl. nachtr. HK	+ 150.000 €	+ 150.000 €
= neue AfA-Bemessunggrundlage	650.000 €	
AfA: 3 %; ab 1. 4. – 31. 12.		- 14.625 €
= Bilanzansatz zum 31. 12. 2017		478.375 €
AfA-Bemessungsgrundlage bisher:	650.000 €	
abzgl. AfaA; § 11c Abs. 2 EStDV	- 85.750 €	
= neue AfA-Bemessunggrundlage	564.250 €	
Afa 3 % =		- 16.928 €
= Bilanzansatz zum 31. 12. 2018		461.447 €

2.4.11 Abschreibung nach Einlage eines Gebäudes

Die Einlage wird als anschaffungsähnlicher Vorgang behandelt, d. h. der Einlagewert ist – grundsätzlich – die neue AfA-Bemessungsgrundlage. Allerdings sieht die Vorschrift des § 7

Abs. 1 Satz 5 EStG vor, dass die bisher vorgenommene AfA, falls das eingelegte Wirtschaftsgut **bisher im Überschussbereich** genutzt wurde, die AfA–Bemessungsgrundlage mindern sollte.

Im Ergebnis tritt keine Änderung ein bei eingelegten Gebäuden, die innerhalb von drei Jahren seit dem Erwerb in den Betrieb eingelegt wurden. In diesen Fällen mindert sich bereits der Einlagewert um die bisher vorgenommene AfA (§ 6 Abs. 1 Nr. 5a EStG). Nur bei Einlagefällen mit dem Teilwert ist diese Besonderheit zu beachten.

> **HINWEIS:**
> Zur Anwendung des § 7 Abs. 1 Satz 5 EStG hat die Finanzverwaltung ein BMF-Schreiben erlassen; BMF v. 27. 10. 2010, BStBl I 2010 1204.
>
> In dieser Verwaltungsanweisung sind 4 Fallgruppen jeweils mit Beispielen und Lösungen enthalten. In der StB-Prüfung wäre zunächst die Fallgruppe zu bestimmen, die der Sachverhalt fordert und anschließend kann die Lösung gem. BMF-Schreiben erfolgen.

Zu beachten ist in der Lösung zu Fallgruppe 1 und Fallgruppe 2, dass das AfA-Volumen kleiner ist als der Einlagewert. D. h. nach Ablauf der planmäßigen Nutzungsdauer verbleibt ein Restwert (sog. Sockelbetrag). Dieser Restwert kann in der Steuerbilanz nicht mehr planmäßig abgeschrieben werden. Allerdings kann eine Wertminderung durch eine Teilwertminderung erfolgen, wenn die entsprechenden Voraussetzungen vorliegen. Auch im Falle

1. des Untergangs (Abbruch des Gebäudes) oder
2. der Veräußerung oder
3. der Entnahme des Gebäudes

ist der Sockelbetrag als Aufwand zu behandeln.

2.4.12 Abschreibungen bei Nutzungsänderung von Gebäuden

Die vom Gesetzgeber typisierte Gebäude-AfA sieht einen Wechsel der AfA-Methoden nicht vor. Nachdem die typisierten AfA-Sätze jedoch von der tatsächlichen Nutzung abhängig sind, muss zwangsläufig ein Wechsel der AfA möglich sein. Diese gesetzgeberische Lücke ist durch die Verwaltung geschlossen worden (R 7.4 Abs. 7 EStR). Danach ist ein Wechsel bei Nutzungsänderung sinnvoll und geboten.

> Ein bisher ausschließlich eigenbetrieblich genutzter Gebäudeteil (AK 2. 1. 2015: 200.000 €, AfA bisher nach § 7 Abs. 4 Satz 1 Nr. 1 mit 3 %) wird ab 1. 10. 2018 zu Wohnzwecken an Arbeitnehmer vermietet und soll weiterhin als BV ausgewiesen werden.
> Lösung
>
> | | |
> |---|---:|
> | Anschaffungskosten 2015 | 200.000 € |
> | abzgl. AfA für 3 Jahre bis zum 31. 12. 2017 | ./. 18.000 € |
> | abzgl. AfA für 9 Monate bis 30. 9. 2018 | ./. 4.500 € |
> | abzgl. AfA für 3 Monate; 2 % | ./. 1.000 € |
> | = Bilanzansatz zum 31. 12. 2018 | 176.500 € |

3. Grundstücksgleiche Rechte – Erbbaurecht

Beim Erbbaurecht handelt es sich um eine entgeltliche Nutzungsüberlassung eines Grundstücks durch den erbbauverpflichteten Grundeigentümer an den Erbbauberechtigten mit der eingeräumten Nutzungsmöglichkeit an dem Grundstück.

Das Erbbaurecht wird wie ein Miet- oder Pachtverhältnis angesehen und behandelt. Die Bestellung von Erbbaurechten und Vereinnahmung der Erbbauzinsen fällt grundsätzlich unter die Einkunftsart „Vermietung und Verpachtung"; vgl. aber § 21 Abs. 3 EStG – Subsidiaritätsprinzip.

Der erbbauverpflichtete Grundeigentümer hat den Erbbauzins als Betriebseinnahme anzusetzen, wenn sich das Grundstück im Betriebsvermögen befindet.

Beim Erbbauberechtigten kommt ein Abzug des Erbbauzinses als Betriebsausgaben in Betracht.

3.1 Erbbaurecht im Betriebsvermögen – Erbbauberechtigter

Die Bestellung des Erbbaurechts ist ein schwebendes Geschäft und als solches nicht zu buchen. Die Zurechnung zum Betriebsvermögen entscheidet sich nach den üblichen Kriterien (R 4.2 Abs. 14 EStR). Die Bestellung eines Erbbaurechts für Zwecke des Betriebsunternehmens führt zu einer sachlichen Verflechtung (H 15.7 Abs. 5 „Erbbaurecht" EStH).

Auch bei vorliegendem Erbbaurecht wird der Erbbauberechtigte Eigentümer des Gebäudes, das getrennt vom Erbbaurecht als eigenständiges Wirtschaftsgut zu bilanzieren und zu bewerten ist. Die mit dem Abschluss des Erbbauvertrags zusammenhängenden Kosten, wie Notariats- und Gerichtskosten, Grunderwerbsteuer, Maklerprovisionen u. a. sind als Anschaffungskosten des Erbbaurechts zu aktivieren (H 6.2 „Erbbaurecht" EStH). Als grundstücksgleiches Recht des Sachanlagevermögens (§ 266 Abs. 2 A. II. 1 HGB) wird das Erbbaurecht linear (§ 7 Abs. 1 EStG) auf die Laufzeit des Erbbaurechts verteilt abgeschrieben; das Erbbaurecht ist **kein** immaterielles Wirtschaftsgut (H 5.5 „Erbbaurecht" EStH).

Im Voraus bezahlte Erbbauzinsen führen zu Rechnungsabgrenzungsposten (H 5.6 „Erbbaurecht" EStH). Gleiches gilt für Erschließungskosten für ein im Erbbaurecht nutzbares Grundstück, das der Erbbauberechtigte für den Erbbauverpflichteten geleistet hat (H 6.4 „Erschließungskosten ... Erbbaurecht" EStH). Erschließungsbeiträge und Kanalanschlussgebühren, die der Erbbauberechtigte entrichtet, sind als aktive Rechnungsabgrenzungsposten auf die Laufzeit des Erbbaurechts zu verteilen (H 5.6 „Bestimmte Zeit ..., Übernahme von Erschließungskosten" EStH).

Erbbauzinsen sind Betriebsausgaben.

3.2 Erbbaurecht im Betriebsvermögen – Erbbauverpflichteter

Auch beim Erbbauverpflichteten erfolgt mit der Einräumung des Erbbaurechts keine Bilanzierung, weil es sich um ein schwebendes Geschäft handelt. Die Belastung führt grundsätzlich nicht zu einer Entnahme des Grundstücks.

Die vom Erbbauberechtigten laufend gezahlten Erbbauzinsen sind als Betriebseinnahmen zu versteuern; dies gilt auch für einmalige Zahlungen, die jedoch in einem passiven Rechnungsabgrenzungsposten auszuweisen sind.

Hat der Erbbauberechtigte die Entrichtung der Erschließungskosten übernommen, hat sie der Erbbauverpflichtete als nachträgliche Anschaffungskosten des Grund und Bodens und Einnahmen zu erfassen; aber erst bei Realisierung (= Zufluss nach Beendigung des Erbbaurechts – H 21.2 „Erbbaurecht" EStH).

3.3 Zivilrechtliche Grundlagen

Das Erbbaurecht und der Erbbauzins sind geregelt in § 95 Abs. 1 Satz 2 BGB i. V. m. dem Erbbaurechtsgesetz (ErbbauRG).

Das Erbbaurecht ist das auf einem Grundstück lastende beschränkt dingliche Recht, auf oder unter der Oberfläche des Grundstücks ein Bauwerk zu errichten und zu nutzen. Es ist verkäuflich und vererblich.

Das Erbbaurecht wird rechtlich im Wesentlichen wie ein Grundstück behandelt (§ 11 ErbbauRG).

Die Verpflichtung, ein Erbbaurecht zu bestellen oder zu erwerben, bedarf der notariellen Beurkundung (§ 11 ErbbauRG, § 311b BGB). Das Erbbaurecht wird wirksam mit Einigung und Eintragung in das Grundbuch an erster Rangstelle (§ 10 ErbbauRG). Das Erbbaurecht erhält ein eigenes Grundbuchblatt im Erbbaugrundbuch (§ 14 Abs. 3 ErbbauRG).

Das Erbbaurecht erlischt regelmäßig nach Ablauf der vereinbarten Zeit, meist nach 75 oder 99 Jahren.

4. Technische Anlagen, Maschinen und BGA

4.1 Allgemeines

Technische Anlagen, Maschinen und/oder Betriebs- und Geschäftsausstattung gelten als abnutzbare bewegliche Wirtschaftsgüter des Anlagevermögens.

Die Zuordnung zum Anlagevermögen ergibt sich aus § 247 Abs. 2 HGB und ist von der jeweiligen Branche abhängig. So kann ein Kraftfahrzeug beim Autohändler Umlaufvermögen sein oder auch Anlagevermögen, soweit der Autohändler das Fahrzeug selbst nutzt oder als Vorführwagen hält. Weitere Ausführungen hierzu sowie Sonderfälle siehe R 6.1 EStR und H 6.1 EStH.

Bewegliche Wirtschaftsgüter sind auch abnutzbare Wirtschaftsgüter; R 7.1 Abs. 1 Nr. 1 EStR. Da Sachen i. S. d. § 90 BGB, Tiere nach § 90a BGB und Scheinbestandteile nach § 95 BGB als bewegliche Wirtschaftsgüter gelten; R 7.1 Abs. 2 EStR, sind diese auch abnutzbar. Auch Betriebsvorrichtungen gelten als bewegliche – und damit abnutzbare – Wirtschaftsgüter; R 7.1 Abs. 3 EStR.

4.2 Zuordnung zum Betriebsvermögen

Die Zuordnung zum Betriebsvermögen richtet sich nach der Nutzung (siehe Kap. III.3.2); R 4.2 Abs. 1 EStR und ist für jedes Wirtschaftsgut gesondert zu prüfen. Dabei ist zu beachten:

Liegt notwendiges Betriebsvermögen vor, ist das Wirtschaftsgut zwingend zu bilanzieren. Ist dies nicht geschehen, ist die Bilanz objektiv falsch und es muss eine Berichtigung nach § 4 Abs. 2 Satz 1 EStG erfolgen.

Liegt zulässigerweise gewillkürtes Betriebsvermögen vor, so muss der Steuerpflichtige unmissverständlich dokumentieren, ob er es als Betriebsvermögen ausweisen möchte oder nicht. Ein Anhaltspunkt hierfür ist die Einlage- oder Entnahmebuchung; R 4.3 Abs. 3 Satz 3 EStR.

Liegt notwendiges Privatvermögen vor, besteht ein Aktivierungsverbot. Im Falle des Bilanzausweises müsste wiederum eine Bilanzberichtigung nach § 4 Abs. 2 Satz 1 EStG erfolgen.

4.3 Bewertungsmaßstäbe

Die Zugangsbewertung erfolgt in der Handelsbilanz; § 253 Abs. 1 HGB

1. Im Erwerbsfall mit den Anschaffungskosten
2. Im Herstellungsfall mit den Herstellungskosten
3. Im Fall der Einlage mit dem Einlagewert

Die Zugangsbewertung in der Steuerbilanz ist mit den Bewertungsmaßstäben in der Handelsbilanz – meistens – identisch. Der Einlagewert ist im HGB nicht geregelt. Grundsätzlich erfolgt die Einlage zum Zeitwert (i. d. R. mit dem steuerlichen Teilwert identisch). Ein geringerer Wertansatz wäre handelsrechtlich zulässig. Allerdings würden dann übertragene stille Reserven dem Betriebsinhaber zustehen; bei Personengesellschaften somit allen Gesellschaftern. In StB-Prüfung orientiert sich üblicherweise der handelsrechtliche Einlagewert auch am steuerlichen Einlagewert.

Die Folgebewertung erschließt sich

1. In der Handelsbilanz nach § 253 Abs. 3 Sätze 1,2 HGB
   Danach sich die AK/HK oder der an deren Stelle tretende Wert um planmäßige Abschreibungen zu mindern.

2. In der Steuerbilanz aus § 6 Abs. 1 Nr. 1 Satz 1 EStG;
   danach sind die AK/HK oder der an deren Stelle tretende Wert um AfA nach § 7 EStG zu mindern

Die handelsrechtliche planmäßige Abschreibung entspricht der steuerlichen linearen AfA nach § 7 Abs. 1 EStG.

4.4 Steuerliche Minderungstatbestände

Es gibt im Steuerrecht einzelne Sachverhalte, die die AK oder HK mindern könnten. Dazu gehören im Wesentlichen Rücklagen, die auf Investitionen übertragen werden. So kann z. B. ein Gewinn, der unter bestimmten Voraussetzungen nach § 6b Abs. 10 EStG begünstigt ist, auf abnutzbare bewegliche Wirtschaftsgüter übertragen werden. Oder im Falle des Untergangs eines Wirtschaftsguts aufgrund höherer Gewalt kann ein Gewinn, der z. B. durch eine Versicherungsentschädigung entstanden ist, auf ein Ersatzwirtschaftsgut übertragen werden. Und letztendlich können wahlweise Investitionszuschüsse übertragen werden.

Zusammengefasst können Zugangswerte zu mindern sein

1. durch eine Rücklagenübertragung (zu den wesentlichen Rücklagen vgl. Kap. IV.6)
2. durch Berücksichtigung des Hinzurechnungsbetrag nach § 7g Abs. 1 EStG, maximal jedoch 40 %; § 7g Abs. 2 Satz 2 EStG

Sind die AK oder HK gemindert, so bemisst sich die AfA nach dem geminderten Wertansatz; u. a. R 7.1 Abs. 1 Satz 1 EStR. Sämtliche vorgenannten Minderungsbeträge beruhen auf steuerlichen Wahlrechten, die unabhängig von der Handelsbilanz vorzunehmen sind; § 5 Abs. 1 Satz 2 EStG. Entsprechende Formvorschriften gilt es zu beachten; § 5 Abs. 1 Sätze 2, 3 EStG.

Der Bauunternehmer A hat im Januar 2018 einen neuen LKW zum Preis von 200.000 € erworben; die Nutzungsdauer beträgt 8 Jahre. Für künftige Investitionen hat A in 2016 zulässigerweise einen maximalen Investitionsabzugsbetrag nach § 7g Abs. 1 EStG i. H.v. 200.000 € beantragt (außerbilanzielle Minderung des Steuerbilanzgewinns in 2016). Diesen IAB kann A für Investitionen bis zum dritten Jahr nach Bildung – hier Ende 2019 – einsetzen. In 2018 will er alle Wahlrechte so ausüben, dass sich ein möglichst niedriger Gewinn ergibt.

Lösung

Die Zugangsbewertung erfolgt mit den (Netto-) Anschaffungskosten nach § 9b Abs. 1 EStG, wenn A zum Vorsteuerabzug berechtigt ist. Den gebildeten IAB (Investitionsabzugsbetrag) kann A wahlweise im Jahr des Erwerbs des LKW auflösen; die Versteuerung erfolgt außerbilanziell (+ 80.000 €). Die Auflösung darf 40 % der AK nicht übersteigen; § 7g Abs. 2 Satz 1 EStG. Die AK kann A – wahlweise – um den Hinzurechnungsbetrag – steuermindernd – mindern. Im Ergebnis wird der Hinzurechnungsbetrag neutralisiert.

Zusätzlich kann A in 2018 die Sonder-AfA nach § 7g Abs. 5 EStG i. H.v. maximal 20 % geltend machen. Die lineare AfA ist zwingend weiterhin zu berücksichtigen.

Hinweis:

Die Voraussetzungen für die Bildung und die Auflösung des IAB nach § 7g Abs. 1-4 EStG wurden ab VZ 2016 geändert. Im vorgenannten Beispiel ist die Neufassung enthalten.

Ermittlung des Bilanzansatzes zum 31.12.2018:	StB	HB
Anschaffungskosten 2018	200.000 €	200.000 €
abzgl. Hinzurechnungsbetrag	./. 80.000 €	-
Zwischensumme	120.000 €	200.000 €
abzgl. Sonder - AfA 20 % von 120.000 €	./. 24.000 €	-
abzgl. AfA, ND 8 Jahre = 12,5 % jährlich	./. 15.000 €	./. 25.000 €
= Bilanzansatz zum 31.12.2018	81.000 €	175.000 €

HINWEIS:

Innerbilanziell ergibt sich ein Aufwand i. H.v. 119.000 €, außerbilanziell ein Ertrag i. H.v. 80.000 €. Im Gesamtergebnis eine Gewinnminderung von 39.000 € (= die beiden AfA-Beträge).

Das Handelsrecht sieht nun vor, dass neben der planmäßigen Abschreibung eine außerplanmäßige Abschreibung vorzunehmen ist, wenn sich ein niedrigerer beizulegender Wert aufgrund einer dauernden Wertminderung ergeben hat; § 253 Abs. 3 Satz 5 HGB.

Vergleichbares sieht das Einkommensteuergesetz vor; § 6 Abs. 1 Nr. 1 Satz 2 EStG. Darin ist geregelt, dass ein niedrigerer Teilwert angesetzt werden kann, wenn die Minderung voraussichtlich von Dauer ist.

Zunächst ist festzuhalten, dass der handelsrechtliche beizulegende Wert mit dem steuerlichen Teilwert identisch ist. Ein Ansatz ist in beiden Bilanzen zulässig, wenn die Minderung voraussichtlich von Dauer ist. Ein Unterschied ergibt sich jedoch dahingehend, dass

1. in der Handelsbilanz die außerplanmäßige Abschreibung zwingend,
2. in der Steuerbilanz die Teilwertminderung wahlweise

zu berücksichtigen ist. Fraglich ist, wann eine Wertminderung dauerhaft oder „nur" vorübergehend ist. Hierzu hat die Finanzverwaltung in einem neuen umfänglichen Schreiben vom 2.9.2016, BStBl 2016 I S. 995 Stellung bezogen. Bei abnutzbarem Anlagevermögen liegt demnach eine dauernde Wertminderung vor, wenn am Bilanzstichtag der Teilwert niedriger ist als der planmäßige Buchwert bei hälftiger Restnutzungsdauer; vgl. BMF v. 2.9.2016, a.a.O., Rdn. 8-10 und die dort genannten Beispiele.

Sind die Gründe für die Wertminderung entfallen, muss eine Wertaufholung erfolgen. Dieser Zwang zur Wertaufholung gilt für die Handelsbilanz; § 253 Abs. 5 HGB und für die Steuerbilanz; § 6 Abs. 1 Nr. 1 Satz 4 EStG

Der Bauunternehmer A hat im Januar 2015 einen neuen LKW zum Preis von 200.000 € erworben; die Nutzungsdauer beträgt 8 Jahre. Aufgrund neuer Modelle eines Konkurrenten sank der Teilwert/beizulegende Wert zum 31.12.2017 auf 60.000 € für dieses Fahrzeug. Nachdem sich Qualitätsmängel beim Konkurrenten ergeben haben, waren die Gründe für die Wertminderung zum 31.12.2018 entfallen.

Lösung

Ermittlung des Bilanzansatzes zum 31.12.2018:	StB/HB
Anschaffungskosten 2015	200.000 €
abzüglich AfA, 12,5 % jährlich 2015	./. 25.000 €
abzüglich AfA, 12,5 % jährlich 2016	./. 25.000 €
abzüglich AfA, 12,5 % jährlich 2017	./. 25.000 €
Bilanzansatz StB/HB zum 31.12.2017	= 125.000 €
Restnutzungsdauer 5 Jahre, planmäßiger Buchwert nach 2,5 Jahren	62.500 €
Teilwert lt. SV 60.000 €; da < 62.500 €, dauernde Wertminderung	
Bilanzansatz zum 31.12.2017 somit in HB/StB	60.000 €
(Gewinnminderung 2017 neben der AfA i.H.v.	*65.000 €)*
abzüglich AfA 2018, Restwert/Restnutzungsdauer 5 J. = 20 %	./. 12.000 €
vorläufiger Bilanzansatz zum 31.12.2018	48.000 €

Aber die Gründe für die Wertminderung sind entfallen; deshalb Wertaufholung auf den Wert, der bei ursprünglicher Bewertung gegolten hätte:

AK 200.000 € abzüglich 12,5 % AfA jährlich für 4 Jahre = 50 % = 100.000 €

In 2018 ist eine Wertaufholung i.H.v. 52.000 € veranlasst, so dass sich ein Schlussbilanzansatz i.H.v. 100.000 € ergibt.

4.5 Geringwertige Wirtschaftsgüter, Sammelposten

Abnutzbare, bewegliche Wirtschaftsgüter,

1. deren AK/HK oder Einlagewert 800 € nicht überschreitet und
2. die selbständig nutzbar sind

können wahlweise sofort über Aufwand (= Betriebsausgabe nach § 4 Abs. 4 EStG) abgeschrieben werden.

Die Frage der selbständigen Nutzungsfähigkeit ist mehrfach Streitgegenstand in der Finanzgerichtsbarkeit gewesen. Zu Einzelfällen vgl. H 6.13 „ABC" EStH. Bei der Ermittlung der Betragsgrenze von 800 € ist zu beachten, dass diese Grenze immer ein Nettobetrag ist, auch wenn die Vorsteuer nicht abziehbar ist.

Der Allgemeinmediziner M erwarb in 2018 einen neuen Bürotisch für seine Praxis für 700 € netto zzgl. 19 % USt lt. Rechnung des liefernden Möbelhandels.

Lösung

M erzielt mit seiner Arztpraxis steuerfreie Umsätze nach § 4 Nr. 14a UStG. Daraus folgernd sind Vorsteuerbeträge für sein Unternehmen nicht abziehbar; § 15 Abs. 2 Satz 1 Nr. 1 UStG. Die AK des Bürotisches betragen (brutto) 833 €; R 9b Abs. 1 EStR.

Für Zwecke der Prüfung, ob ein GWG vorliegt, ist jedoch vom Nettowert auszugehen; R 9b Abs. 2 EStR. Im vorliegenden Fall beträgt der Nettowert nicht mehr als 800 €, deshalb kann der Arzt – wahlweise – 833 € sofort über die Regelung des § 6 Abs. 2 EStG als GWG den Betriebsausgaben zuführen.

Der Allgemeinmediziner M erwarb im Dezember 2018 einen neuen Bürotisch für seine Praxis für 820 € netto zzgl. 19 % USt lt. Rechnung des liefernden Möbelhandels. M bezahlt die Rechnung im Januar 2019 unter Berücksichtigung von 3 % Skonto.

Lösung

M erzielt mit seiner Arztpraxis steuerfreie Umsätze nach § 4 Nr. 14a UStG. Daraus folgernd sind Vorsteuerbeträge für sein Unternehmen nicht abziehbar; § 15 Abs. 2 Satz 1 Nr. 1 UStG. Die AK des Bürotisches betragen (brutto) 975,80 €; R 9b Abs. 1 EStR.

Für Zwecke der Prüfung, ob ein GWG vorliegt, ist jedoch vom Nettowert auszugehen; R 9b Abs. 2 EStR. Im vorliegenden Fall beträgt der Nettowert im Jahr 2018 mehr als 800 € (820 €). Der Skonto mindert zwar die AK nach § 255 Abs. 1 Satz 3 HGB, H 6.2 „Skonto" EStH, aber erst im Zeitpunkt der tatsächlichen Inanspruchnahme; in 2019 läge eine nachträgliche Minderung der AK vor.

Folglich kein GWG

a) in 2018, da die betragsmäßigen Voraussetzungen nicht erfüllt sind und
b) in 2019, da der Erwerb in 2018 war.

Zu beachten ist, dass dieses Wahlrecht ausschließlich im Jahr des Erwerbs (oder des Zugangs) besteht.

Durch das Unternehmenssteuerreformgesetz 2008 vom 14. 8. 2007 wurde die ergänzende Vorschrift des § 6 Abs. 2a EStG neu ins EStG aufgenommen und durch das Wachstumsbeschleunigungsgesetz vom 22. 12. 2009 ins seinen derzeit geltenden Wortlaut verändert; anzuwenden für Erwerbsvorgänge nach dem 31. 12. 2009.

Die Regelung betrifft Wirtschaftsgüter, deren AK 250 € übersteigen und 1.000 € nicht übersteigen. Für diese kann ein sog. Sammelposten wahlweise gebildet werden, der auf fünf Jahre gleichmäßig aufzulösen ist. Die fünfjährige Auflösung erfolgt unabhängig davon, ob das Wirtschaftsgut noch vorhanden ist oder nicht. Aufwendungen für GWGs nehmen nicht an der Ermittlung von Herstellungskosten teil.

Die maßgebenden AK/HK sowohl für § 6 Abs. 2 EStG, als auch für § 6 Abs. 2a EStG ermitteln sich

1. nach Abzug einer Rücklage nach § 6b EStG,
2. nach Abzug des Investitionsbetrag nach § 7g Abs. 2 Satz 2 EStG; die Abzugsmöglichkeit steht im Ermessen des Steuerpflichtigen,
3. nach Abzug eines Zuschusses nach R 6.5 EStR,
4. nach Abzug einer Rücklage für Ersatzbeschaffung nach R 6.6 EStR.

Da sich handelsrechtlichen Regelungen nicht entsprechend angepasst haben, ist der Ansatz eines Sammelpostens – auch in der Literatur – umstritten. Der Hauptfachausschuss des Instituts der Wirtschaftsprüfer (IDW) hat zu einer möglichen von der Steuerbilanz abweichenden Behandlung solcher Wirtschaftsgüter in der Handelsbilanz Stellung genommen (IDW-Fachnachrichten 2007 S. 506).

Nach Ansicht des IDW kann der **Sammelposten auch in die Handelsbilanz übernommen** werden, wenn er **von untergeordneter Bedeutung** ist. Dies dürfte für die Mehrzahl der Fälle zu vermuten sein. Lediglich bei besonders gelagerten Ausnahmen, z. B. im Hotel- und Gaststättengewerbe oder in der Getränkeindustrie, soll der Sammelposten handelsrechtlich über weniger als fünf Jahre abgeschrieben werden, um eine Überbewertung zu vermeiden. Auch eine realitätsgerechtere Behandlung der Abgänge kann hier in Betracht kommen.

Da für den Sammelposten keine handelsrechtlichen Regeln vorhanden sind, kann ein entsprechender Ansatz über die Festbewertung (§ 240 Abs. 3 HGB) oder über die Gruppenbewertung (§ 240 Abs. 4 HGB) begründet werden, da diese Bewertungsverfahren auch für den Jahresabschluss gelten (§ 256 Satz 2 HGB).

Der Einzelunternehmer X erwirbt folgende Wirtschaftsgüter:

a) am 1. 7. 2016 einen Schreibtisch für netto 900 € zzgl. USt.,

b) am 1.10.2016 ein Regal für netto 400 € und

c) am 1.12.2016 einen PC für netto 900 €.

Im Wirtschaftsjahr 2017 veräußert X das Regal für 300 € und der PC wird am 1.8.2018 bedingt durch einen Kurzschluss vernichtet.

Lösung

2016

Sämtliche der drei erworbenen Wirtschaftsgüter sind selbständig nutzbar. Soweit die Anschaffungskosten ohne Vorsteuer (§ 9b Abs. 1 EStG) nicht mehr als 800 € betragen, kann der sofortige Betriebsausgabenabzug nach § 6 Abs. 2 EStG gewählt werden; dies trifft für das Regal zu. Ebenfalls wäre der Zugang zum Sammelposten zulässig oder eine Normalbewertung.

Der Schreibtisch und der PC haben jeweils AK von mehr als 250 € und nicht mehr als 1.000 €. Es kann ein Sammelposten gebildet werden. Wird für ein solches Wirtschaftsgut ein Sammelposten gebildet, so ist in einem Wirtschaftsjahr einheitlich zu verfahren; § 6 Abs. 2a Satz 5 EStG. Es kann jedoch für alle 3 Wirtschaftsgüter eine „normale" Zugangsbewertung mit den AK abzüglich einer linearen gewählt werden. Würde für den Schreibtisch und den PC der Sammelposten gewählt werden, würden sich die Bilanzpositionen wie folgt entwickeln (einschließlich des Regals):

Anschaffungskosten: (900+400+900)	2.200 €
Auflösung nach § 6 Abs. 2a Satz 2 EStG: 20 %	./. 440 €
= Bilanzansatz zum 31.12.2016	1.760 €

2017

Die Veräußerung des Regals hat keine Wirkung auf die Weiterentwicklung des Sammelpostens. D. h. in der Schlussbilanz ist dieser Sammelposten auszuweisen:

Anfangsbestand	1.760 €
Auflösung nach § 6 Abs. 2a Satz 2 EStG: 20 %	./. 440 €
= Bilanzansatz zum 31.12.2015	1.320 €
Der Veräußerungserlöse ist zu erfassen	+ 300 €

2018

Der Verlust des PC hat keine Wirkung auf die Weiterentwicklung des Sammelpostens. D. h. in der Schlussbilanz ist dieser Sammelposten auszuweisen:

Anfangsbestand	1.320 €
Auflösung nach § 6 Abs. 2a Satz 2 EStG: 20 %	./. 440 €
= Bilanzansatz zum 31.12.2015	880 €

Hinweis

Zur Anwendung des § 6 Abs. 2 und Abs. 2a EStG hat die Finanzverwaltung ein BMF-Schreiben erlassen; BMF v. 30.9.2010, BStBl 2010 I 755.

Die Betragsgrenzen zur Anwendung der GWG Regelung wurden für Zugänge nach dem 31.12.2017 von 410 € auf 800 € geändert; für den Sammelposten nach § 6 Abs. 2a EStG auf den Betragsbereich von 250 € (bisher 150 €) bis 1.000 € (unverändert) geändert. Auch wurde die Aufzeichnungspflicht für GWG's von 150 € auf 250 € angepasst. Zur zeitlichen Anwendungsregelung vgl. § 52 Abs. 12 Sätze 4 und 6 EStG.

4.6 Abschreibung, Absetzung für Abnutzung

Die Vorschrift des § 7 EStG sieht folgende AfA-Methoden vor:

▶ Lineare AfA nach § 7 Abs. 1 Satz 1 und 2 EStG

▶ Leistungs-AfA nach § 7 Abs. 1 Satz 6 EStG

▶ AfA für außergewöhnliche wirtschaftliche und technische Abnutzung nach § 7 Abs. 1 Satz 7 EStG

Die lineare AfA nach § 7 Abs. 1 EStG

Diese Methode findet Anwendung bei **allen Wirtschaftsgütern** mit Ausnahme von Gebäuden und verteilt das AfA-Volumen in gleichen Jahresbeträgen auf die restliche Nutzungsdauer. Der Anwendungsbereich umfasst die Gewinn- und die Überschusseinkünfte.

Die Leistungs-AfA nach § 7 Abs. 1 Satz 6 EStG

Die Leistungs-AfA ist sowohl im Gewinn- als auch im Überschussbereich anwendbar, gilt jedoch nur bei beweglichen Wirtschaftsgütern. Allerdings muss die Leistungs-AfA wirtschaftlich begründet sein und der Leistungsumfang nachgewiesen werden (R 7.4 Abs. 5 EStR).

Absetzung für außergewöhnliche wirtschaftliche und technische Abnutzung (AfaA)

Die AfaA gilt sowohl im Gewinn- als auch im Überschussbereich. Die AfaA ist neben der Normal-AfA zulässig, d. h. zuerst wird die übliche AfA berechnet und dann die AfaA. Der Anwendungsbereich gilt für alle WG und für alle AfA-Methoden, d. h.:

- Anwendung von § 7 Abs. 1 Satz 1 EStG und § 7 Abs. 1 Satz 7 EStG zulässig.
- *Anwendung von § 7 Abs. 2 EStG und § 7 Abs. 1 Satz 7 EStG unzulässig (§ 7 Abs. 2 Satz 4 EStG); aber durch einen Wechsel i. S. d. § 7 Abs. 3 Satz 1 EStG wird die Anwendung eröffnet (derzeit nicht möglich, da die degressive AfA nach § 7 Abs. 2 EStG seit 2011 nicht mehr zulässig ist)..*
- Bei Gebäuden ist die Anwendung von § 7 Abs. 4 EStG und § 7 Abs. 1 Satz 7 EStG zulässig (§ 7 Abs. 4 Satz 3 EStG).
- Ebenso die Verbindung von § 7 Abs. 5 EStG und § 7 Abs. 1 Satz 7 EStG (R 7.4 Abs. 11 Satz 2 EStR).

Eine außergewöhnliche technische Abnutzung liegt vor, wenn über den üblichen Abnutzungseffekt hinaus durch ein Ereignis eine Einschränkung in der Nutzung vorliegt, wie z. B. ein Wasserrohrbruch, eine andere Beschädigung oder Zerstörung.

Die Abgrenzung einer AfaA zur Teilwertminderung ist oft schwierig. Eine AfaA ist gegeben bei einer Beeinträchtigung der Substanz oder eine Beeinträchtigung der Nutzung. Eine Teilwertminderung erfordert lediglich eine Wertminderung!

HINWEIS:
Typischer Anwendungsbereich für die AfaA ist der Gebäudeabbruch oder der Teilabbruch

Eine außergewöhnliche wirtschaftliche Abnutzung z. B. bei neuen Erfindungen oder einer Änderung des modischen Geschmacks. Keine Möglichkeit zur Inanspruchnahme der AfaA ist wegen fehlender Rentabilität oder wegen Beendigung der Einkunftserzielung gegeben.

Die AfaA stellt einen betrieblichen Aufwand dar, d. h. ohne grundsätzliche AfA-Berechtigung (Einkunftserzieler) ist auch keine AfaA zulässig. So ist z. B. bei einem leerstehenden Gebäude eine AfaA nicht zulässig.

Die degressive AfA nach § 7 Abs. 2 EStG

Die Anwendung der degressiven AfA ist für Erwerbsvorgänge nach dem 31. 12. 2010 ausgeschlossen.

AfA für Substanzverringerung nach § 7 Abs. 6 EStG (AfS)

Die Spezialvorschrift des § 7 Abs. 6 EStG betrifft den Wertverzehr der Anschaffungskosten einer Substanz, die durch den Abbau verbraucht wird. In der Regel wird es sich um Bodenschätze handeln (Kies, Lehm, u. Ä.). Zu beachten ist die Aufteilung eines Gesamtkaufpreises für den G+B und für den Bodenschatz. Die AfS bemisst sich nach der abgebauten Menge.

AfA auf nachträgliche AK/HK

Werden bei einem Wirtschaftsgut nachträgliche Anschaffungskosten aktiviert, so erhöhen diese den letzten Buchwert des Wirtschaftsguts (H 7.3 „Nachträgliche AK/HK" EStH). Unter Anwendung der bisherigen AfA-Methode wird das Wirtschaftsgut auf die Restnutzungsdauer verteilt abgeschrieben. Allerdings ist zu beachten, dass die nachträglichen AK/HK so zu behandeln wären, als wenn sie bereits zu Beginn des Jahres angefallen wären, d. h. es erfolgt keine Aufteilung der AfA während des Wirtschaftsjahres (R 7.4 Abs. 9 Satz 3 EStR).

Der Unternehmer L hat im Januar 2016 ein Kfz für 24.000 € erworben, Nutzungsdauer 6 Jahre. Im November 2018 wird ein Autoradio eingebaut für netto 2.000 €.

Lösung

Unter Berücksichtigung einer jährlichen AfA nach § 7 Abs. 1 Satz 1 EStG i. H. v. 4.000 € ergibt sich ein Bilanzansatz zum 31. 12. 2017 i. H. v.	16.000 €
Dieser erhöht sich um die nachträglichen AK	+ 2.000 €
Der nun vorhandene Restwert i. H. v. 18.000 € ist auf die RND – 4 Jahre) gleichmäßig zu verteilen; AfA 2018 somit	./. 4.500 €
= Bilanzansatz zum 31. 12. 2018	13.500 €

4.7 Sonderabschreibung nach § 7g EStG

4.7.1 Sonderabschreibung und erhöhte Abschreibungen

Eine Reihe von Vorschriften, teils im EStG selbst (z. B. §§ 7c ff. EStG), teilweise aber in anderen Gesetzen normiert (z. B. im ehemaligen Fördergebietsgesetz), regeln Sonderabschreibungen bzw. erhöhte Abschreibungen.

Zur einheitlichen Rechtsanwendung aus Gründen der ökonomischen Gesetzestechnik wurden in § 7a EStG gemeinsame Verfahrensvorschriften festgelegt, die verglichen werden können mit der Funktion der AO im Verhältnis zu den materiellen Steuergesetzen im Sinne eines „Mantelgesetzes" oder mathematisch formuliert mit „vor die Klammer ziehen".

Sonderabschreibungen werden neben der Normal-AfA berücksichtigt, d. h. sie werden zusätzlich zur planmäßigen AfA gewährt (z. B. §§ 7f und § 7g EStG).

Erhöhte Abschreibungen treten an die Stelle der Normal-AfA d. h. sie nimmt die Stelle der planmäßigen AfA ein (z. B. § 7c, § 7h, § 7i und § 7k EStG).

> **HINWEIS:**
> Sonderabschreibungen und erhöhte Abschreibungen spielen mit Ausnahme der Vorschrift des § 7g EStG in Prüfungen eine eher untergeordnete Rolle, da diese Spezialsachverhalte regeln. Allerdings schadet es sicherlich nicht, die Normen §§ 7c – 7k EStG kurz vor der Prüfung zu „überfliegen".

4.7.2 Die Sonderabschreibung nach § 7g EStG

Mit der Unternehmenssteuerreform ist die Vorschrift des § 7g EStG vollständig überarbeitet und reformiert worden; auch der Aufbau der Vorschrift hat sich völlig verändert. Die Neuregelung ist für alle Wirtschaftsjahre anzuwenden, die nach dem 17. 8. 2007 enden (§ 52 Abs. 23 EStG).

Im Unterschied zur bisherigen Norm ergeben sich insbesondere folgende Veränderungen:

1. Der Anwendungsbereich betrifft nicht nur neue Wirtschaftsgüter, sondern auch gebrauchte Wirtschaftsgüter.
2. Die bisherige Ansparrücklage ist entfallen; an deren Stelle tritt der Investitionsabzugsbetrag, der jedoch außerbilanziell zu berücksichtigen ist.
3. Dieser Betrag wird bei Investition gewinnerhöhend aufgelöst; und kann (wahlweise) als Minderung der AK/HK wieder neutralisiert werden.
4. Die (wie bisher) wahlweise anzuwendende Sonderabschreibung ist nicht von der Bildung eines Investitionsabzugsbetrags abhängig.
5. Die Besonderheiten bei Existenzgründungen sind ersatzlos entfallen.

4.7.3 Die Bildung des Investitionsabzugsbetrags

Mit dem Steueränderungsgesetz 2015 vom 2. 11. 2015, BGBl I 1834, wurde die Bildung des IAB und deren Auflösung für nach dem 31. 12. 2015 gebildeten IAB's neu geregelt. Danach entfällt die Verknüpfung zwischen Bildung und Auflösung des IAB. Bei Vorliegen aller tatbestandlichen Voraussetzungen kann ein IAB von maximal 200.000 € gebildet werden, der in einem 3-jährigen Begünstigungszeitraum wahlweise auf begünstigte Wirtschaftsgüter übertragen – d. h. bis zu maximal 40 % der AK oder HK außerbilanziell aufgelöst – werden kann. Die Übergangsregelung sieht vor, dass der Maximalbetrag von 200.000 € bestehen bleibt.

Nach § 7g Abs. 1 Satz 1 EStG kann ein Investitionsabzugsbetrag bis zu maximal 200.000 € gebildet werden.

Der maßgebliche Investitionszeitraum beträgt 3 Jahre. Wird der Investitionsabzugsbetrag z. B. im Wirtschaftsjahr 2016 gebildet, muss die Investition bis Ende 2019 erfolgen.

Erfolgt keine Investition, so ist der Abzugsbetrag in 2016 **rückwirkend** zu ändern (§ 7g Abs. 3 EStG).

Der maximale Investitionsabzugsbetrag beträgt 200.000 €; die Grenze bezieht sich auf das Jahr der Bildung und der vergangenen drei Jahre.

4.7.4 Voraussetzungen für die Bildung des Investitionsabzugsbetrags

Das Betriebsvermögen darf 235.000 € nicht überschreiten; es gilt das Größenmerkmal **am Ende** des laufenden Wirtschaftsjahres der Begünstigung, **nicht am Ende** des vorangegangenen Wirtschaftsjahrs.

Bei Land- und Forstwirten darf ein Ersatzwirtschaftswert von 125.000 € nicht überschritten werden. Bei Gewinnermittlung nach § 4 Abs. 3 EStG darf ein Gewinn von 100.000 € nicht überschritten werden.

Das Wirtschaftsgut muss nahezu ausschließlich betrieblich genutzt werden in einer inländischen Betriebsstätte; nahezu ausschließlich bedeutet eine betriebliche Nutzung von mindestens 90 %. Bei Kraftfahrzeugen sind die Fahrten Wohnung und Betriebsstätte der betrieblichen Nutzung zuzurechnen. Die Anwendung der sog. 1 %-Regelung ist eine schädliche Nutzung.

4.7.5 Rechtsfolgen

Im Wirtschaftsjahr der Investition kann wahlweise außerbilanziell ein Betrag von maximal 40 % der AK, maximal jedoch des gebildeten Investitionsabzugsbetrag, dem Gewinn zugerechnet werden.

Zum Ausgleich der Hinzurechnung kann der Steuerpflichtige die Anschaffungskosten entsprechend mindern. Die Minderung erfolgt innerbilanziell. Die Minderung ist auf die Höhe des aufgelösten Investitionsabzugsbetrags begrenzt.

Die Sonderabschreibung im Jahr der Investition und in den folgenden 4 Wirtschaftsjahren beträgt – wie bisher – maximal 20 % der AK/HK.

Für die Inanspruchnahme der Sonderabschreibung gelten wiederum die Größenmerkmale. Maßgebend ist jedoch das Betriebsvermögen am Ende des vorangegangenen Wirtschaftsjahres.

4.7.6 Verzinsung

Wurde ein Investitionsabzugsbetrag gebildet und wird nicht investiert, ist die Bildung im Jahr des Abzugs rückgängig zu machen. Eine Verzinsung greift über die Vorschrift des § 233a AO. Das Gesetz sieht eine rückwirkende Korrektur nach Ablauf der 3-jährigen Investitionsfrist vor; dies führt i. d. R. zu einer mehrjährigen Verzinsung. Das Gesetz sieht zwar keine freiwillige rückwirkende Auflösung vor. Allerdings ermöglicht die Finanzverwaltung dieses Wahlrecht; BMF v. 8. 5. 2009, s. u.

HINWEIS:
Zur Anwendung des geänderten neuen Investitionsabzugsbetrags hat die Finanzverwaltung aktuell mit Schreiben vom 20. 3. 2017, BStBl 2017 I 423 Stellung bezogen; anzuwenden auf alle Wirtschaftsjahre, die nach dem 31. 12. 2015 enden. Wesentliche Neuerung: die Funktionsbenennung ist weggefallen!

5. Besondere Bilanzierungsfragen – Leasingverträge

Leasing-Verträge entstammen aus dem Englischen „to lease" und stellen eine besondere Form der Nutzungsüberlassung dar. Ohne feste Begriffsbestimmung versteht man darunter verschiedenartige Rechtsverhältnisse, die sich dem äußeren Erscheinungsbild nach als Mietverträge über bewegliche oder unbewegliche Investitions- oder Konsumgüter darstellen, aber sich je nach Art von herkömmlichen Mietverträgen unterscheiden und u.U. Ratenkaufverträgen angenähert sind. Man unterscheidet u. a.

1. Finanzierungsleasing,
2. Operating-Leasing,
3. Hersteller-Leasing,

4. Sale and lease back,
5. Spezial-Leasing,
6. Software-Leasing.

Kernfrage jeglichen Leasingvertrags ist die richtige **Zurechnung** des Leasing-Gegenstands; dem Leasing-Geber oder dem Leasing-Nehmer.

5.1 Finanzierungsleasing

Gegenstand in Prüfungsaufgaben sind i. d. R. Fälle von Finanzierungsleasingverträgen. Diese liegen vor, wenn der Leasing-Geber (i. d. R. eine Leasinggesellschaft) von einem Hersteller ein Wirtschaftsgut erwirbt, und dieses WG an einen Nutzenden über einen bestimmten unkündbaren Zeitraum ein Nutzungsrecht gegen ein im Voraus festzulegendes Entgelt überlässt. Die Risiken hinsichtlich des Wirtschaftsguts trägt der Leasing-Nehmer, da er vertraglich verpflichtet ist, mit Ablauf der Grundmietzeit das WG in einem sachgerechten Zustand zurückzugeben.

Die Finanzverwaltung hat mit mehreren Erlassen die Frage der Zuordnung und der sich anschließenden Rechtsfolgen für den typischen Fall des Finanzierungsleasings geregelt:

1. Mobilienleasing – Vollamortisation; BMF v. 19. 4. 1971 - IV B 2 - S 2170 - 31/71, BStBl 1971 I 264
2. Mobilienleasing – Teilamortisation; BMF v. 22. 12. 1975 - IV B 2 - S 2170 - 161/75, BStBl 1975 I S. 172
3. Immobilienleasing – Vollamortisation; BMF v. 31. 3. 1972 - F/IV B 2 - S 2170 - 11/72, BStBl 1972 I S. 188
4. Immobilienleasing – Teilamortisation; BMF v. 23. 12. 1991 - IV B 2 - S 2170 - 115/91, BStBl 1992 I S. 13

Zur Lösung von Übungsfällen sei auf die vorgenannten Erlasse verwiesen.

5.2 Übliche Lösungsstruktur

a) Grundmietzeit und Leasingraten

Liegt zwischen den Vertragspartnern eine unkündbare Grundmietzeit vor und werden während dieser Grundmietzeit alle Anschaffungskosten und Finanzierungskosten des Leasinggebers durch Leasingraten geleistet (Vollamortisation) oder sind die Summe der Leasingraten geringer (Teilamortisation)?

b) Zurechnung des Leasinggegenstands

Die Zurechnung des Leasinggegenstands ist zu prüfen; der Leasing-Nehmer könnte als wirtschaftlicher Eigentümer in Frage kommen. Beträgt die Grundmietzeit zwischen 40 % und 90 % der Nutzungsdauer, ist der Leasinggegenstand i. d. R. dem Leasinggeber zuzurechnen, ansonsten dem Leasingnehmer.

Liegt die Grundmietzeit zwar zwischen 40 % und 90 % der Nutzungsdauer, ist jedoch

1. bei einem Leasingvertrag mit Kaufoption der Anschlusskaufpreis unangemessen,
2. bei einem Leasingvertrag mit Mietverlängerungsoption die Anschlussmiete unangemessen,

so erfolgt die Zurechnung beim Leasingnehmer; wie auch bei Fällen des Spezialleasings.

5.3 Finanzierungsleasing mit Teilamortisation

Bei den Fällen mit Teilamortisation erfolgt im Regelfall die Zuordnung beim Leasinggeber. Wird nach Ablauf der Grundmietzeit der Leasinggegenstand veräußert, so deckt ein Veräußerungserlös auch die Restamortisation – die während der Grundmietzeit nicht entrichteten Anschaffungs- und Finanzierungskosten – ab. Erhält von dieser Differenz der Leasinggeber mindestens 25 %, ist der Leasinggegenstand dem Leasinggeber zuzurechnen.

Zum Sonderfall mit Ankaufsrecht des Leasingnehmers vgl. BMF v. 20. 6. 2006, FR S. 793.

5.4 Rechtsfolgen

Erfolgt eine Zurechnung beim Leasinggeber (= bürgerlich-rechtlicher Eigentümer), hat dieser den Leasinggegenstand wie üblich zu bilanzieren. Die Leasingraten sind Betriebseinnahmen. Beim Leasingnehmer sind die Leasingraten Betriebsausgaben, wobei zu beachten ist, dass eine Leasingsonderzahlung als aktiver Rechnungsabgrenzungsposten (§ 250 Abs. 1 HGB, § 5 Abs. 5 Satz 1 Nr. 1 EStG) zu behandeln ist.

Zu beachten ist, dass lt. höchstrichterlicher Rechtsprechung (H 5.6 „Leasingvertrag ..." EStH) degressive Leasingraten beim Mobilienleasing anzuerkennen sind, beim Immobilienleasing jedoch nicht. Der BFH sieht die Unterscheidung in der Tatsache, dass bei Immobilien die Nutzungsmöglichkeit im Vordergrund steht und eine Immobilie, die älter ist, keine oder nur eine geringe Nutzungseinschränkung mit sich bringt. Bei Mobilienleasingverträgen kann eine Nutzungseinschränkung nach Zeitdauer durchaus gegeben sein.

Erfolgt eine Zurechnung beim Leasingnehmer (= wirtschaftlicher Eigentümer), hat dieser den Leasinggegenstand mit den Anschaffungskosten (als solche gelten die AK des Leasinggebers zuzüglich eigener Anschaffungskosten) zu bilanzieren und zu bewerten. Die Leasingraten sind als Kaufpreisraten zu behandeln, die in einen Zins- und Tilgungsanteil aufzuteilen sind.

6. Veräußerungstatbestände mit Rücklagenbildung

6.1 Definition und Anwendungsbereich

Die Ursache der Bildung eines Sonderpostens mit Rücklageanteil begründet sich auf zwei Themen: Zum einen enthält der Sonderposten nicht versteuerte Gewinne; der Grund für die noch nicht versteuerten Gewinne ist in steuerlichen Normen zu finden. Zum anderen weist der Sonderposten Abschreibungsbeträge aus. Hierbei handelt es sich um eine „technische" Wertberichtigung eines Aktivpostens.

6.2 (Noch) nicht versteuerte Gewinne

Das Steuerrecht sieht Regelungen vor, die aus unterschiedlichster Motivation begründet, die Versteuerung eines bereits realisierten Gewinns noch nicht erfordern; im Wesentlichen sind dies:

1. Reinvestitionsrücklage nach § 6b EStG,

2. Rücklage für Ersatzbeschaffung nach R 6.6 EStR,

3. Zuschussrücklage nach R 6.5 Abs. 4 EStR

Umfangreiche jährliche Änderungen des Ertragssteuerrechts werden vom Gesetzgeber oder von der Finanzverwaltung manchmal durch die Bildung von Rücklagen, und damit der Verteilung oder der Verschiebung der Besteuerung, abgefedert. Hierbei wären beispielhaft zu nennen:

a) Rücklagenbildung nach R 6.11 Abs. 1 EStR

   Ab VZ 2005 können Gewinne, die durch Minderung einer Rückstellung durch die Gegenrechnung von Vorteilen entstehen, durch die Bildung von Rücklagen auf 10 Jahre verteilt versteuert werden.

b) Rücklagenbildung nach R 6.11. Abs. 3 EStR

   Mit Ausnahme der Pensionsrückstellung darf ein Rückstellungsbetrag in der Steuerbilanz nicht höher sein als ein Ansatz in der Handelsbilanz. Diese Regelung gilt ab 2010; d. h. eine Anpassung der bereits in 2009 vorhandenen Rückstellungen kann zu einem Gewinn führen, der dann über eine Rücklagenbildung auf 15 Jahre verteilt zu versteuern ist.

c) Entsprechendes gilt – Verteilung auf 15 Jahre – bei übernommenen Verpflichtungen nach § 5 Abs. 7 Satz 5 EStG.

6.3 Die Reinvestitionsrücklage nach § 6b EStG

Regelmäßig ist den Aufgabenstellungen in Prüfungen zu entnehmen, dass bei Wahlrechten in der Steuerbilanz diese so auszuüben sind, dass sich die niedrigste Besteuerung ergibt. Ein „Klassiker" dahingehend ist die Vorschrift des § 6b EStG. Die Anwendung dieser Norm erfolgt wahlweise, so dass nach § 5 Abs. 1 Satz 1 EStG diese unabhängig vom Ansatz in der Handelsbilanz erfolgt. Der Prüfling ist gefordert, diese Anwendung selbst zu erkennen.

Im Betriebsvermögen bilanzierte Wirtschaftsgüter können aus dem Betriebsvermögen ausscheiden durch

1. Verkauf,
2. Tausch,
3. Entnahme.

Die Bewertung von Wirtschaftsgütern erfolgt nach handels- und steuerrechtlichen Vorschriften, d. h. im Regelfall führt das Ausscheiden zur Aufdeckung von stillen Reserven.

Beim Ausscheiden von Wirtschaftsgütern aus dem Betriebsvermögen werden – im Normalfall – diese stillen Reserven realisiert, so dass eine Versteuerung eintritt. Um diese Versteuerung zu vermeiden, regelt die Vorschrift des § 6b EStG in besonders gelagerten Fällen die Bildung einer Rücklage zur Verlagerung der Besteuerung.

6.3.1 Tatbestandsmerkmale

Der **Gewinn** aus der **Veräußerung** von ganz **bestimmten Wirtschaftsgütern** ist steuerlich begünstigt, indem eine Rücklagenbildung möglich ist und diese Rücklage innerhalb eines **bestimmten Zeitraums** auf in einem bestimmten Zeitraum **erworbene ganz bestimmte Wirtschaftsgüter** übertragungsfähig ist.

Dieser begünstigte **Gewinn** ermittelt sich nach § 6b Abs. 2 EStG nach folgender Formel:

	Veräußerungserlös
./.	Buchwert im Zeitpunkt der Veräußerung
./.	Veräußerungskosten
=	Gewinn

Bei der Veräußerung von Wirtschaftsgütern ist der Veräußerungserlös zu ermitteln. Es kann sich um einen üblichen Kaufpreis (Geld) handeln, oder um eine Raten- oder Rentenzahlung; auch bei Tauschgeschäften ist der Erlös zu ermitteln. Zu beachten ist, ob eine umsatzsteuerfreie Lieferung (z. B. „Lieferung" von Grundstücken) oder eine umsatzsteuerpflichtige Lieferung vorliegt.

Dem Erlös ist der Buchwert im Zeitpunkt der Veräußerung (R 6b.1 Abs. 2 EStR) gegenüberzustellen. Dies bedeutet, dass im Zeitpunkt der Veräußerung eine Bilanzerstellungsfiktion zugrunde zu legen ist, um den Buchwert zu ermitteln. Abschreibungen sind bis zum Zeitpunkt der Veräußerung vorzunehmen, auch **Wertaufholungen** sind vorzunehmen. Gewinne aus Wertaufholungen sind nicht begünstigt.

> **HINWEIS:**
> In nahezu jeder Prüfung ist irgendwie die Vorschrift des § 6b EStG enthalten. Wertaufholungen bei der Veräußerung von Grundstücken werden stetig eingebaut – eine klassische Fehlerquelle!

Veräußerungskosten mindern den Gewinn. Veräußerungskosten sind Aufwendungen, die unmittelbar aus der Veräußerung resultieren, wie z. B. Grundbuchkosten und Notarkosten bei Grundstücksveräußerungen. Vorsteuerbeträge aus Grundstücksveräußerungen sind nicht abzugsfähig (§ 15 Abs. 2 Nr. 1 UStG), wenn der Veräußerungsvorgang selbst umsatzsteuerfrei ist. In diesen Fällen sind die Veräußerungskosten brutto anzusetzen.

Wird ein betriebliches Wirtschaftsgut gegen ein privates Wirtschaftsgut eingetauscht, so liegt keine begünstigte Veräußerung, sondern eine nicht begünstigte Entnahme vor (H 6b.1 „Entnahme" EStH); dies setzt allerdings voraus, dass der Tauschvorgang im Ermessen des Veräußerers liegt. Erfolgt ein Tausch zur Vermeidung eines behördlichen Eingriffs, so wird der Erlös zunächst Betriebsvermögen – begünstigter Gewinn – und wird anschließend die betriebliche Forderung gegen ein privates Wirtschaftsgut eingetauscht, verbleibt es bei der Begünstigung.

Begünstigte Wirtschaftgüter i. S. d. § 6b Abs. 1 Satz 1 EStG sind die Veräußerung von

1. Grund und Boden,
2. Aufwuchs auf Grund und Boden mit dem dazugehörigen Grund und Boden, wenn der Aufwuchs zu einem land- und forstwirtschaftlichem Betriebsvermögen gehört,
3. Gebäuden,
4. Binnenschiffen.

HINWEIS:

Die vorgenannten Punkte 2) und 4) sind nicht prüfungsrelevant. Die Veräußerung von bebauten oder unbebauten Grundstücken muss den Prüfling zu § 6b EStG führen; die entsprechenden Vergünstigungen sind selbständig zu erkennen. In den seltensten Fällen weist der Aufgabensteller auf die Anwendung der Vorschrift hin. Die allgemeine Vorgabe „...bei gesucht niedrigstem Gewinn" erfordert bereits die Anwendung der Vorschrift.

Voraussetzung der Rücklagenbildung ist u. a., dass die veräußerten Wirtschaftsgüter sechs Jahre lang ununterbrochen zum Anlagevermögen einer inländischen Betriebsstätte gehört haben. Zu Einzelheiten der Fristberechnung vgl. R 6b.3 EStR. So ist die Fristberechnung personengebunden; d. h. bei Veräußerungen von Grundstücken aus dem Gesamthandsvermögen von Mitunternehmerschaften ist die Fristberechnung für jeden Gesellschafter gesondert durchzuführen oder es gilt die Besitzzeitanrechnung, z. B. bei Einbringungsvorgängen nach § 24 UmwStG (R 6b.3 Abs. 5 EStR), wenn die Einbringung zu Buchwerten erfolgte.

HINWEIS:

Die Fristberechnung und Überprüfung ist in der StB-Prüfung genauestens zu dokumentieren.

6.3.2 Rechtsfolgen

Der Gesetzgeber gewährt die Begünstigung durch Bildung einer Rücklage, die auf ein anderes Wirtschaftsgut übertragen werden kann.

Entsteht ein Gewinn in einem Wirtschaftsjahr, so kann dieser Gewinn in eine Rücklage eingestellt werden (§ 6b Abs. 3 EStG). Er kann aber auch sofort auf ganz bestimmte im Wirtschaftsjahr angeschaffte Wirtschaftsgüter als Minderung von den AK/HK geltend machen. Die Entscheidung kann auch im Rahmen einer Bilanzänderung getroffen werden (§ 4 Abs. 2 Satz 2 EStG), wenn die übrigen Voraussetzungen erfüllt sind.

Die Bildung der Rücklage und die anschließende Übertragung ist auch in den folgenden vier Wirtschaftsjahren nach der Entstehung zulässig. Für neu hergestellte Gebäude verlängert sich die Frist auf 6 Jahre, wenn innerhalb von 4 Jahren mit der Herstellung begonnen worden ist.

Welcher Gewinn aus der Veräußerung von Wirtschaftsgütern auf welche Wirtschaftsgüter übertragbar sind (§ 6b Abs. 1 Satz 2 EStG), kann der nachfolgenden Tabelle entnommen werden.

Übertragung des Veräußerungsgewinns aus der Veräußerung von \ Übertragung auf	Grund und Boden	Aufwuchs	Gebäude	Binnenschiffe
Grund und Boden	XXX	XXX	XXX	---
Aufwuchs	---	XXX	XXX	---
Gebäude	---	---	XXX	---
Binnenschiffe	---	---	---	XXX

Keine Anschaffung i. S. d. Vorschrift ist eine Einlage. Die berechtigte Person i. S. d. § 6b EStG muss den Gewinn durch Betriebsvermögensvergleich ermitteln, d. h. durch Bilanzierung. Allerdings hat der Gesetzgeber für die Gewinnermittlung nach § 4 Abs. 3 EStG eine vergleichbare Vorschrift (§ 6c EStG) geschaffen.

6.3.3 Gewinnzuschlag

Wird eine zu Recht gebildete Rücklage nicht sachgerecht verwendet – durch Übertragung – sondern nach Ablauf der Fristen gewinnerhöhend aufgelöst, so wurde sie letztendlich zur Hinauszögerung der Versteuerung gebildet. Hierfür sieht der Gesetzgeber eine Sanktion dahingehend vor, dass die aufgelöste Rücklage für jedes Wirtschaftsjahr des Bestehens i. H. v. 6 % zu verzinsen ist. Dieser Ertrag ist außerbilanziell dem Gewinn hinzuzurechnen (§ 6b Abs. 7 EStG).

Bei der Berechnung des Zuschlags ist zu beachten:
- dass eine Übertragung innerhalb eines Jahres unschädlich ist; ein Wirtschaftsjahr ist der Zeitraum von Schlussbilanz zur Schlussbilanz.
- Die Auflösung – Umbuchung – im Laufe eines Wirtschaftsjahrs ändert nichts an der volljährigen Verzinsung (BFH, Urteil v. 26. 10. 1989 - IV R 83/88 BStBl 1990 II 290).
- Das Wirtschaftsjahr der Veräußerung muss kein volles Wirtschaftsjahr sein.
- Besteht die Rücklage versehentlich länger als 4 Jahre, so ist auch der verlängerte Zeitraum zu verzinsen (BFH v. 15. 3. 2000 - I R 17/99 BStBl 2001 II 251).

6.3.4 Die Reinvestitionsrücklage nach § 6b Abs. 10 EStG

Um eine Benachteiligung Einkommensteuerpflichtiger gegenüber Kapitalgesellschaften zumindest teilweise zu beseitigen, hat der Gesetzgeber eine Übertragung von Gewinnen aus der Veräußerung von Anteilen an Kapitalgesellschaften zugelassen. Die Höhe ist auf 500.000 € begrenzt. Begünstigt durch diese Vorschrift sind alle Steuerpflichtigen, die **keine Kapitalgesellschaften** sind. Bei Kapitalgesellschaften ergibt sich eine Steuerbefreiung aus der Vorschrift des § 8b Abs. 2 KStG.

Erfolgt eine Veräußerung aus dem Gesamthandsvermögen einer Personengesellschaft, ist eine Rücklagenbildung nur insoweit bildungsfähig, als an der Personengesellschaft keine Kapitalgesellschaften beteiligt sind. Insoweit erfolgte eine konsequente Umsetzung der Vorschrift des § 8b Abs. 6 KStG.

Nicht begünstigt sind Veräußerungen von Anteilen, die nicht mindestens 6 Jahre zum Anlagevermögen gehört haben.

Die Rücklage kann übertragen werden auf:
- neu angeschaffte Anteile an Kapitalgesellschaften,

- Anschaffungskosten von abnutzbaren, beweglichen Wirtschaftsgütern,
- auf die Anschaffungskosten von angeschafften oder hergestellten Gebäuden.

Die Höchstgrenze von 500.000 € bezieht sich

- auf die gesamte zu bilanzierende Rücklage, ausschließlich des steuerfreien Anteils
- bei Mitunternehmerschaften gilt die Grenze für jeden Mitunternehmer
- die jährliche Bildung je berechtigter Person.

Der Einzelunternehmer A veräußert in 2017 Anteile an Kapitalgesellschaften und erzielt hierbei einen Gewinn i. H. v. 450.000 €, anlässlich einer weiteren Veräußerung in 2018 erzielt er einen weiteren Gewinn i. H. v. 280.000 €. Es ist nicht zu beanstanden, wenn in der Schlussbilanz zum 31.12.2018 eine entsprechende Rücklage i. H. v. 730.000 € ausgewiesen wird. Der Höchstbetrag ist ein Jahresbetrag.

Die Übertragung kann erfolgen

- im Jahr der Veräußerung
- und in den beiden folgenden Wirtschaftsjahren
- in den folgenden 4 Wirtschaftsjahren bei einer Übertragung auf Gebäude.

Die komplizierte und unübersichtlich anmutende gesetzliche Formulierung ist der Tatsache geschuldet, dass ein Gewinn, der (z. B.) in 2018 (Entstehungszeitraum) eigentlich nach § 3 Nr. 40a EStG dem Teileinkünfteverfahren unterworfen wird, übertragen werden kann

1. wiederum auf Wirtschaftsgüter, deren Erträge dem Teileinkünfteverfahren zu unterwerfen sind und
2. Wirtschaftsgüter, deren Gewinne, die im Falle einer Veräußerung entstehen würden, nicht dem Teileinkünfteverfahren unterworfen werden.

A hat Anteile im Wert von 200.000 € bilanziert; diese veräußert er in 2018 für 900.000 €.

Lösung

A erzielt durch die Veräußerung einen Gewinn i. H. v. 700.000 €, der nach § 3 Nr. 40 Buchst. a EStG zu 60 % steuerpflichtig und zu 40 % steuerbefreit ist.

Weiterführung des Beispiels

A erwirbt in 2018 ein Gebäude mit AK von 800.000 €

Lösung

A kann den Gewinn i. H. d. steuerpflichtigen Teils von 500.000 € (Höchstbetrag der Übertragung; = 300.000 €) auf das Gebäude übertragen; der Restbetrag i. H. v. 200.000 € (700.000 € abzüglich 500.000 €) ist unter Berücksichtigung des Teileinkünfteverfahrens zu versteuern. Ebenfalls ist der steuerbefreite Anteil der Übertragung (auch 200.000 €) innerbilanziell als Ertrag zu erfassen und außerbilanziell wieder zu kürzen.

Alternative

A erwirbt in 2018 neue Anteile mit AK von 800.000 €

Lösung

A kann den Gewinn i. H. v. 500.000 € auf die neuen Anteile übertragen. Der restliche Veräußerungsgewinn i. H. v. 200.000 € ist mit dem Teileinkünfteverfahren zu versteuern.

Alternative

A erwirbt keine neuen Wirtschaftsgüter.

Lösung

A kann eine Rücklage einschließlich des nach § 3 Nr. 40a steuerbefreiten Teils der Rücklage bilden; der Höchstbetrag von 500.000 € darf nicht überschritten werden. Erfolgt in den Folgejahren eine Auflösung, gelten die vorgenannten Ergebnisse sinngemäß.

6.4 Die Rücklage für Ersatzbeschaffung

Aufbauend auf Rechtsprechung und Verwaltungsanweisung (R 6.6 EStR) soll die Versteuerung eines entstandenen Gewinns **vermieden** werden, wenn ein Wirtschaftsgut des **Anlage- oder Umlaufvermögens** infolge **höherer Gewalt** oder infolge zur **Vermeidung eines behördlichen Eingriffs** gegen **Entschädigung** aus dem Betriebsvermögen **ausscheidet**, und innerhalb einer **bestimmten Zeit** ein funktionsgleiches Wirtschaftsgut (**Ersatzwirtschaftsgut**) angeschafft oder hergestellt wird, auf dessen AK oder HK die aufgedeckten stillen Reserven übertragen werden und in dem **handelsrechtlichen Jahresabschluss entsprechend verfahren wird.**

6.4.1 Anlage- oder Umlaufvermögen

Auf der Aktivseite der Bilanz werden Anlagevermögen, Umlaufvermögen und Rechnungsabgrenzungsposten ausgewiesen. Insoweit kann formuliert werden, dass die Begünstigung bei allen Wirtschaftsgütern der Aktivseite – außer A-RAP – greift.

HINWEIS:
Die Veräußerung von (un-)bebauten Grundstücken zur Vermeidung eines behördlichen Eingriffs können sowohl über § 6b EStG, als auch nach R 6.6 EStR begünstigt sein. Insoweit muss der Prüfling nach der Aufgabenstellung entscheiden.

6.4.2 Höhere Gewalt oder Ausscheiden zur Vermeidung eines behördlichen Eingriffs

Das begünstigte Wirtschaftsgut muss unfreiwillig aus dem Betriebsvermögen ausscheiden; lt. Rechtsprechung ist bei sog. Elementarereignissen wie Brand, Sturm, Überschwemmung o. ä. von höherer Gewalt (R 6.6 Abs. 2 EStR, H 6.6 Abs. 1 EStH) auszugehen.

Veräußerungen zur Vermeidung eines behördlichen Eingriffs bedeuten, dass die individuelle Entscheidungsfreiheit des Steuerpflichtigen eingeschränkt bzw. durch behördlichen Zwang aufgehoben ist. Der Steuerpflichtige kann öffentlichen Zwangsmaßnahmen nur entgehen, indem er das öffentliche Ziel freiwillig anstrebt z. B. durch Veräußerung an die öffentliche Hand.

6.4.3 Entschädigung

Erfolgt das Ausscheiden durch eine Veräußerung, so ist als Entschädigung das Entgelt für die Veräußerung anzusehen; dieses kann in Geld- oder Sachwerten bestehen. Maßgebend ist die Tatsache, dass nur Entschädigungen begünstigt sind, die für das Wirtschaftsgut selbst, und nicht für Folgeschäden oder vergleichbare Nachteile gezahlt werden wie z. B. entgangener Gewinn oder Aufräumungskosten (H 6.6 Abs. 1 „Entschädigung" EStH).

Erfolgt das Ausscheiden durch Fremdeinwirken oder durch höhere Gewalt, so ist als Entschädigung die Versicherungsleistung oder jede andere Leistung für das ausgeschiedene Wirtschaftsgut anzusehen (z. B. Erlös durch Veräußerung des Schrottwerts).

6.4.4 Ersatzwirtschaftsgut

Als Ersatzwirtschaftsgut ist ein funktionsgleiches Wirtschaftsgut anzusehen, wobei die Rechtsprechung eine funktionsgleiche Nutzung erfordert (H 6.6 Abs. 1 „Ersatzwirtschaftgut" EStH). Wird z. B. ein Kfz Marke BMW ersetzt durch ein Kfz Marke Mercedes, so ist die Funktionsgleichheit gewahrt. Etwas anderes gilt aber, wenn ein Personenkraftwagen durch einen Transporter ersetzt wird.

Eine vollständige Begünstigung des erzielten Betrags kann allerdings nur erreicht werden, wenn der Erlös/die Entschädigung vollumfänglich für die Ersatzbeschaffung aufgewendet wird. Ist dies nicht der Fall, so ist im Verhältnis der Ersatzbeschaffung eine anteilige Begünstigung möglich, der Restbetrag ist als Erlös zu besteuern (H 6.6 Abs. 3 „Mehrentschädigung" EStH).

HINWEIS:
Im Regelfall wird in Prüfungsfällen die Mehrentschädigung gefordert. Das in den Hinweisen zitierte Beispiel sollte dem Prüfling als Muster bekannt sein.

6.4.5 Zeitlicher Zusammenhang

In der Unterscheidung zur Rücklagenbildung nach § 6b EStG ist eine Begünstigung nach R 6.6 EStR abhängig von einer „geplanten" Ersatzbeschaffung. Die Ersatzbeschaffung muss ernstlich geplant sein und zu erwarten sein. Diese subjektiven Tatbestandsmerkmale sind vom Steuerpflichtigen nachzuweisen.

Der zeitliche Zusammenhang (R 6.6 Abs. 4 EStR) zwischen dem Ausscheiden und der Ersatzbeschaffung ist gewahrt bei

1. Ausscheiden und Ersatzbeschaffung im gleichen Wirtschaftsjahr,
2. Ersatzbeschaffung im Folgejahr,
3. Ersatzbeschaffung in den beiden Folgejahren bei Grundstücken,
4. Ersatzbeschaffung in späteren Jahren bei Einzelnachweis über die Verzögerung.

6.4.6 Rechtsfolgen

Die Anwendung der Begünstigung erfolgt dahingehend, dass der begünstigte Gewinnanteil auf die Anschaffungskosten oder Herstellungskosten des Ersatzwirtschaftsguts übertragen wird. Die gekürzten AK/HK gelten als Bemessungsgrundlage für die AfA; auch für die Anwendung der GWG-Regelungen nach § 6 Abs. 2 oder § 6 Abs. 2a EStG ist von den gekürzten AK/HK auszugehen; R 6.13 Abs. 2 EStR.

Die Rechtsfolgen treten auch bei Gewinnermittlung nach § 4 Abs. 3 EStG (R 6.6 Abs. 5 EStR) ein; auch Beschädigungen sind nach R 6.6 Abs. 7 EStR begünstigt.

6.4.7 Maßgeblichkeitsgrundsatz

Wie bei der Reinvestitionsrücklage, ist die Begünstigung nach R 6.6 EStR eine wahlweise anzuwendende steuerliche Norm. Insoweit kann der Steuerpflichtige die Ausübung dieses Wahlrechts unabhängig von der Handelsbilanz vornehmen.

6.5 Die Zuschussrücklage

Im Sprachgebrauch ist von einem Zuschuss die Rede, wenn eine Zuwendung vereinnahmt wird ohne entsprechende Gegenleistung. Der klassische Zuschuss ohne Gegenleistung wird jedoch nur selten anzutreffen sein; in den meisten Fällen erwartet der Zuschussgeber eine wie auch immer geartete Gegenleistung.

Von einem **Kapitalzuschuss** spricht man, wenn ein Zuschussgeber laufende oder einmalige Zahlungen gewährt ohne Rückzahlungsverpflichtung und/oder ohne einen unmittelbaren Zusammenhang mit einer Gegenleistung. Kapitalzuschüsse können von der öffentlichen Hand und/oder von der Privatseite gewährt werden.

Von **Ertragszuschüssen** ist die Rede, wenn laufende oder einmalige Zahlungen gewährt werden und die Gewährung der Stärkung der Ertragskraft dient oder die Gewährung unmittelbar mit einer Gegenleistung des Zuschussempfängers zusammenhängt. Ein typischer Ertragszuschuss ist ein Zinszuschuss.

6.5.1 Ertragszuschüsse

Ein Ertragszuschuss ist beim Empfänger stets als Betriebseinnahme anzusetzen. Erstreckt sich die Gegenleistung über einen längeren Zeitraum, so ist ein passiver Rechnungsabgrenzungsposten zu bilden und entsprechend des zugrunde liegenden Sachverhalts aufzulösen.

6.5.2 Kapitalzuschüsse

Für gewährte Kapitalzuschüsse wird dem Zuschussempfänger ein Wahlrecht eingeräumt:

1. Der Zuschuss ist im Wirtschaftsjahr der Gewährung als Betriebseinnahme zu versteuern.

    In diesem Fall werden die Investitionen nicht durch die Zuschüsse berührt.

2. Der Zuschuss mindert die Anschaffungs- oder Herstellungskosten des Wirtschaftsguts.

Die Verwaltung spricht zwar von der „erfolgsneutralen" Behandlung (R 6.5 Abs. 2 Satz 3 EStR), allerdings durch die Minderung der AfA-Bemessungsgrundlage ergibt sich ein um den Zuschussbetrag vermindertes AfA-Volumen und insoweit eine Gewinnauswirkung.

> **HINWEIS:**
> In der StB-Prüfung wird der Prüfling regelmäßig aufgefordert, bei Wahlrechten zum gesucht niedrigstem Gewinn zu entscheiden. Bei Kapitalzuschüssen müsste eine Minderung der AK/HK erfolgen.

7. Verbindlichkeit

7.1 Handelsrechtlicher Ansatz von Verbindlichkeiten

Ausgehend vom Grundsatz der Vollständigkeit (§ 246 Abs. 1 Satz 1 HGB) sind Verbindlichkeiten zwingend in der Bilanz auszuweisen, wenn sie betrieblich entstanden sind. Das Zuordnungsmerkmal ist somit die „Entstehung" von Verbindlichkeiten. Grundlage der Entstehung können privatrechtliche (z. B. Mietschulden, Kaufpreisschulden u. Ä.) oder öffentlich-rechtliche Schuldverhältnisse (z. B. Steuerschulden) sein. Der handelsrechtliche Passivierungszwang gilt auch für die Steuerbilanz (§ 5 Abs. 1 Satz 1, § 6 Abs. 1 Nr. 3 und 3a EStG).

Die Verbindlichkeit wird zumeist in Geld zu erfüllen sein. Sie kann jedoch auch auf eine Sachleistung, ein Tun oder Unterlassen (§ 241 BGB) gerichtet sein.

Kapitalgesellschaften und besondere Personengesellschaften haben die Verbindlichkeiten nach § 266 Abs. 3 Buchst. c HGB zu gliedern.

Der Bilanzausweis von Verbindlichkeiten erfordert

1. positiv: dass eine betriebliche Verbindlichkeit besteht und
2. negativ: dass kein Passivierungsverbot greift.

7.2 Verbindlichkeiten als Betriebsschuld

Verbindlichkeiten (Schulden) sind durchgängig zu passivieren, unabhängig davon, ob entsprechende positive Wirtschaftsgüter (z. B. Forderungen) zu aktivieren wären (Imparitätsprinzip). Über die Passivierung entscheiden weniger rechtliche als vielmehr wirtschaftliche Gründe.

Zu passivieren sind auch rechtlich nicht bestehende Verbindlichkeiten, die eine wirtschaftliche Last darstellen. Der wirtschaftliche Zwang zur Erfüllung, trotz fehlender rechtlicher Verbindlichkeit, wird sich vielfach aus kaufmännischen Rücksichten und Übungen ergeben.

Eine bereits verjährte Verbindlichkeit stellt grundsätzlich keine Last mehr dar und ist entsprechend erfolgswirksam auszubuchen; entscheidend ist die Einordnung der Verbindlichkeit. Ist mit an Sicherheit grenzender Wahrscheinlichkeit mit der Einrede der Verjährung (§ 214 BGB) zu rechnen, stellt die Verbindlichkeit keine wirtschaftliche Belastung mehr dar. Allerdings ist eine Bilanzierung vorzunehmen, wenn eine Erfüllung erfolgt.

7.3 Abstandnahme von der Bilanzierung

Rechtlich bestehende oder fortbestehende Verbindlichkeiten, die mit Sicherheit nicht mehr zu erfüllen sind, sind **nicht** zu passivieren. Z. B. hat der BFH (BFH v. 27. 3. 1996 - I R 3/95, BStBl 1996 II 470) für Verpflichtungen eines Kreditinstituts aus Sparguthaben, die mehr als 30 Jahre nicht bewegt worden sind, angenommen, dass eine Verpflichtung (wirtschaftliche Belastung) wohl nicht mehr vorliegt und eine Ausbuchung entschieden. Eine Schätzung der noch zu erfüllenden Verpflichtungen mit 10 % der Guthaben ist nicht beanstandet worden.

Nicht zu passivieren sind auch aufschiebend bedingte Verbindlichkeiten oder Verbindlichkeiten, die von einer Wahlrechtsausübung des Gläubigers (z. B. des Bausparers) abhängig sind; hier kann jedoch evtl. die Bildung einer Rückstellung in Betracht kommen. Hierunter fallen z. B. Verpflichtungen aus Bürgschaften.

Ist die Einlösung einer Schuld von einer bestimmten Einnahme oder von einem bestimmten Gewinn abhängig, erfolgt eine Passivierung erst dann, wenn die Einnahmen oder Gewinne tatsächlich angefallen sind (§ 5 Abs. 2a EStG). So z. B. bei Rückzahlung eines Filmkredits erst nach Erreichen einer bestimmten Umsatzzahl oder eines Zuschusses zur Durchführung von Investitionen im Mietwohnungsbereich. Der Zuschuss ist erst nach einer bestimmten Mieteinnahme zurückzuzahlen.

Ebenfalls nicht zu bilanzieren sind grundsätzlich Verbindlichkeiten aus schwebenden Geschäften. Schwebende Geschäfte sind gegenseitige Verträge (sowohl Einzel- als auch Dauerschuldverhältnisse, wie z. B. Kaufverträge, Arbeits- oder Mietverträge), die von den Beteiligten noch nicht voll erfüllt sind.

7.4 Abgrenzung zwischen betrieblichen und nicht betrieblichen Verbindlichkeiten

Nicht auszuweisen sind außerbetriebliche (private) Verbindlichkeiten. Eine Betriebsschuld muss betrieblich veranlasst sein. Entscheidend ist der tatsächliche Verwendungszweck.

Betrieblich veranlasst sind u. a. Verbindlichkeiten, die

1. dem Erwerb, der Vergrößerung, Erweiterung oder Umstellung des Betriebs oder dem Erwerb oder der Herstellung betrieblicher Wirtschaftsgüter oder
2. der Fremdfinanzierung laufender betrieblicher Aufwendungen dienen.

Die betriebliche Veranlassung ist unabhängig davon, ob

1. eine Finanzierung mit eigenen Mitteln hätte erfolgen können,
2. ob ein Betrieb über aktives Betriebsvermögen verfügt,
3. ob ein Betrieb über stille Reserven verfügt.

Eine Privatschuld kann nicht dem Betriebsvermögen zugerechnet werden. Es gibt kein gewillkürtes passives Betriebsvermögen.

7.5 Bewertung von Verbindlichkeiten

Verbindlichkeiten sind handelsrechtlich mit ihrem Erfüllungsbetrag zu bewerten (§ 253 Abs. 1 Satz 2 HGB). Steuerrechtlich sind sie gem. § 5 Abs. 6 EStG i.V. m. § 6 Abs. 1 Nr. 3 EStG „unter sinngemäßer Anwendung der Vorschrift der Nummer 2" zu bewerten. Als Anschaffungskosten einer Verbindlichkeit ist der Erfüllungsbetrag anzusehen (H 6.10 „Anschaffungskosten" EStH; vor BilMoG „Rückzahlungsbetrag"; jedoch ohne inhaltliche Änderung).

Sachwertverbindlichkeiten sind mit den Kosten zu bewerten, die erforderlich sind, um die Verbindlichkeit zu erfüllen. Das sind die Vollkosten, also die Einzel- und Gemeinkosten.

Nach § 6 Abs. 1 Nr. 3 Satz 1 EStG sind Verbindlichkeiten grundsätzlich abzuzinsen. Eine Abzinsung kann nur unterbleiben, wenn

1. die Restlaufzeit der Schuld weniger als 12 Monate beträgt,
2. eine Verzinsung bereits vereinbart wurde,
3. es sich um eine Anzahlung oder Vorauszahlung handelt.

Die Abzinsung erfolgt unabhängig davon, ob es sich um Geld- oder Sachleistungsverpflichtungen handelt. Erwähnenswert erscheint die Tatsache, dass die Bewertung in der Steuerbilanz insoweit von der Bewertung in der Handelsbilanz differiert. Während das Handelsrecht eine Abzinsung nur zulässt, wenn in einer Verbindlichkeit ein Zinsanteil enthalten ist (z. B. durch verdeckte Zinszahlungen), fingiert das Steuerrecht dies bereits ab einer Laufzeit von mindestens 12 Monaten. Zu Einzelfragen hat das BMF mit Schreiben vom 26. 5. 2005 eine Verwaltungsanweisung erlassen (BMF v. 26. 5. 2005 - IV B 2 - S 2175 - 7/05, BStBl 2005 I 699).

X erhält am 1. 3. 2018 von seiner Oma (geb. am 30. 1. 1934) ein unverzinsliches, lebenslängliches Darlehen i. H. v. 20.000 € zur Finanzierung einer betrieblichen Investition. „Oma" behält sich eine Rückzahlung vor, um damit ihre Beerdigung finanzieren zu können.

Lösung

Das Darlehen ist als BV auszuweisen (§ 246 HGB, H 4.2 (Abs. 15) EStH „Betriebsschuld"); da betrieblich veranlasst. Die Bewertung erfolgt

a) handelsrechtlich mit dem Erfüllungsbetrag nach § 253 Abs. 1 Satz 2 HGB; d. h. mit 20.000 € und
b) steuerrechtlich mit den Anschaffungskosten, die dem Erfüllungsbetrag entsprechen, aber unter Berücksichtigung einer Abzinsung (§ 6 Abs. 1 Nr. 3 Satz 1 EStG i.V. m. § 6 Abs. 1 Nr. 2 EStG, H 6.10 EStH „Anschaffungskosten").
c) Berechnung des Bilanzansatzes zum 31. 12. 2018:
   Die Laufzeit des Darlehens ist abhängig von der Lebenserwartung von „Oma" (BMF v. 2. 12. 2015, BStBl 2015 I S. 954). Zum 31. 12. 2018 hat Oma ihr 84. Lebensjahr vollendet. Die statistische Lebenserwartung beträgt 6,83 Jahre.
   20.000 € · Vervielfältiger (Anlage 2) für 7 Jahre = 0,687
   20.000 € · Vervielfältiger (Anlage 2) für 6 Jahre = 0,725

Interpolation: (0,725 - 0,687) = 0,038 = Differenz für ein Jahr; für 0,83 Jahre = 0,031

Maßgebender Vervielfältiger: 0,687 + 0,031 = 0,718
Ansatz der Verbindlichkeit mit 20.000 € · 0,718 = 14.360 €

7.6 Valutaverbindlichkeiten

Unter Valutaverbindlichkeiten sind Schulden in Fremdwährung zu verstehen. Der Nennbetrag dieser Schuld lautet also nicht auf €, sondern zum Beispiel auf USD. Mit Aufnahme der Schuld ist zunächst die Schuld mit den Anschaffungskosten (= auf € umgerechneter Nennbetrag zum Kurs bei Schuldaufnahme) anzusetzen. Sinkt der Kurswert der Verbindlichkeit, liegt ein noch nicht zu realisierender Gewinn vor, der einem Bilanzierungsverbot unterliegt, d. h. auf den Bilanzansatz ergeben sich keine Auswirkungen. Steigt der Kurswert dagegen, so liegt ein höherer Teilwert vor, der bei voraussichtlich dauernder Wertminderung zu einer steuerlichen Berücksichtigung führt.

Nach BilMoG sind Vermögensgegenstände und Schulden in der Handelsbilanz, die auf fremde Währung lauten, zum Devisenkassakurs am Abschlussstichtag umzurechnen (§ 256a HGB).

Kernproblem ist somit die Frage, ob Kursschwankungen einer vorübergehenden oder dauernden Wertminderung unterliegen. Zu dieser Frage hat sich die Finanzverwaltung positioniert. (BMF, Schreiben v. 2. 9. 2016, BStBl 2016 I 995).

Nach Verwaltungsmeinung liegt eine dauernde Wertminderung nur bei einer dauernden Kurserhöhung vor. Mehr Gründe müssen für die Nachhaltigkeit der Kurserhöhung sprechen. Auf den Devisenmärkten übliche Wertschwankungen reichen hierfür nicht aus. Insoweit ist eine Einzelfallentscheidung zu treffen.

Eine Ausnahme gestaltet die Finanzverwaltung für Verbindlichkeiten des laufenden Geschäftsverkehrs. In diesen Fällen lässt die Finanzverwaltung zu, dass von einer dauernden Wertminderung auszugehen ist, wenn der steigende Kurswert

a) bis zum Zeitpunkt der Bilanzerstellung oder

b) bis zum Zeitpunkt einer vorhergehenden Tilgung oder Entnahme anhält;

BMF v. 2. 9. 2016, a. a. O., Rdn. 34-36.

7.7 Rentenverbindlichkeiten

Renten sind periodisch wiederkehrende laufende und gleichmäßige Leistungen in Geld oder Geldeswert für eine bestimmte Zeit (Zeitrente) oder auf die Lebenszeit einer oder mehrerer Personen bemessen (Leibrente), die auf einem einheitlichen Rentenstammrecht beruhen.

Erfolgt eine Anschaffung eines Wirtschaftsguts gegen eine Rentenverpflichtung, so ist diese im Zeitpunkt des Entstehens mit dem Rentenbarwert anzusetzen. Das gilt sowohl handels- wie steuerrechtlich (§ 253 Abs. 1 Satz 2 HGB, H 6.2 „Rentenverpflichtung" EStH). Der Barwert einer Rentenverpflichtung ist grundsätzlich nach den §§ 12 ff. BewG zu ermitteln. Er kann abweichend davon auch nach versicherungsmathematischen Grundsätzen berechnet werden (R 6.2 Satz 1 EStR).

Eine Wertsicherungsklausel führt im Zeitpunkt des Wertsicherungsfalls zu einer Anpassung der Rentenverbindlichkeit, hat jedoch **keinen Einfluss** auf die Anschaffungskosten des Wirtschaftsguts, das seinerzeit mit Hilfe der Rentenzusage erworben wurde.

7.8 Ratenverbindlichkeiten

Genauso wie Rentenzahlungen liegen bei Kaufpreisraten auch gleichmäßige wiederkehrende Leistungen vor. Ratenzahlungen sind dadurch gekennzeichnet, dass sie

1. zeitlich begrenzt sind,

2. keinem Wagnis unterworfen sind und

3. im Gegensatz zu Rentenverbindlichkeiten keinen Versorgungscharakter besitzen.

Wird ein Wirtschaftsgut gegen Ratenzahlung ohne gesonderte Zinsvereinbarung erworben, so sind die Anschaffungskosten mit dem „Ratenbarwert" anzusetzen, wobei zwingend eine Verzinsung von 5,5 % zugrunde zu legen ist (R 6.2 Satz 2 EStR). Der Ratenbarwert kann somit nach Tabelle 2 zu § 12 BewG ermittelt werden. Dies gilt entsprechend, wenn ausdrücklich eine Unverzinslichkeit vereinbart wurde. Wurde dagegen eine Verzinsung gesondert vereinbart, ist die Verbindlichkeit mit dem vereinbarten Zinssatz abzuzinsen. Die Kaufpreisschuld ist in gleicher Höhe wie die Anschaffungskosten anzusetzen. Die Differenz zwischen den Ratenzahlungen und der Minderung des Ratenbarwerts wird als Zinsanteil (Aufwand) verbucht.

8. Rückstellungen

8.1 Begriff

Rückstellungen sind Passivposten, die zur Berücksichtigung bestimmter künftiger Ausgaben gebildet werden. Die Frage, welche künftigen Ausgaben darunter fallen können, ist nach dem Zweck der Bilanz zu beantworten. Aus der Vielfalt der Bilanztheorien sei hier die statische und die dynamische Bilanz erwähnt. Grundsätzlich finden sich in den Regeln des § 249 HGB beide Formen der Rückstellungsbildung wieder. Handelsrechtlich überwiegt dabei die dynamische Bilanzauffassung. Steuerrechtlich wird die dynamische Bilanzauffassung zugunsten einer eher statischen Bilanzauffassung eingeschränkt.

8.2 Rückstellungen nach Handelsrecht

Der Ansatz von Rückstellungen findet sich in § 249 HGB. Die dortigen Formulierungen „sind zu bilden.." verpflichten zum Ansatz von Rückstellungen. Wahlweise zu bildende Rückstellungen sind seit Anwendung des BilMoG nicht mehr zulässig.

Nach dem handelsrechtlichen Passivierungsgebot sind Rückstellungen zu bilden:

1. für ungewisse Verbindlichkeiten (§ 249 Abs. 1 Satz 1 erste Alternative HGB);
2. für drohende Verluste aus schwebenden Geschäften (§ 249 Abs. 1 Satz 1 zweite Alternative HGB);
3. für im Wj. unterlassene Instandhaltungen (§ 249 Abs. 1 Satz 2 Nr. 1 HGB), die
   - im folgenden Wj. innerhalb von 3 Monaten oder
   - bei Abraumbeseitigungen im folgenden Wj.

   nachgeholt werden;
4. für Gewährleistungen, die ohne rechtliche Verpflichtungen erbracht werden (Kulanz; § 249 Abs. 1 Satz 2 Nr. 2 HGB);
5. für latente Steuern (§ 274 Abs. 1 HGB) – nur bei Kapitalgesellschaften.

8.3 Rückstellungen nach Steuerrecht

Eine eigenständige umfassende Rechtsvorschrift für die Bildung und Auflösung von Rückstellungen existiert im EStG nicht. Die Passivierung von Rückstellungen ergibt sich vielmehr aus dem Maßgeblichkeitsgrundsatz des § 5 Abs. 1 Satz 1 EStG.

HINWEIS:
Wenn sich die Frage stellt, ob eine Rückstellung zu bilden ist, dann ordnen Sie diese zunächst nach § 249 HGB zu. Der Ansatz führt über den Maßgeblichkeitsgrundsatz auch zum Ansatz in der Steuerbilanz.

8.4 Steuerlicher Regelungsvorbehalt oder Bewertungsvorbehalt

Rückstellungen werden zunächst über den Grundsatz der Maßgeblichkeit in die Steuerbilanz übertragen und anschließend dem Regelungsvorbehalt des § 5 Abs. 6 EStG unterworfen.

Solche Regelungsvorbehalte finden sich im EStG für

1. Verpflichtungen, die nur zu erfüllen sind, soweit künftig Einnahmen oder Gewinne anfallen (§ 5 Abs. 2a EStG). Verbindlichkeiten oder Rückstellungen sind in diesen Fällen erst anzusetzen, wenn die Einnahmen oder Gewinne angefallen sind.
2. Rückstellungen wegen Verletzung fremder Patent-, Urheberrechts- oder sonstiger Schutzrechte (§ 5 Abs. 3 EStG);
3. Rückstellungen anlässlich von Dienstjubiläen (§ 5 Abs. 4 EStG);
4. Rückstellungen für drohende Verluste aus schwebenden Geschäften (§ 5 Abs. 4a EStG);
5. Rückstellungen, die zu AK/HK führen (§ 5 Abs. 4b Satz 1 EStG);
6. Rückstellung zur Verwertung radioaktiver Stoffe (§ 5 Abs. 4b Satz 2 EStG);
7. Pensionsrückstellungen (§ 6a EStG).

8.5 Auflösung von Rückstellungen

Nach § 249 Abs. 2 Satz 2 HGB sind Rückstellungen aufzulösen, wenn der Grund hierfür weggefallen ist. Diese Vorschrift gilt sowohl für Rückstellungen dem Grunde nach als auch für Rückstellungen der Höhe nach. Rückstellungen sind daher zu jedem Bilanzstichtag nicht nur daraufhin zu untersuchen, ob sie überhaupt noch gebildet werden dürfen. Es ist auch die Höhe der einzelnen Rückstellungen zu jedem Bilanzstichtag den veränderten Verhältnissen oder neuen Kenntnissen anzupassen (R 5.7 Abs. 13 EStR).

Eine Ausnahme hiervon ist für Rückstellungen wegen Verletzung fremder Patent-, Urheber- und ähnlicher Schutzrechte in § 5 Abs. 3 Satz 2 EStG geregelt. Danach ist die Auflösung spätestens im dritten Jahr nach der Bildung vorzunehmen, wenn bis zu diesem Bilanzstichtag keine Ansprüche geltend gemacht wurden.

HINWEIS:
Führt in der Prüfung ein Sachverhalt zu § 5 Abs. 3 EStG, ist in der Regel eine gesonderte Auflösung zu prüfen.

8.6 Rückstellungen im Einzelnen – hier: Rückstellung für ungewisse Verbindlichkeiten

Der Großteil der „prüfungstechnischen" Rückstellungen bewegt sich im Bereich **der Rückstellungen für ungewisse Verbindlichkeiten**. Nach handelsrechtlicher Norm „sind" diese zu bilden; d. h. es besteht ein Ansatzzwang.

Nach R 5.7 Abs. 2 EStR müssen vier Voraussetzungen erfüllt sein:

1. es muss eine Verbindlichkeit gegenüber einem Dritten oder eine öffentlich-rechtliche Verpflichtung vorliegen (R 5.7 Abs. 3 und 4 EStR).
2. Die Verpflichtung muss vor dem Bilanzstichtag wirtschaftlich verursacht sein (R 5.7 Abs. 5 EStR).
3. Mit einer Inanspruchnahme muss zu rechnen sein und (R 5.7 Abs. 6 EStR).
4. die Aufwendungen dürfen in künftigen Wirtschaftsjahren nicht zu AK oder HK führen (§ 5 Abs. 4b EStG).

HINWEIS:
In der Prüfungsklausur sprechen Sie bitte alle 4 Voraussetzungen an; die EStR (R 5.2 Abs. 3-6 EStR) erläutern Detailfragen zu diesen Voraussetzungen.

Der Elektronikgroßhandel „Jupiter" hat in 2018 einen Umsatz von 12 Mio € getätigt. Der Geschäftsführer überlegt, ob er für lt. BGB bestehende Garantieverpflichtungen eine Rückstellung bilden darf/muss.
Lösung
Nach R 5.7 Abs. 2 EStR sind vier Voraussetzungen zu prüfen:
a) Besteht eine Garantieverpflichtung? Lt. § 437 BGB über 2 Jahre; (evtl. auch länger lt. Kaufvertrag).
b) Die Verpflichtung entstand mit der Ausführung des Kaufvertrags; = Übergabe der Ware
c) Die Wahrscheinlichkeit der Inanspruchnahme ist gegeben
d) Beim Händler entstehende Garantieaufwendungen führen nicht zu Anschaffungskosten

Folge:
Eine Rückstellung für ungewisse Verbindlichkeit ist in Handelsbilanz und Steuerbilanz zwingend zu bilden.

Eine rechtliche Verpflichtung ergibt sich entweder aus dem Zivilrecht (Schuldverhältnisse wie z. B. gesetzliche Garantieverpflichtungen) oder aus dem öffentlichen Recht (z. B. Steuerrückstellungen). Bei öffentlich-rechtlichen Verpflichtungen kann sich die Verpflichtung entweder direkt aus dem Gesetz oder aus einem Verwaltungsakt ergeben.

Bei öffentlich-rechtlichen Verpflichtungen fordert die Finanzverwaltung (R 5.7 Abs. 4 EStR) eine konkrete Verpflichtung. Diese hinreichende Konkretisierung kann sich direkt aus dem Gesetz oder einer anderen Norm ergeben; oder die Norm ist zu unbestimmt, dass insoweit ein Verwaltungsakt oder ein anderweitiges öffentlich-rechtliches Handeln gefordert wird. Insoweit ist eine klare Trennung nicht möglich. Beispiele hierfür finden sich in H 5.7 Abs. 4 EStH.

HINWEIS:
Bei einer öffentlich-rechtlichen Verpflichtung ist R 5.7 Abs. 4 EStR und H 5.7 Abs. 4 EStH zu zitieren. Die Erfahrung zeigt, dass in der StB-Prüfung regelmäßig auf die dort aufgeführten Entscheidungen zurückgegriffen wird. Im Zweifel muss bis zum Bilanzstichtag ein Verwaltungsakt vorliegen.

8.7 Bewertung von Rückstellungen

Handelsrechtlich sind Rückstellungen gemäß § 253 Abs. 1 Satz 2 HGB in Höhe des Betrags anzusetzen, der nach **vernünftiger kaufmännischer Beurteilung** notwendig ist. Maßgeblich ist demnach der Betrag, den der Kaufmann zur Erfüllung der ungewissen Verpflichtung voraussichtlich aufbringen muss (sog. Erfüllungsbetrag). Rückstellungen sind in der Handelsbilanz abzuzinsen, wenn die Restlaufzeit mehr als ein Jahr beträgt. Der Abzinsungssatz entspricht dem durchschnittlichen Marktzinssatz der letzten 7 Jahre. Der Zinssatz wird von der Deutschen Bundesbank ermittelt und ist monatlich bekanntzugeben (§ 253 Abs. 2 HGB).

Die steuerrechtliche Vorschrift des § 6 Abs. 1 Nr. 3a EStG regelt die Bewertung von Rückstellungen nicht abschließend, sondern spricht im Einleitungssatz von einem Ansatz „höchstens insbesondere unter Berücksichtigung folgender Grundsätze". Der handelsrechtliche Wertansatz wird somit – durch den Bewertungsvorbehalt in § 5 Abs. 6 EStG – für steuerliche Zwecke nicht ersetzt, sondern lediglich eingeschränkt:

Die Grundsätze im Einzelnen:

Erfahrungen der Vergangenheit:

Bei Rückstellungen für gleichartige Verpflichtungen ist auf der Grundlage der Erfahrungen in der Vergangenheit aus der Abwicklung solcher Verpflichtungen die Wahrscheinlichkeit zu berücksichtigen, dass der Steuerpflichtige nur zu einem Teil der Summe dieser Verpflichtungen in Anspruch genommen wird.

Bei der Bemessung einer Garantierückstellung ist aus den Erfahrungen der Vergangenheit abzuleiten, wie hoch der voraussichtliche Garantieaufwand sich wohl darstellen wird.

Z. B. wurde ermittelt, dass durchschnittlich 2 % des Jahresumsatzes als zusätzlicher Garantieaufwand anfallen werden; die Rückstellung ist dann mit 2 % des Jahresumsatzes anzusetzen.

Sachleistungsverpflichtungen:

Rückstellungen für Sachleistungsverpflichtungen sind mit den Einzelkosten und den angemessenen Teilen der notwendigen Gemeinkosten zu bewerten.

Berücksichtigung von Vorteilen:

Künftige Vorteile, die mit der Erfüllung der Verpflichtung voraussichtlich verbunden sein werden, sind, soweit sie nicht als Forderung zu aktivieren sind, bei ihrer Bewertung wertmindernd zu berücksichtigen.

Nach dieser Regelung sind künftige Vorteile wertmindernd zu berücksichtigen, wenn sie voraussichtlich entstehen; die bloße Möglichkeit eines Vorteils genügt noch nicht. Er ist ebenfalls nicht (mehr) zu berücksichtigen, wenn der Vorteil bereits so weit konkretisiert ist, dass eine

Forderung zu aktivieren ist. Hingewiesen sei – aus der entsprechenden BT-Drucksache entnommen – auf die sog. Kippgebühren (Verfüllung einer Baugrube gegen Entgelt).

Ansammlungsrückstellungen:

Rückstellungen für Verpflichtungen, für deren Entstehen im wirtschaftlichen Sinne der laufende Betrieb ursächlich ist, sind zeitanteilig in gleichen Raten anzusammeln. Nicht gemeint sind hierbei Rückstellungen, die auf Zustandsveränderungen begründet sind und zur Abgrenzung den Aufwand gegenrechnen, wie z. B. Rekultivierungsrückstellungen. Es sind die Rückstellungen gemeint, die erst nach Ablauf einer gewissen Zeit einzulösen sind, wie z. B. Abbruchverpflichtungen, Umbau- oder Erneuerungsverpflichtungen nach Ablauf eines Mietvertrags oder die Verpflichtung nach dem Blockmodell zur Weiterzahlung der Bezüge in der Freistellungsphase.

Abzinsungsverpflichtung:

Rückstellungen für Verpflichtungen sind mit einem Zinssatz von 5,5 % abzuzinsen; § 6 Abs. 1 Nr. 3 Satz 2 EStG ist entsprechend anzuwenden. Für die Abzinsung von Rückstellungen für Sachleistungsverpflichtungen ist der Zeitraum **bis zum Beginn** der Erfüllung maßgebend.

HINWEIS:
Zur Abzinsung von Verbindlichkeiten und Rückstellungen vgl. BMF v. 26. 5. 2005 IV B 2 - S 2175 - 7/05 BStBl 2005 I S. 699. In dieser Verwaltungsanweisung ist auch ein Beispiel mit Lösung zu einer Ansammlungsrückstellung enthalten.

8.8 Pensionsrückstellungen

Pensionszusagen – Zusagen des Arbeitgebers an den Arbeitnehmer zur Zahlungsverpflichtung einer Pensionsleistung – sind als ungewisse Verbindlichkeiten nach § 249 Abs. 1 Satz 1 HGB zu passivieren. Die Maßgeblichkeit der Handelsbilanz für die Steuerbilanz nach § 5 Abs. 1 Satz 1 EStG erfordert eine Bilanzierung auch in der Steuerbilanz. Der steuerliche Bewertungsvorbehalt nach § 5 Abs. 6 EStG erfordert in der Steuerbilanz eine Bilanzierung unter den Voraussetzungen des § 6a EStG.

8.8.1 Ansatzvoraussetzungen

Der Ansatz einer Rückstellung erfordert:

1. Einen Rechtsanspruch des Berechtigten (= Verpflichtung des Leistenden) nach § 6a Abs. 1 Nr. 1 EStG. Die rechtsverbindliche Verpflichtung kann in einer Einzelzusage, einer Besoldungsordnung, einem Tarifvertrag oder in sonst einem Dokument festgelegt sein (R 6a Abs. 2 EStR).

2. Einen schriftlichen Rechtsanspruch

   Die Schriftform, die unterschiedlich erfolgen kann (vgl. R 6a Abs. 7 EStR und H 6a Abs. 7 EStH), muss eindeutige und präzise Angaben zu Art, Form, Voraussetzungen und Höhe des Anspruchs enthalten.

3. Keine Abhängigkeit von gewinnabhängigen Bezügen

   Die Zusage muss einen festen Betrag beinhalten; nicht zulässig ist eine Pensionszusage von z. B. 2 % des Gewinns u. ä.

4. Keinen schädlichen Vorbehalt

   Dieser liegt vor, wenn die Zusage vom Verpflichteten nach freiem Belieben aufgehoben oder geändert werden kann. Eine Anpassung an betriebliche Verhältnisse (sog. unschädlicher Vorbehalt) ist unerheblich. Genauere Ausführungen hierzu vgl. R 6a Abs. 3 bis 6 EStR.

   Sind alle Voraussetzungen erfüllt, so ergibt sich eine weitere Ansatzprüfung nach § 6a Abs. 2 EStG.

Ist der Versorgungsfall (Eintreten der Altersgrenze oder Invalidität) noch nicht eingetreten, so darf die Rückstellung erst gebildet werden, wenn der Berechtigte in der Mitte des Wirtschaftsjahrs sein 27. Lebensjahr vollendet hat.

Der Pensionsberechtigte wird am 1.7.2018 27 Jahre „alt".

Lösung

Nach § 187 Abs. 2 BGB wird bei der Lebensaltersberechnung der Tag der Geburt mitgezählt, d. h. der Berechtigte vollendet sein 27. Lebensjahr mit Ablauf des 30.6.2018 und damit ist eine Passivierung geboten.

8.8.2 Bewertung einer Pensionszusage

Der Bilanzansatz der Rückstellung erfolgt mit dem Teilwert. Der Teilwert ermittelt sich aus dem Rentenbarwert, dieser wiederum ist nach versicherungsrechtlichen Kriterien zu ermitteln. Zur Teilwertermittlung siehe § 6a Abs. 3 EStG, R 6a Abs. 11 bis 15 EStR. Da der Gesetzgeber auf die anerkannten Regeln der Versicherungsmathematik verweist, ist regelmäßig ein Gutachten vorhanden, das die Höhe ausweist.

HINWEIS:

Die versicherungsmathematische Berechnung einer Pensionszusage wird in der StB-Prüfung niemals gefordert. Sie können davon ausgehen, dass die Rentenbarwerte regelmäßig angegeben werden!

8.8.3 Steuerliche Bewertungsbesonderheiten

Bei der Bilanzierung und Bewertung einer Pensionszusage steigt der Wertansatz stetig. Nach § 6a Abs. 4 Satz 1 EStG ist der zuführende Aufwand regelmäßig die Differenz der Teilwerte. Ist die Differenz übermäßig groß – die Folge wäre eine erhebliche Gewinnminderung – sieht der Gesetzgeber entsprechende Verteilungsregeln vor. Diese wären:

a) Eine Erhöhung der Pensionszusage durch Veränderung der biometrischen Rechnungsgrundlagen (z. B. statistische Lebenserwartung). In diesem Fall muss die Teilwerterhöhung mindestens auf 3 Jahre gleichmäßig verteilt vorgenommen werden (§ 6a Abs. 4 Satz 2 EStG).

b) Bei der erstmaligen Bilanzierung einer Pensionszusage kann (**Wahlrecht!**) der Pensionsverpflichtete den anzusetzenden Teilwert auf mindestens drei Jahre verteilt ansetzen (§ 6a Abs. 4 Satz 3 EStG).

c) Bei großen Teilwertsteigerungen (mehr als 25 %) kann (**Wahlrecht!**) der Pensionsverpflichtete den anzusetzenden Teilwert auf mindestens drei Jahre verteilt ansetzen (§ 6a Abs. 4 Satz 4 EStG).

d) Im Jahr des Eintritts des Versorgungsfalls ist die Rückstellung stets in voller Höhe zu bilden. Die Erhöhung kann (**Wahlrecht!**) auf mindestens drei Jahre verteilt angesetzt werden (§ 6a Abs. 4 Satz 5 EStG).

Die X-GmbH sagt ihrem Geschäftsführer A in 2017 eine Pension zu; Ansatzvoraussetzungen sind alle erfüllt; A vollendet am 30.1.2018 sein 27. Lebensjahr. Der Teilwert zum 31.12.2017 beträgt 12.000 €, am 31.12.2018 beträgt der Teilwert 14.100 €.

Lösung

Zum 31.12.2017 ist in der HB gemäß § 249 Abs. 1 Satz 1 HGB zwingend eine Rückstellung für ungewisse Verbindlichkeiten auszuweisen. Über den Grundsatz der Maßgeblichkeit der HB für die StB ist diese Rückstellung auch in der Steuerbilanz anzusetzen, wenn der Bewertungsvorbehalt nach § 5 Abs. 6 EStG nicht greift. Unter Hinweis auf § 6a Abs. 2 Nr. 1 EStG hat A zum 1.7.2017 sein 27. Lebensjahr noch nicht vollendet, folglich erfolgt zwar ein Ansatz in der HB; aber ein Ansatzverbot in der Steuerbilanz.

Zum 31.12.2018 wird die Rückstellung in der HB weiterentwickelt. In der StB besteht gemäß § 6a Abs. 4 Satz 3 EStG ein Wahlrecht zwischen dem Ansatz in voller Höhe und einer Verteilung über 3 Wirtschaftsjahre (Ansatz zum 31.12.2018 demnach 4 700 €); bei gesucht niedrigsten Gewinn ist die Bewertung in voller Höhe zu wählen.

HINWEIS:

Die Bewertung einer Pensionsrückstellung in der Handelsbilanz ist nach § 253 Abs. 2 HGB vorzunehmen. Danach ist ein monatlich von der Deutschen Bundesbank veröffentlichter Zinssatz zu berücksichtigen. Da dieser Zinssatz erheblich niedriger ist als der steuerlich vorgeschriebene Zinssatz von 5,5 %, ist die Rückstellung in der StB erheblich geringer.

8.8.4 Auflösung von Pensionsrückstellungen

Rückstellungen sind aufzulösen, wenn der Grund hierfür weggefallen ist (§ 249 Abs. 2 Satz 2 HGB). Im „Normalfall" geschieht dies durch Neuberechnung des Teilwerts (= Rentenbarwert), der nach Eintritt des Versorgungsfalls durch Verkürzung der Restlaufzeit zwangsläufig geringer wird. Im Todesfall des Pensionsberechtigten ist die Rückstellung in voller Höhe aufzulösen.

Beim Verzicht des Gesellschafter-Geschäftsführers auf Auszahlung der Rückstellung liegt kein Ertrag bei der Gesellschaft vor, sondern eine verdeckte Einlage. Diese ist nach den üblichen Kriterien der Teilwertermittlung zu bewerten und nicht nach § 6a EStG. Die Differenz zum bilanzierten Rückstellungsbetrag ist laufender Aufwand oder Ertrag; in Höhe des Teilwerts erzielt der Gesellschafter Einkünfte aus nichtselbständiger Tätigkeit (H 8.9 „Verzicht auf Pensionsanwartschaftsrechte" KStH).

8.8.5 Rückdeckungsversicherung

Schließen Unternehmen zur Abdeckung von Risiken eine Rückdeckungsversicherung ab, so sind die Beiträge in die Versicherung als Betriebsausgaben abzugsfähig.

Eine Rückdeckungsversicherung liegt vor, wenn

1. dem Arbeitnehmer eine Zusage aus den Mitteln des Arbeitgebers zugesagt wurde,
2. die Verpflichtung des Arbeitgebers abgesichert werden soll und
3. die Sicherung ausschließlich oder nahezu ausschließlich den Belangen des Arbeitgebers dient, und nicht zusätzlich den Belangen des Arbeitnehmers.

Das ist der Fall, wenn der Arbeitgeber Versicherungsnehmer, alleiniger Prämienzahler und Bezugsberechtigter der Versicherungsleistungen ist. Liegt ein Rückdeckungsversicherungsvertrag vor, so sind der Anspruch hieraus und die Pensionsrückstellung aus dem Grundsatz der Bilanzklarheit und dem Verrechnungsverbot getrennt zu bilanzieren.

Der Anspruch ist zu bilanzieren mit

1. dem geschäftsplanmäßigen Deckungskapital,
2. zuzüglich Überschussbeteiligung.

Nicht anzusetzen ist der Rückkaufswert. Vgl. zum Ansatz und der Bewertung einer Rückdeckungsversicherung R 6a Abs. 23 EStR und H 6a Abs. 23 EStH.

In der Handelsbilanz besteht ein Saldierungsgebot nach § 246 Abs. 2 Satz 2 HGB.

9. Bilanzanpassung nach Betriebsprüfungen

9.1 Allgemeines

Unter Hinweis auf Kap. I.3; Zusammenstellung der Prüfungsschwerpunkte, lässt sich feststellen, dass eine Bilanzanpassung nach einer Betriebsprüfung sich nahezu zum Standardfall einer Steuerberaterprüfung entwickelt hat. Seit 2007 war ein derartiger Sachverhalt in sechs Prüfungen; in den letzten drei Prüfungen ununterbrochen; enthalten. Insoweit ist es zwingend geboten, sich mit dieser Materie auseinanderzusetzen.

9.2 Anwendungsbereich in StB-Prüfungen

Ein Aufgabensteller kann in seinem Sachverhalt einen Auszug aus einem Betriebsprüfungsbericht (BP-Bericht) vorlegen; die Feststellungen vonseiten des Finanzamts sollen im Rahmen einer Schlussbesprechung bereits akzeptiert worden sein. Allerdings ist auch vorstellbar, dass der Aufgabensteller bewusst einen Fehler einbaut und der Prüfungsteilnehmer erkennen muss, hier liegt ein Ansatz- oder ein Bewertungsfehler vor und der Prüfungsteilnehmer muss selbst die Bilanzberichtigung durchführen.

Steuerberaterprüfung 2015:

Im Teil III war eine GmbH zu bearbeiten. Bei den Einzelsachverhalten war die Auswertung einer Betriebsprüfung geboten. Dabei war – z. B. bei Bearbeitung des Wirtschaftsjahres 2015 in dieser konkreten Prüfung – eine Betriebsprüfung für die Jahre 2013 – 2014 durchgeführt worden. Der Prüfer hatte verschiedene Feststellungen zu Bilanzposten getroffen. Über die Feststellungen wurde Einigung erzielt. Der Prüfung wurde dann eine Mehr- und Wenigerrechnung für die Jahre 2013 und 2014 beigelegt, sowie die Prüferbilanzen für die Jahre 2013 und 2014. Die Teilnehmer waren aufgefordert, die Ergebnisse der Betriebsprüfung in die Handels- und Steuerbilanzen 2015 einzubauen, indem sie zunächst die Kapitalanpassungsbuchungen durchführen mussten und anschließend die Folgewirkungen auch darstellen sollten.

Steuerberaterprüfung 2014:

Im Teil II war wiederum eine GmbH zu bearbeiten. Die Bearbeitungstechnik war mit der Aufgabenstellung 2015 nahezu identisch; lediglich die Prüfungsfeststellungen waren verändert.

Steuerberaterprüfung 2013:

Im Teil II war wiederum eine GmbH zu bearbeiten. Die Bearbeitungstechnik war mit der Aufgabenstellung 2014 nahezu identisch; lediglich die Prüfungsfeststellungen waren verändert.

9.3 Bilanzberichtigung

Nach § 4 Abs. 2 Satz 1 EStG spricht man von einer Bilanzberichtigung, wenn eine „unterzeichnete" Bilanz falsch ist; d. h. sie muss einen Fehler enthalten.

Eine Bilanz ist falsch, wenn sie

1. gegen zwingende Vorschriften des Handelsrechts,
2. gegen zwingende Vorschriften des Steuerrechts oder
3. gegen Grundsätze ordnungsgemäßer Buchführung verstößt (R 4.4 Abs. 1 EStR).

In einer Bilanz werden Bilanzposten – Wirtschaftsgüter, Schulden und Rechnungsabgrenzungsposten – ausgewiesen. D. h. eine Bilanz kann nur dann falsch sein, wenn ein Bilanzposten falsch ist. Als Bilanzposten zählt auch der Bilanzposten „Eigenkapital" (BMF, Schreiben v. 13. 8. 2008 - IV C 6 - S 2141/07/10004, BStBl 2008 I 845).

Änderungen des Gewinns aufgrund Berücksichtigung außerbilanzieller Hinzu- oder Abrechnungen (vGA, Geschenke, Bewirtungskosten etc.) stellen dagegen keine Bilanzberichtigung dar, da sie keinen Bilanzansatz berühren.

Die X-GmbH (Autohandel) veräußert (inkl. Auslieferung) am 18. 12. 2018 ein Kfz an den Kunden Y, dieser bezahlt das Fahrzeug am 6. 1. 2019. Die GmbH bucht den gesamten Vorgang in 2019.

Lösung

Nach dem Realisationsprinzip ist die Veräußerung in 2018 zu erfassen (§ 252 Abs. 1 Nr. 4 HGB); die Handels- und Steuerbilanzen für 2018 sind unvollständig und deswegen falsch. Die Möglichkeit einer Bilanzberichtigung ist somit eröffnet.

Die Berichtigung bezieht sich auf beide Bilanzen, d. h. auf die Handelsbilanz und auf die Steuerbilanz. Werden einheitliche Bilanzen erstellt, so widerfährt die eine HB/StB einer Berichtigung. Liegt der Fehler ausschließlich in der StB ohne Berichtigung der Handelsbilanz, so ist nur die StB zu berichtigen; anderweitig sind durchaus Fehler in der HB möglich, die sich – wegen Durchbrechung der Maßgeblichkeit – nicht auf die StB auswirken. Insoweit ist die HB zu korrigieren.

9.4 Fehlerbegriff

Wird eine Bilanz bei objektiver Betrachtung den Grundsätzen ordnungsmäßiger Buchführung nicht gerecht oder verstößt sie gegen ein handelsrechtliches oder steuerrechtliches Bilanzierungsgebot oder –verbot oder liegt ein Verstoß gegen handels- und/oder steuerrechtliche Bewertungsvorschriften vor, muss die Bilanz berichtigt werden. Ein in früheren Jahren noch zu überprüfendes Fehlverhalten des Steuerpflichtigen; der sog. subjektive Fehlerbegriff, ist mit Entscheidung des BFH v. 31. 1. 2013 - GrS 1/10, BStBl 2013 II 2013, entfallen.

9.5 Zeitlicher Rahmen der Bilanzberichtigung

Bis zur Abgabe der Steuererklärung hat der Steuerpflichtige/Mandant natürlich noch jedwede Einflussmöglichkeit zur Bilanzerstellung. Selbstverständlich besteht die Verpflichtung, erkannte Fehler umgehend zu bereinigen und eine „richtige Bilanz" dem Finanzamt vorzulegen. Der Steuerpflichtige/Mandant muss zwingend eine Berichtigung vornehmen, da er verpflichtet ist, eine richtige Erklärung (einschließlich Bilanz) dem Finanzamt vorzulegen; (§ 150 Abs. 2 und 4 AO).

Stellt ein Steuerpflichtiger nach Abgabe der Steuererklärung einen Fehler fest, so ist er verpflichtet, dies unverzüglich anzuzeigen und die erforderliche Richtigstellung vorzunehmen; § 153 AO; diese Verpflichtung ist zu erfüllen, unabhängig davon, ob der Fehler zugunsten oder zuungunsten wirkt.

Nach einer bestandskräftigen Steuerfestsetzung greift neben der materiell-rechtlichen Fehlerbeseitigung auch die formelle Bestandskraft, d. h. eine Bilanz, deren Ergebnis – durch den Betriebsvermögensvergleich – als unselbständig zu ermittelnde Besteuerungsgrundlage in die Steuerfestsetzung Eingang gefunden hat, kann nur geändert werden, wenn

1. eine Berichtigungsvorschrift der Abgabenordnung anwendbar ist oder
2. sich die Bilanzberichtigung auf die Höhe der Steuer nicht auswirken würde.

Nach bisher zumindest überwiegender Rechts- und Kommentarmeinung ist nicht auf die materiell-rechtlich falsche Bilanz, sondern die formell-rechtlich falsche Bilanz abzustellen. Dies bedeutet, dass eine materiell-rechtlich falsche Bilanz nicht änderbar ist, wenn sich aus formellen Gründen keine Berichtigung ableiten lässt. In diesem Fall ist die Korrektur in der Schlussbilanz des ersten Jahres nachzuholen, in dem dies **mit steuerlicher Wirkung** möglich ist. Eine Ausnahme erkennt die Rechtsprechung dahingehend, dass eine Bilanzberichtigung jederzeit zulässig ist, wenn sich keine Auswirkung auf die Besteuerung ergeben würde (H 4.4 „Berichtigung einer Bilanz ..." EStH).

Nach Eintreten der Festsetzungsverjährung ist die Berichtigung einer Bilanz ausgeschlossen.

9.6 Bilanzberichtigung und Bilanzenzusammenhang

Die Besteuerung des Totalgewinns – von der Gründung bis zur Liquidation – erfordert durch die Aufteilung in Gewinnermittlungszeiträume (Wirtschaftsjahre), dass die Schlussbilanz eines Wirtschaftsjahres immer identisch mit der Anfangsbilanz des Folgejahres sein muss; § 252 Abs. 1 Nr. 1 HGB. Diesen Grundsatz des Bilanzenzusammenhangs gilt es zu beachten; vgl. auch Betriebsvermögensvergleich nach § 4 Abs. 1 Satz 1 EStG; Kap. III.1.

Das heißt konkret, dass an einen „falschen" Bilanzansatz, der jedoch formell nicht mehr änderbar ist, zwingend anzuschließen ist, mit der Folge, dass „durch einen zweiten Fehler" der erste korrigiert wird. Der Gewinn wird somit nicht im Jahr des Fehlers, sondern im Jahr des Fehlerausgleichs korrigiert.

Bilanzberichtigungen für die Einkommensteuer und für die **Gewerbesteuer** sind gesondert zu prüfen; es besteht keine Bindung z. B. durch die Wertung als Grundlagenbescheid zwischen den Bilanzansätzen.

X hat in seinem Einzelunternehmen eine Rückstellung zum 31. 12. 2016 i. H. v. 20.000 € gebildet, richtig wären 16.000 €. Die Steuerbescheide bis einschließlich 2017 sind bestandskräftig. Der Fehler wird in 2018 bemerkt; die Gründe für die Rückstellungsbildung sind weiterhin gegeben.

Lösung

Zunächst sollte die Korrektur an der Fehlerquelle erfolgen (hier: 2016); allerdings nur, wenn die AO eine Berichtigungsmöglichkeit eröffnet. Ist dies nicht der Fall, bleiben der Steuerbescheid und die Bilanz 2016 unverändert und es ist zu prüfen, ob 2017 geändert werden kann. Wenn nicht, wird die Bilanz zum 31. 12. 2018 geprüft. Da lt. Sachverhalt die Bilanz 2018 und der Steuerbescheid noch geändert werden können, erfolgt die Korrektur der Rückstellung zum 31. 12. 2018. X erzielt in 2018 einen durch die Bilanzberichtigung veranlassten a. o. Ertrag i. H. v. 4.000 €.

Durch den Betriebsvermögensvergleich führt

1. jede Bilanzpostenänderung zu einer Änderung des Eigenkapitals,
2. jede Eigenkapitaländerung zu einer Gewinnänderung.

Daraus resultierend ist jede Bilanzberichtigung grundsätzlich als erfolgswirksame Bilanzberichtigung zu verstehen.

Natürlich bestehen Ausnahmen der vorgenannten Aussage. Besteht ein Fehler z. B. im Vollständigkeitsgebot, dass notwendiges Betriebsvermögen nicht erfasst wurde, so ist „erfolgsneutral" nachzubilanzieren; H 4.4 „Unterlassene Bilanzierung" EStH, oder bei nicht gebuchten Entnahmen/Einlagen; H 4.4 „Unterlassene Erfassung einer Entnahme" EStH.

Werden Wirtschaftsgüter des notwendigen Betriebsvermögens fälschlicherweise nicht bilanziert, so ist in der ersten Bilanz, in der ein Ausweis erfolgen müsste, der Wert anzusetzen, der bei von Anfang richtiger Bilanzierung anzusetzen wäre; eine Schattenrechnung ist durchzuführen.

X besitzt ein bebautes Grundstück (AK 2012: 200.000 €, Anteil Grund und Boden 20 %). Dieses vermietet er ab Erwerb Januar 2012 an die X-GmbH (gezeichnetes Kapital 25.000 €), deren alleiniger Anteilseigner er ist, für monatlich angemessene 1.500 € Miete. Die Einkünfteermittlung erfolgte nach § 21 EStG (Einkünfte aus Vermietung und Verpachtung). Die Steuerbescheide bis einschließlich 2017 sind bestandskräftig.

Lösung

Offensichtlich liegt bereits seit 2012 eine Betriebsaufspaltung vor, da die personelle und sachliche Verflechtung gegeben ist (H 15.7 Abs. 4 „Allgemeines" EStH). D. h. der Grund und Boden, das Gebäude sowie die GmbH-Anteile sind als notwendiges Betriebsvermögen seit 2012 zu behandeln. Wenn dies bisher nicht erfolgte, so ist die Bilanz des Besitzunternehmens in der ersten berichtigungsfähigen Bilanz (hier Eröffnungsbilanz 1.1.2018) nachzuholen

Dabei sind die Werte so anzusetzen, wie sie bei richtiger Bilanzierung anzusetzen wären:

Grund und Boden: Ansatz mit	40.000 €
Gebäude: Ansatz mit AK	160.000 €
Abzüglich AfA, unterstellt 3 % jährlich für 6 Jahre:	./. 28.800 €
Wert Gebäude bei Bilanzberichtigung 1.1.2018:	132.000 €
Ansatz der GmbH-Anteile mit:	25.000 €

Der vorgenannten Lösung ist zu entnehmen, dass die bis einschließlich 2017 berücksichtigte AfA (hier 2 % im Einkünftebereich § 21 EStG) „falsch" bestehen bleibt. Sollten zwischenzeitlich Wertveränderungen eingetreten sein, bleiben auch diese unberücksichtigt. Durch die sog. „Schattenrechnung" ist ein Wertansatz zu ermitteln, der bei von Anfang an richtiger Bilanzierung anzusetzen gewesen wäre.

9.7 Bilanzberichtigung und AfA

Ist eine AfA falsch ermittelt worden, so kann dies zwei Ursachen haben:

1. Die Bemessungsgrundlage wurde falsch ermittelt, die AfA – isoliert betrachtet – ist richtig oder
2. die AfA-Ermittlung ist falsch.

Im ersten Fall handelt es sich um eine übliche erfolgswirksame Bilanzberichtigung.

Im zweiten Fall – einer ausschließlichen falschen AfA-Berechnung – erfolgt aufgrund Rechtsprechung (H 7.4 „Unterlassene oder überhöhte AfA" EStH) eine Korrektur dahingehend, dass die „falschen" Jahre unverändert bleiben und ab dem berichtigungsfähigen Jahr mit der richtigen AfA fortgefahren wird, so dass sich eine veränderte Nutzungsdauer ergibt.

Der Einzelunternehmer X schreibt ein bebautes Grundstück mit jährlich 4 % von 400.000 €, beginnend ab 2011, ab; nach § 52 Abs. 21b EStG wurde der AfA-Satz nach § 7 Abs. 4 Satz 1 Nr. 1 EStG jedoch für Wirtschaftsjahre nach dem 31.12.2000 auf 3 % gesenkt. Die Steuerbescheide bis einschließlich 2017 sind bestandskräftig.

Lösung

Ansatz Gebäude bisher: AK	400.000 €
abzüglich AfA 2011-2017 = 7 Jahre à 4 % =	./. 112.000 €
Bilanzansatz zum 31.12.2017:	288.000 €
Abzüglich AfA 2018: 3 % von 400.000 € =	./. 12.000 €
= Bilanzansatz zum 31.12.2018:	276.000 €

Durch die Bilanzberichtigung verkürzt sich die Nutzungsdauer von 33,33 Jahren.

10. Bilanzänderung

Eine Bilanzänderung liegt vor, wenn ein richtiger Bilanzansatz durch einen anderen richtigen Bilanzansatz ausgetauscht wird. Das Vorliegen von mehreren richtigen Bilanzansätzen ist nur gegeben, wenn der Steuerpflichtige bei Bilanzaufstellung zwischen verschiedenen zulässigen Bilanzansätzen wählen konnte.

Nach § 4 Abs. 2 Satz 2 EStG ist eine Bilanzänderung nur zulässig, soweit auf eine vorangegangene Bilanzberichtigung Bezug genommen wird und soweit diese Bilanzberichtigung auf den Gewinn reicht.

Anlässlich einer Betriebsprüfung wird festgestellt, dass der Steuerpflichtige Einnahmen i. H. v. 5.000 € privat vereinnahmt hat und bisher nicht angegeben hat.

Lösung

Hätte der Steuerpflichtige richtig gebucht (Privatentnahme an Erlöse – unter Vernachlässigung der USt), so würde sich an der Bilanz nichts ändern. Nach der Rechtsprechung des BFH ist auch das Eigenkapital ein Bilanzposten. Deshalb liegt hier dennoch eine Bilanzberichtigung vor. Damit ist auch die Möglichkeit einer Bilanzänderung mit einer Gewinnauswirkung von bis zu - 5.000 € eröffnet.

Die gesetzliche Formulierung „sachlicher Zusammenhang" bedarf der Auslegung, denn als unbestimmter Rechtsbegriff kann dieser Zusammenhang sehr weit oder sehr eng ausgelegt werden. Zur Sicherung einer einheitlichen Rechtsanwendung hat die Finanzverwaltung den einheitlichen Zusammenhang dahingehend eingeschränkt, dass sich diese auf „eine" Bilanz bezieht; R 4.4 Abs. 2 Satz 5 EStR.

Anlässlich einer Betriebsprüfung bei A wird der Gewinn 2016 um 10.000 €, der Gewinn 2017 um 20.000 € und der Gewinn 2018 um 30.000 € erhöht. Es handelt sich jeweils um Bilanzberichtigungen.

Lösung

Durch mögliche Bilanzänderungsanträge kann der Gewinn 2016 bis 10.000 €, der Gewinn 2017 bis 20.000 € und der Gewinn 2018 bis 30.000 € gemindert werden. Nicht zulässig ist dagegen eine Bilanzänderung 2018 um 60.000 € unter Hinweis auf das Gesamtergebnis der Betriebsprüfung.

Der enge zeitliche Zusammenhang bedeutet, dass unmittelbar nach der Bilanzberichtigung – die Voraussetzung für eine Bilanzänderung ist – ein Bilanzänderungsantrag zu stellen ist. Unmittelbar bedeutet, innerhalb der Verfahrensrechtlichen Fristen.

Berichtigungen in den Bilanzen der Vorjahre haben Folgewirkungen. Für die Vorjahre ist eine Verbuchung nicht mehr möglich, da die Bilanzen bereits abgeschlossen sind. Für das laufende Jahr erscheint eine Anpassung notwendig, um die Änderungen der Vorjahre in den laufenden Jahren zu berücksichtigen.

Dies kann technisch auf zwei Methoden geschehen:

1. Bilanzpostenmethode, d. h. die Summe der Änderungen der Bilanzposten ist die Änderung des Kapitalkontos oder

2. die G+V-Methode, d. h. die Gewinnänderungen und die Änderungen der Entnahmen und Einlagen entspricht der Änderung des Kapitalkontos.

Bei dem Einzelunternehmen X stellt das Finanzamt im Jahresabschluss 2017 folgende Änderungen fest:

a) Beim erworbenen unbebauten Grundstück in 2017 (AK 100.000 €) wurde die Grunderwerbsteuer als betrieblicher Aufwand gebucht; es handelt sich um Nebenkosten der Anschaffung.

b) Die AfA für das im Januar 2017 erworbene Fahrzeug (AK 24.000 €, AfA linear) ermittelt sich nach einer Nutzungsdauer von 6 Jahren, nicht nach 5 Jahren.

c) Die eingelegten Wertpapiere sind mit den fortgeführten AK (14.000 €) zu bewerten, nicht mit dem Teilwert (17.000 €).

Lösung

Aufgrund der vorgenannten Feststellungen ändern sich zum 1.1.2018 folgende Bilanzposten:

a) Erhöhung Bilanzansatz Grund und Boden auf 103.500 €
b) Erhöhung Bilanzansatz Fahrzeug um 800 €
   (AfA bisher: 4.800 €, AfA richtig 4.000 €)
c) Minderung Bilanzansatz Wertpapiere um 3.000 €
d) Minderung der Einlagen um 3.000 €

Die Anpassung in 2018 kann mit folgendem Buchungssatz vorgenommen werden:

Grund und Boden	3.500 €	an	Wertpapiere	3.000 €
Fahrzeuge	800 €		Kapital	1.300 €

11. Der steuerliche Ausgleichsposten

Im Regelfall sind die Handelsbilanz und die Steuerbilanz identisch. Ergeben sich Abweichungen, die aufgrund steuerlicher Sondervorschriften erfolgen (z. B. § 5 Abs. 4a EStG – Verbot des Ansatz einer Rückstellung für drohende Verluste aus schwebenden Geschäften – entgegen dem Ansatzgebot nach § 249 Abs. 1 Satz 1 HGB), so kann nach § 60 Abs. 2 EStDV das handelsrechtliche Ergebnis dem steuerlichen Ergebnis angepasst werden.

Sind umfangreiche Abweichungen gegeben, empfiehlt sich die Erstellung einer eigenen Steuerbilanz.

Führen nun steuerliche Überprüfungen zu Bilanzpostenänderungen in der Steuerbilanz, kann bei Kapitalgesellschaften das Kapital (bei Kapitalgesellschaften gegliedert in gezeichnetes Kapital, Kapitalrücklage, Gewinnrücklage, Jahresüberschuss, Gewinnvortrag oder Bilanzgewinn) ohne Gesellschafterbeschluss nicht verändert werden. Die Änderungen werden deshalb summarisch in einen „steuerlichen Ausgleichsposten" aufgenommen; dieser kann sowohl auf der Aktivseite, als auch auf der Passivseite einer Bilanz erscheinen. Eine gesetzliche Regelung zum Ausweis dieses Posten existiert nicht, jedoch wird im Regelfall bei Kapitalgesellschaften der steuerliche Ausgleichsposten geführt. Seine wesentliche Aufgabe besteht darin, den Unterschied zwischen dem Kapital lt. Handelsbilanz und dem Kapital lt. Steuerbilanz zu dokumentieren.

Die X-GmbH hat zum 1.1.2018 ein Einzelunternehmen erworben. Hierfür wurden neben den Teilwerten für alle Wirtschaftsgüter auch ein Firmenwert i. H.v. 150.000 € erworben. In der handels- und steuerrechtlich identischen Bilanz wird kein Firmenwert zum 31.12.2018 ausgewiesen.

Lösung

Nach § 246 Abs. 1 Satz 4 HGB muss ein entgeltlich erworbener Firmenwert aktiviert werden; der Nichtausweis in der Handelsbilanz entspricht somit nicht den handelsrechtlichen Vorschriften. Eine Korrektur im Rahmen einer Bilanzberichtigung hat zu erfolgen. Die AK sind zu aktivieren und in der Handelsbilanz planmäßig nach § 253 Abs. 3 Satz 3,4 HGB mit (unterstellten) 10 Jahren Nutzungsdauer abzuschreiben.

In der Steuerbilanz muss der Firmenwert ebenfalls aktiviert werden nach § 5 Abs. 2 EStG. Der Gesetzgeber schreibt eine Verteilung auf eine Nutzungsdauer von 15 Jahren vor; § 7 Abs. 1 Satz 3 EStG. Zum 31.12.2018 ist somit in der Steuerbilanz ein Firmenwert auf der Aktivseite mit 140.000 € auszuweisen; auf der Passivseite wird ein steuerlicher Ausgleichsposten ebenfalls i. H.v. 140.000 € eingestellt.

V. Der Gebäudesachverhalt in der Fallbearbeitung; hier: Teilaufgabe aus der Steuerberaterprüfung 2014

Sachverhalt:

HM betreibt als Einzelunternehmer auf einem eigenen Grundstück in Bremen ein Werkzeugbauunternehmen. HM ermittelt seinen Gewinn durch Betriebsvermögensvergleich und ist voll zum Vorsteuerabzug berechtigt.

Die weiteren Betriebsmerkmale, die in der Originalaufgabe vorgegeben wurden, werden für die Lösung dieser einzelnen Textaufgabe nicht benötigt und an dieser Stelle deshalb nicht aufgeführt.

HM bewohnte bis Februar 2018 ein älteres Einfamilienhaus auf einem ihm seit 2004 gehörenden Grundstücks (500 qm) unmittelbar neben seiner Einzelfirma. Anfang 2018 entschloss sich HM zu einem Umzug und zum Bau einer kleinen Lagerhalle auf diesem Grundstück.

Im März 2018 wurde das Einfamilienhaus abgerissen und schon am 1.10.2018 konnte die neue Lagerhalle in Betrieb genommen werden. Der Verkehrswert Nebenkosten (= Teilwert) des Grund und Bodens im Jahr 2018 beträgt 100 € pro qm. Der Verkehrswert einschließlich Nebenkosten (= Teilwert) des Einfamilienhauses betrug vor dem Abbruch noch 20.000 € und die Abbruchkosten wurden von der beauftragten Firma mit 12.000 € zuzüglich 19 % USt berechnet.

Daneben entstanden HM für den Neubau der Lagerhalle Kosten von 30.000 € zuzüglich insgesamt 5.500 € in Rechnung gestellter USt. Die Nutzungsdauer der Lagerhalle beträgt 20 Jahre. HM hat bisher wie folgt gebucht:

30.3.2018:

Sonst. Betr. Aufwendungen	12.000 €	an	Bank	14.280 €
Vorsteuer	2.280 €			

April bis Oktober jeweils bei Rechnungseingang mit sofortiger Überweisung hier zusammengefasst:

Gebäude (Lagerhalle)	30.000 €	an	Bank	35.500 €
Vorsteuer	5.500 €			

31.12.2018:

Abschreibungen auf Gebäude	1.500 €	an	Gebäude (Lagerhalle)	1.500 €

Die in diesem Zusammenhang entstandenen laufenden Grundstückskosten wurden richtig gebucht. Weitere Buchungen sind in diesem Zusammenhang nicht erfolgt.

Ergänzender Hinweis:

Zum 31.12.2014 hatte HM nur in der StB eine Rücklage nach § 6b Abs. 10 Satz 5 EStG i.H.v. 10.000 € gebildet. In der HB wurde der Betrag von 10.000 € als Gewinn behandelt und den Gewinnrücklagen zugeführt.

Aufgabenstellung: (abgewandelt auf diesen einzigen Sachverhalt)

1. Beurteilen Sie den Sachverhalt unter Hinweis auf die gesetzlichen Bestimmungen des Handels- und Steuerrechts sowie die Verwaltungsanweisungen. Nennen Sie dabei auch die nach Handelsrechts (noch) erforderlichen (Korrektur-) Buchungen.

2. .... Auswirkungen auf den Jahresüberschuss.

Lösungsvorschlag:

a) **Sachverhalt verstehen, kurze Zusammenfassung des Sachverhalts:**

Ein selbst bewohntes Einfamilienhaus wird abgerissen und an deren Stelle wird eine Lagerhalle gebaut. d.h. (Lösungsgedanken.....)

1. Grundstück mit Lagerhalle wird Betriebsvermögen – bisher lag Privatvermögen vor
2. Abbruchkosten – betrieblich/privat
3. Bilanzierung und Bewertung des Betriebsvermögens

b) **Lösungsweg festlegen / wenn möglich, nach Zeitablauf**

1. Abbruch des EFH im März 2018, steuerliche Behandlung der Abbruchkosten
2. Einlage des Grund und Bodens
3. Ermittlung der Herstellungskosten der Lagerhalle
4. Schlussbilanzansätze Grund und Boden und Lagerhalle/evtl. Rücklagenübertragung

c) **Korrekturbuchungen und Gewinnauswirkung (geforderte Technik lt. Aufgabenstellung)**

Lösungsschritte zu b)

Einlage und Abbruch

Ein ausschließlich privat genutztes bebautes Grundstück soll betrieblich genutzt werden. Nach dem Vollständigkeitsgebot (§ 246 HGB) sind ausschließlich betrieblich genutzte Grundstücke und Grundstücksteile zwingend in der HB und in der StB auszuweisen; R 4.2 Abs. 7 EStR. Die Überführung vom Privatvermögen ins Betriebsvermögen erfolgt mittels einer Einlage nach § 4 Abs. 1 Satz 8 EStG. Der Zeitpunkt der Einlage ist die endgültige betriebliche Funktionszuweisung, d. h. mit Auszug aus dem Einfamilienhaus. Überführt werden zwei Wirtschaftsgüter:

1. Der Grund und Boden und
2. Das Gebäude (Einfamilienhaus)

Einlage Grund und Boden

Die Bewertung einer Einlage erfolgt mit dem Teilwert nach § 6 Abs. 1 Nr. 5 Satz 1 EStG. Eine Begrenzung auf die ursprünglichen Anschaffungskosten nach Buchst. a) der Vorschrift liegt nicht vor, da nicht innerhalb von drei Jahren vor der Einlage erworben.

Die Zugangsbewertung des Grund und Bodens im März 2018 erfolgt somit in der HB und in der StB mit 50.000 € (= 500 qm á 100 €).

Einlage Einfamilienhaus

Problematisch ist der Sachverhalt dahingehend, wie mit dem Abbruch/Einlage zu verfahren ist. Dieser Sachverhalt ist in H 6.4 „Abbruchkosten" EStH angesprochen, explizit die Nr. 4; sog. „Einlage mit Abbruchabsicht". Danach gehören der Wert des abgebrochenen Gebäudes und die Abbruchkosten zu den Herstellungskosten des neu zu errichtenden Lagergebäudes.

Zunächst ist folglich das Gebäude ins Betriebsvermögen einzulegen; Einlagewert Gebäude nach § 6 Abs. 1 Nr. 5 Satz 1 EStG mit dem Teilwert = 20.000 €. Nach der Einlage erfolgt ein Abbruch. Ein vorhandener Bilanzwert – hier 20.000 € – der durch einen Abbruch vernichtet wird, ist im Wege einer AfaA nach § 7 Abs. 1 Satz 7 EStG, H 7.4 „Eine AfaA ist vorzunehmen" EStH zu berücksichtigen. Folglich entsteht durch den Abbruch zunächst ein Aufwand i. H. v. 20.000 €. Nach dem vorg. H 6.4 „Abbruchkosten" EStH ist dieser Aufwand jedoch den Herstellungskosten der Lagerhalle zuzuordnen.

Herstellungskosten Lagerhalle

Die Herstellungskosten sind definiert in § 255 Abs. 2 HGB und sind auch für die StB maßgebend; H 6.3 „Herstellungskosten" EStH.

Ermittlung der Herstellungskosten:

lt. Sachverhalt netto 30.000 €	30.000 €
Ansatz nur mit dem Nettobetrag nach § 9b Abs. 1 EStG, da die Vorsteuer abziehbar ist	
Einlagewert Gebäude; wie oben dargestellt	20.000 €
Abbruchkosten gehören auch zu den HK; H 6.4 „Abbruchkosten" EStH	12.000 €
ebenfalls netto nach § 9b Abs. 1 EStG	
Herstellungskosten insgesamt lt. Sachverhalte	62.000 €

HINWEIS:

Ob in der HB entsprechend zu verfahren ist, ist umstritten. Nach Beck'schem Bilanzkommentar, 8. Auflage, Rz 366, 373 und 374 ist in der Handelsbilanz nicht zwingend der steuerlichen Rechtsfolge zu folgen. Die Einbeziehung der Abbruchkosten und des Gebäudewerts in die Herstellungskosten ist nicht zwingend geboten. Im konkreten Prüfungsfall waren jedoch Wahlmöglichkeiten so auszulegen, dass sich ein möglichst hohes Vermögen in der HB ergibt; d.h. auch handelsrechtlich wird die steuerliche Lösung akzeptiert.

Bilanzansätze zum 31.12.2018

Grund und Boden:

Der Grund und Boden wird in der Handelsbilanz nach § 253 Abs. 1 Satz 1 HGB mit seinen AK/HK oder dem entsprechenden Ersatzwert (= Einlagewert) bewertet. Er wird dem Anlagevermögen zugeordnet; § 247 Abs. 2 HGB. Ein niedrigerer beizulegender Wert nach § 253 Abs. 3 Satz 5 HGB ist lt. SV nicht ersichtlich.

In der Steuerbilanz wird der Grund und Boden als unbewegliches, nicht abnutzbares Wirtschaftsgut des Anlagevermögens mit den AK/HK oder an der Stelle tretenden Wert (= Einlagewert) angesetzt; § 6 Abs. 1 Nr. 2 Satz 1 EStG; ein niedrigerer Teilwert nach § 6 Abs. 1 Nr. 2 Satz 2 EStG ist nicht ersichtlich.

Ansatz in HB und StB somit 50.000 €.

Lagerhalle:

Handelsrechtlich liegt Anlagevermögen vor nach § 247 Abs. 2 HGB. Die Bewertung erfolgt mit den HK abzüglich planmäßiger Abschreibungen nach § 253 Abs. 3 Sätze 1,2 HGB. Die planmäßige Nutzungsdauer beträgt lt. Sachverhalt 20 Jahre, d.h. die jährliche Abschreibung ist mit 5 % vorzunehmen. Im Jahr der Fertigstellung erfolgt die Abschreibung zeitanteilig.

Herstellungskosten wie ermittelt:	62.000 €
- Abschreibung 5 % für 3 Monate	./. 775 €
= Bilanzansatz zum 31.12.2018	61.225 €

Ein niedrigerer beizulegender Wert nach § 253 Abs. 3 Satz 5 HGB ist nicht ersichtlich.

Steuerrechtlich liegt ebenfalls Anlagevermögen vor, und zwar ein abnutzbares (R 7.1 Abs. 1 Nr. 4 EStR) unbewegliches (R 7.1 Abs. 2 EStR analog) Wirtschaftsgut; R 6.1 Abs. 1 Satz 5 EStR. Die Bewertung der Lagerhalle erfolgt mit den HK abzüglich der Absetzung für Abnutzung nach § 7 Abs. 4 EStG. Die AfA ermittelt sich grundsätzlich nach typisierten Hundertsätzen nach § 7 Abs. 4 Satz 1 EStG; im konkreten Fall wären 3 % nach Nr. 1 der Vorschrift anzusetzen. Ist die tatsächliche Nutzungsdauer jedoch geringer, so kann die höhere AfA vorgenommen werden nach § 7 Abs. 4 Satz 2 EStG. Da lt. Aufgabenstellung der steuerlich niedrigste Gewinn gesucht ist, ist die kürzere Nutzungsdauer anzuwenden.

Lt. SV wurde zum 31.12.2014 eine Rücklage nach § 6b Abs. 10 Satz 5 EStG gebildet. Da lt. Aufgabenstellung diese weitestmöglich aufzulösen ist, erfolgt ein Übertrag auf die HK der Lagerhalle. Nach § 6b Abs. 10 EStG kann der Übertrag binnen 4 Jahren seit Bildung der Rücklage erfolgen.

Gewinne, die in eine Rücklage nach § 6b Abs. 10 Satz 5 EStG übernommen wurden, unterliegen dem Teileinkünfteverfahren nach § 3 Nr. 40a EStG. Bei einem Übertrag auf ein Gebäude ist demzufolge nur der steuerpflichtige Teil zu übertragen; der steuerfrei Teil ist innerbilanziell als Ertrag aufzulösen und außerbilanziell – wegen der Steuerbefreiung – wieder zu kürzen; § 6b Abs. 10 Sätze 2 und 6 EStG.

Die Rücklagenbildung sowie der Übertrag sind ausschließlich in der Steuerbilanz wahrzunehmen. Es handelt sich jeweils um steuerliche Wahlrecht, die unabhängig vom Ansatz in der Handelsbilanz vorzunehmen sind; § 5 Abs. 1 Satz 2 EStG, BMF v. 12.3.2010 a.a.O., Rdn. 13.

Herstellungskosten wie ermittelt:	62.000 €
- 60 % der Rücklage	./. 6.000 €
geminderte HK	56.000 €
- Abschreibung 5 % für 3 Monate	./. 700 €
= Bilanzansatz zum 31.12.2018	55.300 €

Ein niedrigerer Teilwert nach § 6 Abs. 1 Nr. 1 Satz 2 EStG ist nicht ersichtlich.

Handelsrechtliche Berichtigungsbuchungssätze:

Grund und Boden	50.000 €	an	Einlagen	70.000 €
Gebäude	20.000 €			
Außerplanmäßige Abschr.	20.000 €	an	Gebäude	20.000 €
Gebäude (Lagerhalle)	20.000 €	an	Außerplan. Abschr.	20.000 €
Gebäude (Lagerhalle)	12.000 €	an	sonst. Betr. Aufw.	12.000 €
Gebäude (Lagerhalle)	725 €	an	Abschreibungen	725 €

Handelsrechtliche Gewinnauswirkung:

Weniger Abschreibung	+ 725 €
weniger sonst. Betr. Aufwand	+ 12.000 €

Anpassung an den Steuerbilanzgewinn:

AfA in StB 700 €, Abschreibung in HB 775 €; Differenz	+ 75 €

VI. Technische Anlagen, Maschinen oder BGA in der Fallbearbeitung

Hier: Einzelsachverhalt aus der StB-Prüfung 2010

Sachverhalt: (verkürzt dargestellt)[4]

Einzelunternehmer G betreibt ein Restaurant. G hat zum 31.12.2018 eine vorläufige Bilanz erstellt. Hinsichtlich der Behandlung einzelner Geschäftsvorfälle sind ihm Zweifel gekommen. Die Vorjahre bis einschließlich 2017 sind bestandskräftig veranlagt worden. G wendet sich an Sie als dessen Steuerberater und bittet Sie um Überprüfung.

G möchte möglichst wenig Steuern bezahlen. In Zweifelsfragen soll nach der Verwaltungsmeinung entschieden werden.

Aufgabenstellung:

1. Nehmen Sie zu den nachfolgenden Sachverhalten unter Hinweis auf die einschlägigen Rechtsvorschriften Stellung.

2. Geben Sie dabei jeweils noch zur Aufstellung der Steuerbilanz erforderlichen Buchungen für das Wirtschaftsjahr 2018 an und stellen Sie zu jedem Einzelsachverhalt die daraus resultierenden Gewinnauswirkungen dar (Bilanzposten-Methode sowie Gewinn- und Verlust-Posten-Methode).

3. Sollten außerbilanzielle Änderungen erforderlich sein, sind diese anzuführen und deren Auswirkung darzustellen.

Einzelsachverhalt:

Im Rahmen eines Messebesuches hat G am 20.10.2018 für seine betriebliche Computeranlage einen neuen PC-Bildschirm für 300 € zuzüglich 57 € Umsatzsteuer angeschafft. Aufgrund der betrieblichen Nutzungsdauer von 3 Jahren hat G im Jahr 2018 eine Abschreibung von 1/3 vorgenommen.

Außerdem erwarb G am 20.10.2018 ein Computeranwenderprogramm für 2.000 € zuzüglich 380 € Umsatzsteuer (Basic Betriebssystem; Nutzungsdauer 5 Jahre) sowie ein Computerprogramm mit Beständen von Daten, die allgemein bekannt sind und auch jedermann zugänglich sind; für 1.500 € zuzüglich 285 € Umsatzsteuer (Nutzungsdauer 4 Jahre).

Bisherige Verbuchung im Einzelunternehmen G:

Betriebs- und Geschäftsausstattung	300 €			
Sonst. Betr. Aufwand (Software)	3.500 €			
Vorsteuer	722 €	an	Bank	4.522 €
AfA	100 €	an	BGA	100 €

Lösungsvorschlag:

Gedanken vorneweg:

G hat drei Wirtschaftsgüter erworben: einen PC-Bildschirm und zwei Computerprogramme. Betriebliche Veranlassung ist unbestritten, Frage: Aktivierung oder Aufwand? Wenn Aktivierung, welches WG? Bewertung?

Ansatz – Bilanzierung

Zunächst ist festzuhalten, dass alle drei erworbenen Wirtschaftsgüter notwendiges Betriebsvermögen sind nach R 4.2 Abs. 1 Satz 1 EStR, da sie ausschließlich betrieblichen Zwecken dienen. Nach dem Vollständigkeitsgebot des § 246 Abs. 1 HGB sowie dem vollständigen Ausweis

---

[4] Abgewandelt entnommen aus NWB, Steuerberaterklausuren Ausgabe 2016, Steuerberaterprüfung 2010/2016

des Betriebsvermögens nach § 4 Abs. 1 Satz 1 EStG muss eine zwingende Bilanzierung erfolgen, wenn es keine Betriebsausgaben nach § 4 Abs. 4 EStG sind.

PC-Bildschirm

Als Gegenstand stellt der Bildschirm ein abnutzbares (R 7.1. Abs. 1 Nr. 1 EStR), bewegliches (R 7.1 Abs. 2 EStR) Wirtschaftsgut des Anlagevermögens (§ 247 Abs. 2 HGB, R 6.1 Abs. 1 Satz 5 EStR) dar. Die Bewertung erfolgt sowohl in der Handelsbilanz, als auch in der Steuerbilanz mit den AK abzüglich der Abschreibung; § 253 Abs. 3 Sätze 1,2 HGB, § 6 Abs. 1 Nr. 1 Satz 1 EStG

Lt. Sachverhalt betragen die AK (§ 255 Abs. 1 HGB) netto 300 €. Nach § 9b Abs. 1 EStG sind die abziehbaren Vorsteuerbeträge kein Bestandteil der AK.

Fraglich ist, ob der Bildschirm als GWG i. S. d. § 6 Abs. 2 EStG oder § 6 Abs. 2a EStG zu behandeln ist. Voraussetzung hierfür ist, dass – bei Anwendung von § 6 Abs. 2 EStG – die AK 800 € nicht übersteigen (= erfüllt) und der Bildschirm selbständig nutzbar ist. Nach dem Gesetzestext ist ein Wirtschaftsgut nicht selbständig nutzbar, wenn es nach seiner betrieblichen Zweckbestimmung nur zusammen mit anderen Wirtschaftsgütern des Anlagevermögens genutzt werden kann und die in den Nutzungszusammenhang eingefügten Wirtschaftsgüter technisch aufeinander abgestimmt sind; § 6 Abs. 2 Satz 2 EStG, H 6.13 „ABC der nicht selbständig nutzungsfähigen Wirtschaftsgüter – Peripheriegeräte eines PC" EStH. Dies ist hier der Fall. Mangels der selbständigen Nutzungsfähigkeit kann die Regelung des § 6 Abs. 2 EStG und auch die sog. Sammelpostenbewertung nach § 6 Abs. 2a EStG nicht angewendet werden.

Folge: Der Bildschirm ist – wie üblich – mit den AK abzüglich AfA zu bewerten.

Die AfA nach § 253 Abs. 3 Satz 1 HGB, § 7 Abs. 1 Satz 1 EStG ermittelt sich durch eine gleichmäßige Verteilung der AK auf die Nutzungsdauer; lt. SV 3 Jahre. Im Jahr des Erwerbs ist die AfA zeitanteilig vorzunehmen nach § 7 Abs. 1 Satz 4 EStG

AK am 20. 10. 2018	300 €
AfA 1/3 für 3 Monate	./. 25 €
= Bilanzansatz zum 31. 12. 2018	275 €

Basic Systemsoftware

Beim Erwerb von Hardware – z. B. Laptop – wird die installierte Software, die mit der Hardware gemeinsam erworben wird (z. B. Windows), i. d. R. gemeinsam mit der Hardware bilanziert und bewertet.

Beim isolierten Erwerb von Software wird ein immaterielles Wirtschaftsgut; H 5.5 „Immaterielle Wirtschaftsgüter – Computerprogramme" EStH per Kaufvertrag entgeltlich erworben, so dass § 5 Abs. 2 EStG keine Anwendung findet. Immaterielle Wirtschaftsgüter gehören nicht zu den beweglichen Wirtschaftsgütern; H 7.1 „Bewegliche Wirtschaftsgüter" EStH. Somit stellt die Software ein abnutzbares (R 7.1. Abs. 1 Nr. 2 EStR), unbewegliches Wirtschaftsgut des Anlagevermögens (§ 247 Abs. 2 HGB, R 6.1 Abs. 1 Satz 5 EStR) dar. Die Bewertung erfolgt sowohl in der Handelsbilanz, als auch in der Steuerbilanz mit den AK abzüglich der Abschreibung; § 253 Abs. 3 Sätze 1,2 HGB, § 6 Abs. 1 Nr. 1 Satz 1 EStG.

Lt. Sachverhalt betragen die AK (§ 255 Abs. 1 HGB) netto 2.000 €. Nach § 9b Abs. 1 EStG sind die abziehbaren Vorsteuerbeträge kein Bestandteil der AK. Die AfA nach § 253 Abs. 3 Satz 1 HGB, § 7 Abs. 1 Satz 1 EStG ermittelt sich durch eine gleichmäßige Verteilung der AK auf die Nutzungsdauer; lt. SV 5 Jahre. Im Jahr des Erwerbs ist die AfA zeitanteilig vorzunehmen nach § 7 Abs. 1 Satz 4 EStG

AK am 20. 10. 2018	2.000 €
AfA 1/5 für 3 Monate	./. 100 €
= Bilanzansatz zum 31. 12. 2018	1.900 €

Computerprogramm mit Beständen, die allgemein zugänglich sind

HINWEIS:
Eigentlich auch ein immaterielles Wirtschaftsgut, aber „klausurtechnisch" unüblich, dass in Wiederholungen abgefragt wird.

Nach H 5.5 „Keine immateriellen Wirtschaftsgüter" EStH gelten Computerprogramme, die nur Bestände von Daten enthalten, die allgemein bekannt und jedermann zugänglich sind, als materielle, bewegliche und abnutzbare Wirtschaftsgüter des Anlagevermögens; R 7.1. Abs. 1 Nr. 1 EStR, R 7.1 Abs. 2 EStR, § 247 Abs. 2 HGB, R 6.1 Abs. 1 Satz 5 EStR. Die Bewertung erfolgt sowohl in der Handelsbilanz, als auch in der Steuerbilanz mit den AK abzüglich der Abschreibung; § 253 Abs. 3 Sätze 1,2 HGB, § 6 Abs. 1 Nr. 1 Satz 1 EStG.

Lt. Sachverhalt betragen die AK (§ 255 Abs. 1 HGB) netto 1.500 €. Nach § 9b Abs. 1 EStG sind die abziehbaren Vorsteuerbeträge kein Bestandteil der AK.

Die AfA nach § 253 Abs. 3 Satz 1 HGB, § 7 Abs. 1 Satz 1 EStG ermittelt sich durch eine gleichmäßige Verteilung der AK auf die Nutzungsdauer; lt. SV 4 Jahre. Im Jahr des Erwerbs ist die AfA zeitanteilig vorzunehmen nach § 7 Abs. 1 Satz 4 EStG

AK am 20. 10. 2018	1.500 €
AfA 1/4 für 3 Monate	./. 94 €
= Bilanzansatz zum 31. 12. 2018	1.406 €

Korrekturbuchungssatz:

Immaterielle WG (Software)	1.900 €			
BGA (275 + 1.406 - 200)	1.481 €			
AfA (25 + 100 + 94 - 100)	119 €	an	sonst. Betr. Aufwand	3.500 €

Gewinnauswirkung: Bildschirm Software Software (2)

Ansatz bisher	200 €	0	0
Ansatz lt. Lösung	275 €	1.900 €	1.406 €
Differenz	75 €	1.900 €	1.406 € Σ = + 3.381 €

Die Erhöhung der „Aktiv-Posten" führt zu einer Erhöhung des Schlusskapitals und damit zu einer Gewinnerhöhung i. H. v. 3.381 €

	AfA	sonst. Betr. Aufwand	
Bisher	100	3.500	
lt. Lösung	219	0	
Differenz	- 119 €	+ 3.500 €	Σ = + 3.381 €

Auch nach der GuV-Methode ergibt sich die gleiche Gewinnauswirkung.

VII. Veräußerungstatbestände mit Rücklagenbildung in der Fallbearbeitung; hier: Teilaufgabe aus der Steuerberaterprüfung 2009[5], fortgeschrieben auf 2018

Sachverhalt:

E, ein bilanzierender Gewerbetreibender mit einem Jahresgewinn im Jahr 2018 von 1,5 Mio €, veräußerte am 15.1.2018 ein Gebäude, in welchem sich ein Hochregallager für Ersatzteile befand, zum einem Preis von 900.000 € (Anschaffung 1.3.2006, Bauantrag vom 1.6.1992) Davon entfielen auf

- Grund und Boden	250.000 €
- Gebäude	550.000 €
- vollautomatisches Hochregallager	100.000 €

Die Buchwerte lauteten wie folgt:

- Grund und Boden	50.000 €
- Gebäude	300.000 €
- vollautomatisches Hochregallager	10.000 €

Am 2.11.2018 schaffte er ein neues Bürogebäude an, dessen Kaufpreis 800.000 € betragen hat (Grund und Boden 150.000 €, Gebäude 650.000 €).

Aufgabe:

Wie ist der Sachverhalt beider Vorgänge steuerlich zu würdigen?

Welche Gewinnauswirkungen ergeben sich in 2018?

Wie lauten die Buchungen?

Wie hoch ist der Buchwert des Gebäudes in der Bilanz zum 31.12.2018?

HINWEIS:
Im vollautomatischen Hochregallager ist der Aufenthalt von Menschen bei laufendem Betrieb verboten. Umsatzsteuer ist nicht zu berücksichtigen. E möchte in 2018 eine möglichst niedrige Steuerbelastung erreichen.

Lösung:

Gedanken zum Sachverhalt:

Drei bilanzierte Wirtschaftsgüter werden mit Gewinn verkauft, ein bebautes Grundstück, das betrieblichen Zwecken dient, wird erworben.

Gedanken zum Lösungsaufbau:

1. Veräußerungen prüfen und Veräußerungsgewinn ermitteln.

   Evtl. AfA bis zur Veräußerung noch ermitteln

2. Ist der Veräußerungsgewinn zu versteuern oder greifen Rücklagevorschriften

3. Anschaffungskosten für den Erwerb ermitteln, evtl. Rücklagen übertragen.

Darstellung der Lösung:

Die Veräußerung des bebauten Grundstücks einschließlich des Hochregallagers führte zur Aufdeckung von stillen Reserven i.H.v. 540.000 €. Zwecks Minimierung der Steuerlast ist zu prüfen, ob und wie eine sofortige Versteuerung der aufgedeckten stillen Reserven in 2018 vermieden werden kann.

---

[5] Im Wesentlichen entnommen aus „NWB Steuerberaterprüfungsklausuren 2015", Steuerberaterprüfung 2009

§ 6b EStG gestattet die gewinnneutrale Übertragung von Gewinnen, die bei der Veräußerung bestimmter Wirtschaftsgüter (u. a. Grundbesitz) entstehen auf bestimmte Reinvestitionsgüter. Betriebsvorrichtungen gehören nicht dazu. Die R 6b.1 – R 6b.3 erläutern ausführlich die Voraussetzungen und die Übertragungsmöglichkeiten.

Unter Veräußerung i. S. d. § 6b Abs. 1 EStG ist nur die entgeltliche Übertragung des wirtschaftlichen Eigentums auf eine andere Person zu verstehen; R 6b.1 Abs. 1 EStR.

Weitere Voraussetzung ist, dass das veräußerte Wirtschaftsgut mindestens 6 Jahre zum Anlagevermögen gehört hat; § 6b Abs. 4 Satz 1 Nr. 2 EStG, R 6b.3 EStR.

Begünstigt sind nur bestimmte Reinvestitionsmaßnahmen; § 6b Abs. 1 Satz 2 EStG, die zudem innerhalb bestimmter Fristen vorgenommen werden müssen; § 6b Abs. 3 EStG. Die Regelfrist beträgt 4 Jahre nach erstmaliger Bildung der Rücklage. Die Bildung und Auflösung der Rücklage müssen in der Buchführung verfolgt werden können.

Abgesehen vom Hochregallager (= BVO) sind die Voraussetzungen für die Anwendung von § 6b EStG erfüllt. Der auf das Hochregallager entfallende Gewinn i. H. v. 90.000 € ist sofort steuerpflichtig zu erfassen.

Der auf den Grund und Boden und das Gebäude entfallende Gewinn kann hingegen steuerneutral auf Neuanschaffungen im Bereich von Grundbesitz übertragen werden; § 6b Abs. 1 Satz 2 EStG. Soweit eine Gewinnrealisierung beim Grund und Boden eingetreten ist (200.000 €) und die Anschaffungskosten des erworbenen Grundstücks darunter liegen (hier 150.000 €), sind weitere 50.000 € beim Gebäude abziehbar. Die Anschaffungskosten des neuen Gebäudes von 650.000 € ermöglichen ferner den vollen Abzug des Gewinns von 250.000 €. Für das neue Gebäude ergibt sich somit eine AfA-Bemessungsgrundlage von 350.000 €; § 6b Abs. 6 Satz 2 EStG. Die AfA beträgt nach § 7 Abs. 4 Satz 1 Nr. 1 EStG 3 %; also jährlich 10.500 €. Auf 2018 entfallen zeitanteilig für zwei Monate 1.750 €; § 7 Abs. 1 Satz 4 EStG.

HINWEIS:
Bestehen mehrere Übertragungsmöglichkeiten – wie hier Grund und Boden und Gebäude – dann wählen Sie bitte zunächst die Übertragung auf nicht abnutzbare Wirtschaftsgüter. Ansonsten mindern Sie durch die Übertragung die AfA.

Buchungen:

Veräußerung:

Bank	900.000 €	an	Hochregallager	10.000 €
			Grund und Boden	50.000 €
			Gebäude	300.000 €
			Sonst. Betr. Erträge	540.000 €

Erwerb:

Grund und Boden	150.000 €	an	Bank	800.000 €
Gebäude	650.000 €			
Sonst. Betr. Aufwand	450.000 €	an	Grund und Boden	150.000 €
			Gebäude	300.000 €
AfA	1.750 €	an	Gebäude	1.750 €

Der Buchwert des Gebäudes am 31. 12. 2018 beträgt sodann (650.000 € ./. 300.000 € ./. 1.750 €) 348.250 €.

VIII. Die Bilanzberichtigung in der Fallbearbeitung – Teilaufgabe aus der Steuerberaterprüfung 2013[6] – fortgeschrieben auf 2018

Transport und Fahrzeugbau GmbH – Allgemeiner Sachverhalt:

Die Firma Transport und Fahrzeugbau GmbH betreibt ein Fuhrunternehmen und führt Umbauten an Lastkraftwagen durch. Sitz der Gesellschaft ist Wernigerode. Das Stammkapital der im Jahr 2008 gegründeten Gesellschaft beträgt 1.000.000 € und ist voll eingezahlt. Zum 31.12.2017 sind 400.000 € Kapitalrücklagen und 500.000 € Gewinnvortrag ausgewiesen.

Geschäftsführender Gesellschafter der Transport und Fahrzeugbau GmbH ist Max Müller. Er hält 100 % der Anteile. Gewinnausschüttungen wurden für 2017 nicht beschlossen und sind auch für 2018 nicht geplant.

Nach den Betriebsgrößenmerkmalen wird die Transport und Fahrzeugbau GmbH als mittelgroße Kapitalgesellschaft i. S. d. § 267 HGB eingestuft. Das Wirtschaftsjahr der GmbH stimmt mit dem Kalenderjahr überein. Für die Wirtschaftsjahre bis einschließlich 2017 wurden ausschließlich Handelsbilanzen erstellt. Steuerlich abweichende Ansätze oder Bewertungen haben sich bislang nicht ergeben. Aus den Konten des betrieblichen Rechnungswesens ergibt sich ein vorläufiger Jahresüberschuss von 100.000 €. Die Konten des betrieblichen Rechnungswesens enthalten die handelsrechtlich maßgeblichen Werte und Bestände, ohne Berücksichtigung der Ergebnisse der Betriebsprüfung.

Für die Erstellung der Handelsbilanz zum 31.12.2018 und einer ggf. erforderlichen Überleitungsrechnung nach § 60 Abs. 2 Satz 1 EStDV sind für das Jahr 2018 die folgenden Einzelsachverhalte unter Berücksichtigung der Besteuerungsmerkmale noch zu überprüfen.

Für das Jahr 2018 liegen, sofern sich aus dem Sachverhalt nichts anderes ergibt, keine Hinzurechnungen oder Kürzungen zur Ermittlung des Gewerbeertrags und des Einkommens vor. Die Transport und Fahrzeugbau GmbH führt mit den Erlösen aus dem Unternehmen nur zum Vorsteuerabzug berechtigende Umsätze aus.

Aufgaben:

- Erläutern Sie unter Angabe der einschlägigen Vorschriften, wie die nachfolgenden Einzelsachverhalte 1 - 3 unter Berücksichtigung der Besteuerungsmerkmale handelsrechtlich und steuerrechtlich zu behandeln sind. Die für die Erstellung der Handelsbilanz zum 31.12.2018 noch erforderlichen Buchungssätze (ggf. Korrekturbuchungssätze) sind anzugeben.
- Im Falle vom Handelsrecht abweichender steuerlicher Ansätze oder Beträge sind diese den steuerlichen Vorschriften durch eine Überleitungsrechnung anzupassen.
- ……….

Hinweise:

- In der Handelsbilanz soll ein möglichst hohes Eigenkapital ausgewiesen werden, wobei jedoch planmäßige Abschreibungen mit den steuerrechtlichen Absetzungen für Abnutzung übereinstimmen sollen.
- Das steuerliche Ergebnis soll möglichst niedrig ausfallen.
- Steuerrückstellungen sind bisher für 2018 nicht gebucht worden. Soweit erforderlich, sind sie noch zu buchen.
- Soweit aufgrund der Feststellungen der Betriebsprüfung Bilanzpositionen beanstandet bzw. hinzugefügt wurden, liegen auch handelsrechtliche Fehler vor, die jedoch nicht schwerwiegend sind und deshalb eine Korrektur der Bilanzen zum 31.12.2016 und 31.12.2017 nicht erforderlich machen. Die handelsrechtliche Buchführung ist daher im laufenden Jahresabschluss 2018 an das Ergebnis der Betriebsprüfung anzugleichen. Der

---

6 Entnommen und abgewandelt aus NWB, Steuerberater-Prüfungsklausuren Ausgabe 2014

Geschäftsführer wünscht eine Anpassung an den von der Betriebsprüfung festgestellten bilanziellen Mehrgewinn über Gewinnvortrag, über den dann im Rahmen der Gesellschafterversammlung zur Verwendung des Jahresergebnisses entsprechend beschlossen wird.

Einzelsachverhalte:

1. Betriebsprüfung (Bp)

In der Zeit vom 20.11.2018 bis zum 31.1.2019 fand bei der Firma für die Besteuerungsjahre 2016 und 2017 eine steuerliche Bp durch eine Betriebsprüferin des zuständigen Finanzamts statt. Der Bp-Bericht erging zusammen mit den geänderten Steuerbescheiden am 15.2.2019. Folgende Feststellungen wurden getroffen:

1.1. Steuerpflichtige Umsätze

In den Umsatzsteuer-Jahreserklärungen wurden u.a. steuerfreie Umsätze gem. § 4 Nr. 3 UStG von 59.500 € für 2016 und 71.400 € für 2017 angegeben. Da die erforderlichen Nachweise für die Steuerbefreiung nicht erbracht werden konnten, erhöhte die Betriebsprüferin die steuerpflichtigen Umsätze und erstellte folgende Textziffer im Bp-Bericht:

	2016	2017
Steuerpflichtige Umsätze		
Bisher	10.500.000 €	11.000.000 €
Erhöhung lt. Bp	50.000 €	60.000 €
Steuerpflichtige Umsätze lt. Bp	10.550.000 €	11.060.000 €
Steuerfreie Umsätze		
Bisher	209.500 €	311.400 €
Minderung lt. Bp	59.500 €	71.400 €
Steuerfreie Umsätze lt. Bp	150.000 €	240.000 €

Für das Jahr 2018 fehlen die entsprechenden Nachweise für 47.600 €. Entsprechende Umbuchungen würden nicht vorgenommen; berichtigte Umsatzsteuer-Voranmeldungen wurden nicht abgegeben.

1.2. Forderungen aus Lieferungen und Leistungen

Die Betriebsprüferin aktivierte zum 31.12.2017 eine Forderung aus umsatzsteuerpflichtigen Fuhrleistungen i.H.v. 11.900 €, die im Dezember 2017 erbracht, jedoch erst im Januar 2018 in Rechnung gestellt und gebucht wurden. Die Begleichung der Forderung erfolgte im Januar 2019.

1.3. Rückstellung für Provisionen

In den Bilanzen zum 31.12.2016 und 31.12.2017 wurden Rückstellungen für Provisionen (Konto „Sonstige Rückstellungen") von jeweils 40.000 € ausgewiesen, die dem Grunde nach berechtigt sind. Der Höhe nach erfolgte eine Korrektur durch die Bp und zwar auf 24.000 € für 2016 und auf 20.000 € für 2017. Auch für 2018 ist eine Rückstellung für Provisionen auszuweisen. Entsprechend der Ermittlungsmethode der Bp ergeben sich zum 31.12.2018 hierfür 35.000 €. Als Rückstellungsbetrag zum 31.12.2018 werden nach Zuführung von 20.000 € bisher 60.000 € ausgewiesen.

Von der Bp wurde folgende Mehr- und Wenigerrechnung (Bilanzpostenmethode) aufgestellt:

	2016	2017
Erhöhung Forderungen aus Lieferungen und Leistungen		+ 11.900 €
Minderung Rückstellung für Provisionen	+ 16.000 €	./. 16.000 €
		+ 20.000 €
Umsatzsteuer lt. Bp	./. 9.500 €	+ 9.500 €
		./. 22.800 €
Zwischensumme	+ 6.500 €	+ 2.600 €
Körperschaftsteuer-Rückstellung lt. Bp	./. 975 €	+ 975 €
		./. 1.365 €
Gewerbesteuer-Rückstellung lt. Bp	./. 975 €	+ 975 €
		./. 1.365 €
Änderung lt. Bp = steuerlicher Ausgleichsposten	+ 4.550 €	+ 1.820 €
Jahresüberschuss bisher	40.000 €	45.000 €
Jahresüberschuss lt. Bp	44.550 €	46.820 €

Zu den Anlagen des Bp-Berichts gehörte folgende weitere Anlage mit den Bp-Bilanzen:

31. 12. 2016

Aktiva	Handelsbilanz	Bp-Bilanz
Unveränderte Posten	6.000.000 €	6.000.000 €
Summe Aktiva	6.000.000 €	6.000.000 €

Passiva	Handelsbilanz	Bp-Bilanz
Steuerlicher Ausgleichsposten	—	4.550 €
Rückstellung für Provisionen	40.000 €	24.000 €
Umsatzsteuer lt. Bp	—	9.500 €
Körperschaftsteuer lt. Bp	—	975 €
Gewerbesteuer lt. Bp	—	975 €
Unveränderte Posten	5.960.000 €	5.960.000 €
Summe Passiva	6.000.000 €	6.000.000 €

31. 12. 2017

Aktiva	Handelsbilanz	Bp-Bilanz
Forderungen aus Lieferungen und Leistungen	500.000 €	511.900 €
Unveränderte Posten	6.300.000 €	6.300.000 €
Summe Aktiva	6.800.000 €	6.811.900 €

Passiva	Handelsbilanz	Bp-Bilanz
Steuerlicher Ausgleichsposten	—	6.370 €
Rückstellung für Provisionen	40.000 €	20.000 €
Umsatzsteuer lt. Bp	—	22.800 €
Körperschaftsteuer lt. Bp	—	1.365 €
Gewerbesteuer lt. Bp	—	1.365 €
Unveränderte Posten	6.760.000 €	6.760.000 €
Summe Passiva	6.800.000 €	6.811.900 €

Lösungsvorschlag; Transport und Fahrzeugbau GmbH

1. Betriebsprüfung für die Jahre 2016 und 2017

> **HINWEIS:**
> Lt. Sachverhalt fand eine Betriebsprüfung für die Jahre 2016/2017 statt. Über die Prüfungsfeststellungen wurde Einigung erzielt. D. h., egal, ob die Feststellungen berechtigt sind oder nicht, da Einigung erzielt wurde und die Feststellungen in die Veranlagungen eingeflossen sind, ist zunächst ohne weitere Überprüfung eine Bilanzanpassung zum 31.12.2017/1.1.2018 vorzunehmen. Sollten Fehler vonseiten der BP enthalten sein, müsste (erst) in 2018 berichtigt werden.

Zur Herstellung des Bilanzzusammenhangs (hier 31.12.17/1.1.2018) sind für das Jahr 2018 sog. Kapitalangleichungsbuchungen erforderlich. Dabei werden die umgekehrten Gewinnauswirkungen aus 2017 für 2018 in die Buchführung 2018 automatisch eingearbeitet.

Bei **Kapitalgesellschaften** erfolgen die Kapitalangleichungsbuchungen in der nachfolgenden Handelsbilanz im Regelfall erfolgsneutral (z. B. über das Konto „Jahresüberschuss/Jahresfehlbetrag") oder über das „Gewinnvortragskonto" (beides sind Bestandskonten), wenn die nachfolgende (handelsrechtlich richtige) Handelsbilanz der vorhergehenden Prüferbilanz aus Identitätsgründen angepasst werden soll. Wird die nachfolgende Handelsbilanz nicht an die Prüferbilanz angepasst, sind die künftigen Abweichungen zwischen Handelsbilanz und Steuerbilanz durch Zusätze oder Anmerkungen besonders zu erfassen (sog. Überleitungsrechnung nach § 60 Abs. 2 Satz 1 EStDV); wird eine spezielle Steuerbilanz erstellt (§ 60 Abs. 2 Satz 2 EStDV), so ist für die abweichenden Ansätze ein Ausgleichsposten (AP) zu bilden.

Bei den Beanstandungen der Betriebsprüfung handelt es sich auch handelsrechtlich um Fehler, so dass auch die Handelsbilanz zum 31.12.2018 anzupassen ist. Auf Wunsch der GmbH erfolgt die Kapitalangleichungsbuchung über das Gewinnvortragskonto (= passives Bestandskonto, „Eigenkapitalkonto"). Dabei werden nur die Bilanzunterschiede zum 31.12.2017 gebucht. Dabei erscheint der in der Bp-Bilanz gebildete Ausgleichsposten als Gewinnvortrag. Kapitalangleichungsbuchungen 2018:

Forderungen aus Lieferungen und Leistungen	11.900 €			
Rückstellung für Provisionen	20.000 €			
		an	Gewinnvortrag	6.370 €
			Umsatzsteuer	22.800 €
			Steuerrückstellungen	2.730 €

Zusätzlich sind noch die in 2018 gemachten Fehler zu beseitigen. Dabei sind die im Jahr 2018 als umsatzsteuerfrei gebuchten Erlöse von 47.600 € auf steuerpflichtige Umsätze umzubuchen.

Die von der Betriebsprüfung zum 31.12.2017 aktivierte Forderung aus Fuhrleistungen wurde von der GmbH im Januar 2018 bei Rechungserteilung gebucht. Um eine Doppelerfassung zu vermeiden, ist diese Buchung zu stornieren.

Lt. Sachverhalt ergibt sich zum 31.12.2018 eine Provisionsrückstellung von insgesamt 35.000 €. Da zum 31.12.2017 eine solche von 20.000 € gebildet worden war, besteht ein Aufstockungsbedarf von 15.000 €. Bisher wurden in 2018 20.000 € zugeführt (von 40.000 € auf 60.000 €), sodass 5.000 € rückgängig zu machen sind.

Umbuchungen:

Steuerfreie Umsätze	47.600 €	an	Umsatzerlöse 19 %	40.000 €
			Umsatzsteuer	7.600 €
Umsatzerlöse 19 %	10.000 €	an	Forderungen L+L	11.900 €
Umsatzsteuer	1.900 €			
Rückstellungen für Provisionen	5.000 €	an	Sonst. Betr. Aufwand	5.000 €

IX. Buchführung und Bilanzwesen – Übungsklausur Steuerberaterprüfung 2014[7]

Teil 1: Einzelunternehmen Roland Ritter

Allgemeiner Sachverhalt:

Der Kaufmann Roland Ritter (RR) betreibt seit 2004 als Einzelunternehmer auf eigenen und gemieteten Grundstücken in Bremen ein Transportunternehmen. Die Gewinnermittlung erfolgt nach § 5 Abs. 1 EStG. Das Kalenderjahr und das Wirtschaftsjahr stimmen überein. Etwa erforderliche Verzeichnisse nach § 5 Abs. 1 Sätze 2 und 3 EStG werden geführt.

Die Voraussetzungen des § 7g EStG liegen nicht vor.

RR ist zum Vorsteuerabzug berechtigt. Er versteuert seine Umsätze nach vereinbarten Entgelten mit dem Steuersatz von 19 %. Die Belege der Buchführung liegen vor und die Aufzeichnungspflichten wurden beachtet.

RR wünscht im Jahr 2018 zwischen Handels- und Steuerbilanz möglichst keine Abweichungen und er wünscht einen möglichst niedrigen steuerlichen Gewinn. Nach dem vorläufigen Ergebnis der Buchführung nach Handels- und Steuerrecht (ohne Unterschiede) ergibt sich ein Jahresüberschuss i. H. v. 240.000 €.

RR hat Sie gebeten, den Jahresabschluss für das Jahr 2018 zu erstellen. Gehen Sie davon aus, dass Sie diese Arbeit am 30. 4. 2019 erledigen/erledigt haben.

Aufgaben:

Beurteilen Sie die nachfolgenden Einzelsachverhalte 1-3 unter Hinweis auf die gesetzlichen Bestimmungen des Handels- und Steuerrechts sowie die Verwaltungsanweisungen. Nennen Sie dabei auch die bei einer nach Steuerrecht (noch) erforderlichen (Korrektur-) Buchungen.

Stellen Sie in der Anlage die Änderungen des vorläufigen Jahresüberschusses aufgrund der nachstehenden Einzelsachverhalte dar und berechnen Sie den danach ergebenden Jahresüberschuss (Ergebnis laut Buchführung).

Einzelsachverhalte:

1. Überlassung eines Grundstücks

Für seinen Fuhrpark benötigt RR eine größere Parkfläche. Hilde Ritter (HR), die Ehefrau von RR, ist Eigentümerin eines Grundstücks. Ab 1. 2. 2018 hat HR ihrem Ehemann RR aufgrund einer Vereinbarung dieses unbefestigte und unbebaute Grundstück bis auf weiteres zur Nutzung überlassen und ihm auch die Errichtung von Bauten für seinen Gewerbebetrieb erlaubt. Bei Beendigung der Nutzungsmöglichkeit soll RR von HR den Zeitwert etwaiger Bauwerke erstattet bekommen.

Das Grundstück hatte HR im Jahr 2007 für insgesamt 200.000 € erworben und bisher an die Kauffrau Norma Nobel (NN) als Lagerplatz für monatlich 1.000 € umsatzsteuerfrei vermietet. Der Teilwert des Grundstücks im Jahr 2018 beträgt 250.000 €.

RR hat von NN deren Rechte und Pflichten aus dem bis zum 31. 12. 2020 unkündbaren Mietvertrag zum 1. 2. 2018 übernommen. Er hat NN dafür – insbesondere für deren Verzicht auf die weitere Nutzung des Platzes ab Februar 2018 bis zum Ablauf der vereinbarten, unkündbaren Mietzeit – eine Zahlung i. H. v. 7.000 € zuzüglich 19 % USt zugesagt und bezahlt. Dieser Vereinbarung hat auch HR zugestimmt.

Anfang März 2018 entschloss sich RR dazu, auf dem Grundstück befestigte Parkplätze zu errichten. Er beauftragte einen Kleinunternehmer, der § 19 Abs. 1 UStG anwendet, mit der Befestigung des Grundstücks. Das Grundstück wurde mit Schotter und Teer soweit hergerichtet,

---

[7] Entnommen aus „NWB, Steuerberaterprüfungsklausuren, Ausgabe 2015" – geringfügig verändert und angepasst auf den Rechtsstand 2018

dass die Transportfahrzeuge (kleinere LKW) dort in den kommenden 10 Jahren ohne weitere erforderliche Baumaßnahmen abgestellt werden können. Die Arbeiten wurden noch im März 2018 beendet. Die Rechnung des Unternehmers lautete über 4.760 €. Das Material hatte RR aus einem Baumarkt selber erworben und den Rechnungsbetrag von 1.190 € einschließlich 19 % USt überwiesen.

RR hat bisher folgende Buchungen im Februar bzw. im März 2018 vorgenommen.

Grundstücksüberlassung:

| Unbebaute Grundstücke | 250.000 € | an | Einlagen | 250.000 € |

Zahlung an die bisherige Mieterin NN:

Unbebaute Grundstücke	7.000 €			
Vorsteuer	1.330 €	an	Bank	8.330 €

Zahlung für Bauarbeiten zur Grundstücksherrichtung:

Sonstige betriebliche Aufwendungen	4.000 €			
Vorsteuer	760 €	an	Bank	4.760 €

Zahlung für Baumaterial vom Baumarkt:

Aufwendungen für Roh-, Hilfs- und Betriebsstoffe	1.000 €			
Vorsteuer	190 €	an	Bank	1.190 €

Weitere Buchungen sind in diesem Zusammenhang nicht erfolgt.

2. Betriebliche Nutzung eines PKW

Am 2.1.2018 hat RR einen PKW erworben, den er gelegentlich für Betriebsfahrten nutzt. Der Umfang der betrieblichen Nutzung im Verhältnis zur gesamten Nutzung beträgt nachweislich 5 %. Fahrten zwischen Wohnung und Betrieb sind nicht vorgekommen.

RR hat den PKW in vollem Umfang mit den Anschaffungskosten bilanziert und im Januar 2018 gebucht:

Fuhrpark	60.000 €			
Vorsteuer	11.400 €	an	Bank	71.400 €

Die lineare Abschreibung (Absetzung Abnutzung = AfA) unter Berücksichtigung der zutreffenden und hier zu berücksichtigenden Nutzungsdauer von 8 Jahren hat er wie folgt gebucht:

| Planmäßige Abschreibung | 7.500 € | an | Fuhrpark | 7.500 € |

Die gesamten laufenden Kosten für die insgesamt gefahrenen 24.000 km hat RR zutreffend ermittelt. Umsatzsteuer wurde im Jahr 2018 auf Kosten in Höhe von 6.000 € berechnet.

Die zusammengefasste Buchung von RR für die gesamten laufenden Kosten lautete:

Kfz-Kosten	8.000 €			
Vorsteuer	1.140 €	an	Bank	9.140 €

Weitere Buchungen sind in diesem Zusammenhang nicht erfolgt.

3. Einsatz eines betriebswirtschaftlichen Softwaresystems

Im Januar 2018 zog RR in Betracht, in seinem Unternehmen künftig ein betriebswirtschaftliches Softwaresystem (sog. Enterprise Resource Planning = ERP-Software) einzusetzen.

Der gewerbliche EDV-Berater Kurt (KK) ersteilte daraufhin im Auftrag von RR eine auf die betrieblichen Bedürfnisse von RR abgestimmte Planung mit einem Kostenvoranschlag für den Einsatz eines solchen Softwaresystems und berechnete seine Leistung im Februar 2018 mit 10.000 € zuzüglich 19 % USt.

Im März 2018 entschloss sich RR ein solches System in seinem Unternehmen einzusetzen. KK wurde aufgrund eines Werkvertrages von RR beauftragt, eine aus drei Modulen bestehende Unternehmenssoftware zu erstellen und zu implementieren (Herstellen der Einsatzbereitschaft).

Im Juni 2018 wurden den Angestellten von RR die Module und das gesamte System vorgestellt und sie wurden in der Bedienung der Software geschult. Die Rechnung der Firma KK vom Juni 2018 lautete über 6.000 € zuzüglich 19 % USt. Die Schulungen für die drei Module sind vom Umfang gleichwertig.

Die Module „Logistik und Personal" wurden im Juli 2018 in den betrieblichen Räumen implementiert und konnten noch im selben Monat entsprechend der Planung genutzt werden. Berechnet wurden im Juli 2018 von KK dafür 200.000 € zuzüglich 19 % USt.

Das Modul „Finanzen" wurde entsprechend den getroffenen Vereinbarungen im November 2018 in den betrieblichen Räumen implementiert. Ab November wurde damit eine umfassende Integration und Steuerung verschiedener Unternehmensaktivitäten durch das gesamte System erreicht. Berechnet wurden im November 2018 von KK dafür 100.000 € zuzüglich 19 % USt.

Für die vorgenommene Übernahme der Daten aus den bisherigen Systemen (sog. Datenmigration) berechnete KK im Dezember 2018 zusammen 9.000 € zuzüglich 19 % USt. Die Kosten der Datenmigration für jedes Modul wurden mit netto 3.000 € angegeben. Die Bezahlung der Rechnung erfolgte im Januar 2019.

RR hat bisher folgende Buchungen vorgenommen.

Rechnung vom Februar 2018 von KK bei sofortiger Überweisung:

Beratungskosten	10.000 €			
Vorsteuer	1.190 €	an	Bank	11.900 €

Rechnung vom Juni 2018 von KK bei sofortiger Überweisung:

Softwaresystem Logistik	2.000 €			
Softwaresystem Personal	2.000 €			
Softwaresystem Finanzen	2.000 €			
Vorsteuer	1.140 €	an	Bank	7.140 €

Rechnung vom Juli 2018 von KK bei sofortiger Überweisung:

Softwaresystem Logistik	100.000 €			
Softwaresystem Personal	100.000 €			
Vorsteuer	38.000 €	an	Bank	238.000 €

Rechnung vom November 2018 von KK bei sofortiger Überweisung:

Softwaresystem Finanzen	100.000 €			
Vorsteuer	19.000 €	an	Bank	119.000 €

Die Nutzungsdauer betriebswirtschaftlicher Softwaresysteme beträgt zutreffend fünf Jahre. RR hat zum Jahresende 2018 an Absetzungen für Abnutzung (AfA) gebucht:

AfA Softwaresystem Logistik	20.400 €	an	Softwaresystem Logistik	20.400 €
AfA Softwaresystem Personal	20.400 €		Softwaresystem Personal	20.400 €
AfA Softwaresystem Finanzen	20.400 €		Softwaresystem Finanzen	20.400 €

Weitere Buchungen sind in diesem Zusammenhang nicht erfolgt.

Teil II: InKa-GbR

Allgemeiner Sachverhalt:

Die natürlichen Personen Ingo (I) und Karl (K) wollen gemeinsam einen Handels- und Dienstleistungsbetrieb eröffnen: Angeboten werden sollen leistungsfähige Computer nebst Zubehör sowie als besondere Dienstleistung für mittelständische Unternehmen die Erstellung individueller EDV-Programme zur Erhebung, Speicherung und Aufbereitung von Kundendaten.

Dazu soll I, von Beruf Informatiker, den technischen Bereich betreuen. Ihm obliegt der gesamte Einkauf sowie die Konzeption und Programmierung der Datenbank-Software. K, kaufmännisch ausgebildet, wird sich um die Werbung, Kundenbetreuung und ggf. Finanzierung größerer Projekte kümmern.

Als Startkapital stellen beide jeweils 200 000 € zur Verfügung.

K möchte die Kosten einer Handelsregistereintragung sparen. Da er in einem Internetforum gelesen hat, eine „GbR sei nicht eintragungspflichtig", schlägt er die Gründung einer solchen Gesellschaft bürgerlichen Rechts vor.

I und K schließen daraufhin den folgenden – auszugsweise wiedergegebenen – Vertrag:

---

§ 1 Gründung einer Gesellschaft, Gesellschaftszweck

Zum 1.7.2018 gründen wir, die unterzeichnenden I und K, gem. § 705 BGB auf unbestimmte Zeit eine Gesellschaft mit dem Namen „InKa-GbR". Zweck der Gesellschaft ist der Betrieb eines Computer- und Zubehörhandels sowie das Entwickeln, Erstellen und Pflegen von Datenbankprogrammen……

§ 2 Beiträge

Das Gründungskapital der Gesellschaft beträgt 400.000 €; es wird von den Unterzeichnern jeweils zur Hälfte aufgebracht und zu Beginn der Gesellschaft auf deren Konto (Nr. ….. bei der …. Bank) eingezahlt. Nachschüsse können einstimmig beschlossen und eingefordert werden.

I sichert zu, sich mit seiner gesamten Arbeitskraft um … zu kümmern.

K sichert zu, sich mit seiner gesamten Arbeitskraft um … zu kümmern.

§ 3 Beteiligung

An den Gewinnen und Verlusten sowie am Vermögen der Gesellschaft sind die Unterzeichner zu jeweils 50 % beteiligt. Eine Kapitalkontenverzinsung ist ausgeschlossen. Die Unterzeichner dürfen im gegenseitigen Einvernehmen zu Lasten ihres variablen Kapitalkontos (§ 4) Entnahmen vom Bankkonto der Gesellschaft tätigen.

§ 4 Kapitalkonten der Gesellschaft

Die Gesellschaft führt für ihre Gesellschafter jeweils ein festes Kapitalkonto, auf dem das Gründungskapital sowie etwaige Nachschüsse gebucht werden. Daneben wird jeweils ein variables Kapitalkonto eingerichtet, auf dem die Gewinne/Verluste und Entnahmen/sonstige Einlagen auszuweisen sind.

§ 5 Geschäftsführung, Vertretung

…..

K hat für die Gesellschaft eine Buchführung eingerichtet und zum 31.12.2018 die folgende – vereinfacht dargestellte – Einheitsbilanz erstellt:

Aktiva	31.12.2018		Passiva
Geschäftsausstattung	18.000 €	Eigenkapital Ingo fest	200.000 €
Forderungen	350.000 €	variabel	99.600 €
Kasse/Bank	249.600 €	Eigenkapital Karl fest	200.000 €
Sonstige Aktiva	32.000 €	variabel	100.000 €
		Verbindlichkeiten	50.000 €
	649 600 €		649.600 €

Dabei wurde der Jahresüberschuss von 200.000 € entsprechend der jeweiligen Beteiligungsquote auf die variablen Kapitalkonten gebucht. Zur Minderung des variablen Kapitalkontos Ingo um 400 € vgl. Einzelsachverhalt 1.

Aufgaben:

▶ Erörtern Sie die handels-, einkommen- und umsatzsteuerrechtlichen Folgen, die sich aus diesem Sachverhalt sowie aus den nachfolgend geschilderten Einzelsachverhalten 1 - 3 für die Beteiligten (I, K und die Gesellschaft) ergeben.

▶ Geben Sie die ggf. noch erforderlichen Buchungssätze an. Sofern die steuerrechtliche Beurteilung von der des Handelsrechts abweicht, gehen Sie davon aus, dass ein eigener steuerlicher Buchungskreis eingerichtet worden ist.

▶ Erstellen Sie die gesonderte und einheitliche Feststellung der Einkünfte für das Jahr 2018.

Hinweise:

▶ I und K gehen im Übrigen keiner Erwerbs-/ unternehmerischen Tätigkeit nach.

▶ Sie wünschen eine möglichst geringe steuerliche Belastung und haben alle dafür erforderlichen Erklärungen abgegeben /Anträge gestellt.

▶ Der handelsrechtliche Jahresüberschuss soll so gering wie möglich ausfallen.

▶ Etwaige gewerbesteuerliche Auswirkungen sind außer Acht zu lassen.

▶ Von der – bilanzverkürzenden – Darstellung des 268 Abs. 5 Satz 2 HGB soll kein Gebrauch gemacht werden.

▶ Auf latente Steuern ist nicht einzugehen.

Einzelsachverhalte:

1. Computer

I nutzte zur Abwicklung der ersten beiden von K eingeworbenen Aufträge zunächst seinen eigenen, bislang privat genutzten Computer. Der eigentlich hierfür vorgesehene Computer war zwar von der Inka-GbR bestellt worden, konnte aber nicht rechtzeitig ausgeliefert werden. I und K haben daraufhin in einer Zusatzvereinbarung festgelegt, dass I für die Nutzung seines Computers eine Aufwandsentschädigung von monatlich 100 € erhalten soll. I hat diese auch jeweils am Ende der Monate Juli bis Oktober 2018 durch Überweisung auf sein privates Girokonto erhalten. Die Gesellschaft hat die Zahlungen als Entnahme des I gebucht.

Nach Auslieferung des neuen Computers stellte I fest, wie nützlich das parallele Arbeiten an zwei Computern sein kann: während der eine zur Erstellung neuer Programme genutzt wird, kann der andere die bereits fertigen Programme testen. Um dauerhaft so arbeiten zu können, veräußerte er daher seinen Computer Anfang November 2018 an die Gesellschaft.

I hatte den Computer im Juli 2016 aus Einzelkomponenten selbst zusammengestellt und für diese insgesamt 1.190 € (brutto) ausgegeben. Im Hinblick auf die sorgfältig ausgewählten Komponenten besaß der Computer eine Nutzungsdauer von 4 Jahren, d. h. Anfang Juli 2018 noch eine Restnutzungsdauer von 2 Jahren; bei Anschaffung eines vergleichbaren Computers hätte man zu dieser Zeit 400 € zuzüglich 76 € USt ausgeben müssen. Die Gesellschaft hat sich mit I im November 2018 auf einen (angemessenen) Kaufpreis von 360 € geeinigt und diesen Betrag auf dessen privates Girokonto überwiesen. I hat erst auf mehrmaliges Nachfragen des K eine entsprechende Rechnung mit Quittungsvermerk für die Gesellschaft erstellt.

Umsatzsteuer ist darin nicht ausgewiesen. I war sich insoweit zunächst nicht ganz sicher gewesen, hatte dann aber von dem befreundeten Steuerberater S die telefonische Auskunft erhalten, dass „die Veräußerung von Wirtschaftsgütern von einem Gesellschafter an die Gesellschaft gem. H 15.8 Abs. 3 „Tätigkeitsvergütung", 2. Spiegelstrich, EStH nicht steuerbar sei.

Die Gesellschaft buchte den Betrag von 360 € auf dem Konto „Betriebs- und Geschäftsausstattung" und berücksichtigte im Hinblick auf eine geschätzte Verwendung des Computers von noch zwei Jahren eine Abschreibung von 180 €.

Weitere Buchungen sind in diesem Zusammenhang nicht erfolgt.

2. Anzahlung

Am 20.12.2018 erhielt die Gesellschaft vom Kunden Q den Auftrag zur Überarbeitung seiner Ersatzteillager-Datenbank. Da Q dringend auf diese Überarbeitung angewiesen war und die Gesellschaft zu einem zügigen Beginn der Arbeiten bewegen wollte, leistete er sofort eine Anzahlung über 2.380 €. Die Gesellschaft buchte bei Eingang des Betrages am 21.12.2018:

| Bank | 2.380 € | an | Sonstige betriebl. Erträge | 2.380 € |

I begann sofort nach Rückkehr aus seinem Ski-Urlaub am 3.1.2019 mit den Arbeiten an diesem Projekt.

3. Verbindlichkeiten

Die Gesellschaft hatte im Oktober 2018 bei einem im Ausland ansässigen Studienfreund des I mehrere Fachbücher bestellt. Bei postalischer Lieferung der Bücher Anfang Dezember 2018 hat sie den in Fremdwährung ausgestellten Rechnungsbetrag zutreffend in Euro umgerechnet und den sich so ergebenden Betrag von 600 € bei den (sonstigen) Verbindlichkeiten gebucht. I zahlte den sofort fälligen Rechnungsbetrag nicht sogleich, sondern spekulierte noch ein wenig auf günstigere Umrechnungskurse, welches tatsächlich gelang. Bei der Überweisung des Rechnungsbetrages am 15.1.2019 musste er nur umgerechnet 500 € zahlen.

Am 31.12.2018 hätte sich nach dem an diesem Tag maßgebenden Umrechnungskurs („Devisenkassa-mittelkurs") ein Betrag von 550 € ergeben. In der o. a. Bilanz zum 31.12.2018 ist die Verbindlichkeit mit den ursprünglich gebuchten 600 € angesetzt worden.

HINWEIS:

In der Originallösung ergab sich an dieser Stelle eine „Abwandlung zum Sachverhalt"; ein Gründungsfall nach § 24 UmwStG. Auf Umwandlungsfälle wird in diesem Werk nicht eingegangen.

Teil III: Elektronikmarkt GmbH

Allgemeiner Sachverhalt:

Die Firma Elektronikmarkt GmbH (E-GmbH) betreibt einen Elektronikmarkt in gemieteten Räumen. Sitz der Gesellschaft ist Halle (Saale). Das Stammkapital der im Jahr 2004 gegründeten Gesellschaft beträgt 1.000.000 € und ist voll eingezahlt. Geschäftsführender Gesellschafter der E-GmbH ist Fritz Brandt. Er hält 80 % der Anteile; 20 % der Anteile hält Heinrich Brandt. Gewinnausschüttungen wurden für 2017 nicht beschlossen und sind auch für 2018 nicht geplant.

Nach den Betriebsgrößenmerkmalen wird die E-GmbH als mittelgroße Kapitalgesellschaft i. S. d. § 267 HGB eingestuft. Das Wirtschaftsjahr der GmbH stimmt mit dem Kalenderjahr überein. Für die Wirtschaftsjahre bis einschließlich 2017 wurden Handelsbilanzen und wegen steuerlich abweichender Ansätze und Bewertungen Steuerbilanzen gem. § 60 Abs. 2 Satz 2 EStDV erstellt. Zum 31.12.2017 wurden

1. in der Handelsbilanz 0 € Kapitalrücklagen, 200.000 € Gewinnvortrag und 50.000 € Jahresüberschuss ausgewiesen;

2. In der Steuerbilanz Kapitalrücklagen 0 €, ein Gewinnvortrag 170.000 € und der Jahresüberschuss mit 40.000 € ausgewiesen.

Die E-GmbH führt mit den Erlösen aus dem Unternehmen nur zum Vorsteuerabzug berechtigende Umsätze aus. Für die Erstellung der Handelsbilanz zum 31.12.2018 und einer ggf. erforderlichen Steuerbilanz sind für das Jahr 2018 die folgenden Einzelsachverhalte noch zu überprüfen.

Tag der Bilanzaufstellung ist der 31.3.2019.

Aufgaben:

Erläutern Sie unter Angabe der einschlägigen Vorschriften, wie die nachfolgenden Einzelsachverhalte 1 - 5 handelsrechtlich und steuerrechtlich zu behandeln sind. Die für die Erstellung der Handelsbilanz und einer ggf. erforderlichen Steuerbilanz zum 31.12.2018 noch erforderlichen Buchungssätze (ggf. Korrekturbuchungssätze) sind anzugeben. Beachten Sie dabei bitte die Hinweise zu den Buchungskreisen.

Hinweise:

▶ Die Buchhaltung ist so eingerichtet, dass für Buchungen, die handelsrechtlich und steuerrechtlich identisch sind, der Buchungskreis "Alle Bereiche" anzusprechen ist. Im Falle vom Handelsrecht abweichender steuerrechtlicher Buchungen ist jeweils in den besonderen Buchungskreisen "Nur Handelsrecht" und/oder "Nur Steuerrecht" zu buchen.

▶ In der Handelsbilanz soll ein möglichst hohes Eigenkapital ausgewiesen werden.

▶ Das steuerliche Ergebnis soll möglichst niedrig ausfallen, es sei denn, dass durch Gewinn mindernde Buchungen verdeckte Gewinnausschüttungen gem. § 8 Abs. 3 Satz 2 KStG bei der GmbH anfallen.

▶ Das steuerliche Einlagekonto i. S. d. § 27 KStG beträgt zum 31. 12. 2017 und 2018 jeweils 0 €.

▶ Die Ertragssteuerbelastung beträgt 30 % (15 % Körperschaftsteuer, 15 % Gewerbesteuer).

▶ Latente Steuern sind zu berechnen und zu buchen.

▶ Auf den Solidaritätszuschlag ist aus Vereinfachungsgründen nicht einzugehen.

▶ Soweit aufgrund der Feststellungen der Betriebsprüfung Bilanzpositionen beanstandet bzw. hinzugefügt wurden, die auch handelsrechtliche Fehler sind, sind diese nicht schwerwiegend und erfordern deshalb keine Korrektur der Handelsbilanzen zum 31. 12. 2016 und 31. 12. 2017. Die handelsrechtliche Buchführung ist daher insoweit im laufenden Jahresabschluss 2017 an das Ergebnis der Betriebsprüfung anzugleichen. Aus Vereinfachungsgründen ist eine Anpassung an den von der Betriebsprüfung festgestellten handelsrechtlichen bilanziellen Mehrgewinn über Gewinnvortrag vorzunehmen.

▶ Die Anpassung der Steuerbilanz an die Bp ist aus Vereinfachungsgründen ebenfalls über den (steuerlichen) Gewinnvortrag zu erfassen. Ein steuerlicher Ausgleichsposten soll zum 31. 12. 2018 nicht ausgewiesen werden.

Einzelsachverhalte:

1. Betriebsprüfung

In der Zeit vom 20. 11. 2018 bis zum 31. 1. 2019 fand bei der E-GmbH für die Jahre 2016 und 2017 eine steuerliche Betriebsprüfung durch die Betriebsprüferin des zuständigen Finanzamts statt. Der Bp-Bericht erging zusammen mit den geänderten Steuerbescheiden am 15. 2. 2019. Folgende Feststellungen wurden getroffen:

1.1. Handels- und steuerrechtliche Beanstandungen

1.1.1 Warenbestände

Im Rahmen der Inventuren zum 31. 12. 2016 und 31. 12. 2017 wurden versehentlich Fernsehgeräte der Marke XTV nicht erfasst. Die Bp erhöhte deshalb die Warenbestände um die bisher nicht erfassten Geräte mit den Anschaffungskosten wie folgt:

▶ 31. 12. 2016 + 22.000 €

▶ 31. 12. 2017 + 69.000 €

Da der Sachverhalt gleich zu Beginn der Bp von der Betriebsprüferin angesprochen wurde, passierte der Fehler bei der Inventur zum 31. 12. 2018 nicht wieder, so dass der Warenbestand zu diesem Stichtag korrekt ausgewiesen wird.

1.1.2. Rückstellung für Gewährleistungen

Unter den sonstigen Rückstellungen wurden in den Handels- und Steuerbilanzen Rückstellungen für Gewährleistungen von

▶ 50.000 € zum 31. 12. 2016 und

▶ 55.000 € zum 31. 12. 2017

ausgewiesen, die dem Grunde nach berechtigt sind. Der Höhe nach erfolgte eine Korrektur durch die Bp und zwar auf

▶ 20.000 € für 2016 und auf
▶ 30.000 € für 2017.

Auch für 2018 ist eine Rückstellung für Gewährleistungen auszuweisen. Entsprechend der Ermittlungsmethode der Bp ergeben sich zum 31.12.2018 hierfür 40.000 €. Die Feststellung der Bp ist versehentlich bisher bei der Ermittlung des Rückstellungsbetrages zum 31.12.2018 nicht berücksichtigt worden, so dass nach Zuführung von 15.000 € im Buchungskreis „Alle Bereiche" noch 70.000 € im Konto ausgewiesen werden.

1.2 Steuerrechtliche Beanstandungen

1.2.1 Geschäfts- oder Firmenwert

Auf dem Konto Geschäfts- oder Firmenwert wurde der zutreffende, auf den Teil des Firmenwerts entfallende Kaufpreis von 60.000 € für den Erwerb eines Elektrohandels in Dessau-Roßlau am 2.1.2016 gebucht. Die E-GmbH buchte im Buchungskreis „Alle Bereiche" für 2016 und 2017 ausgehend von einer fünfjährigen Nutzungsdauer eine jährliche planmäßige Abschreibung von 12.000 € (§ 246 Abs. 1 Satz 4 i.V.m. § 285 Nr. 13 HGB). Im Rahmen der Bp wurde lediglich die Absetzung für Abnutzung (AfA) gem. § 7 Abs. 1 Satz 3 EStG akzeptiert.

Zum 31.12.2018 wurde im Hinblick auf die Bp-Feststellungen im Buchungskreis „Nur Handelsrecht" eine planmäßige Abschreibung von 12.000 € und im Buchungskreis „Nur Steuerrecht" – ohne Änderung des Anfangsbestandes – eine AfA von 4.000 € gebucht.

1.2.2. Rückstellung für drohende Verluste

Unter den sonstigen Rückstellungen wurden in den Handels- und Steuerbilanzen Rückstellungen für drohende Verluste aus schwebenden Geschäften von

▶ 100.000 € zum 31.12.2016 und
▶ 110.000 € zum 31.12.2017

ausgewiesen, die dem Grunde nach handelsrechtlich berechtigt sind. Da diese Rückstellungen versehentlich auch in den Steuerbilanzen passiviert waren, wurden sie unter Hinweis auf § 5 Abs. 4a EStG steuerlich nicht anerkannt.

Im handelsrechtlichen Jahresabschluss zum 31.12.2018 ist die Rückstellung i.H.v. 120.000 € auszuweisen und wurde im Buchungskreis „Nur Handelsrecht" um 10.000 € erhöht und entsprechend gebucht.

Von der Bp wurde folgende Mehr- und Wenigerrechnung (Bilanzpostenmethode) aufgestellt:

	2016	2017
Erhöhung Warenbestände	+ 22 000 €	- 22 000 € + 69 000 €
Minderung Rückstellung für Gewährleistungen	+ 30 000 €	- 30 000 € + 25 000 €
Erhöhung Firmenwert	+ 8 000 €	- 8 000 € + 16 000 €
Minderung Rückstellung für drohende Verluste	+ 100 000 €	- 100 000 € + 110 000 €
Zwischensumme	+ 160 000 €	+ 60 000 €
Erhöhung Körperschaftsteuer-Rückstellung	- 24 000 €	+ 24 000 € -33 000 €
Erhöhung Gewerbesteuer-Rückstellung	- 24 000 €	+ 24 000 € -33 000 €
Änderung lt Bp = Zuführung zum steuerlichen Ausgleichsposten	112 000 €	42 000 €
Jahresüberschuss lt. Steuerbilanz bisher	20 000 €	40 000 €
Jahresüberschuss lt. Bp	132 000 €	82 000 €

Zu den Anlagen des Bp-Berichts gehört folgende weitere Anlage mit den Bp-Bilanzen:

31.12.2016	Handelsbilanz	Steuerbilanz	Bp-Bilanz
Aktiva			
Unveränderte Posten	8.000.000 €	7.500.000 €	7.500.000 €
Geschäfts- oder Firmenwert	48.000 €	48.000 €	56.000 €
Warenbestände	500.000 €	500.000 €	522.000 €
Summe Aktiva	8.548.000 €	8.048.000 €	8.078.000 €
Passiva			
Steuerlicher Ausgleichposten			112.000 €
Rückstellung für Gewährleistungen	50.000 €	50.000 €	20.000 €
Rückstellung für drohende Verluste aus schwebenden Geschäften	100.000 €	100.000 €	0 €
Körperschaftsteuer lt. Bp			24.000 €
Gewerbesteuer lt. Bp			24.000 €
Unveränderte Posten	8.398.000 €	7.898.000 €	7.898.000 €
Summe Passiva	8.548.000 €	8.048.000 €	8.078.000 €

31.12.2017	Handelsbilanz	Steuerbilanz	Bp-Bilanz
Aktiva			
Geschäfts- oder Firmenwert	36.000 €	36.000 €	52.000 €
Warenbestände	600.000 €	600.000 €	669.000 €
Unveränderte Posten	8.300.000 €	8.100.000 €	8.100.000 €
Summe Aktiva	8.936.000 €	8.736.000 €	8.821.000 €
Passiva			
Steuerlicher Ausgleichposten			154.000 €
Rückstellung für Gewährleistungen	55.000 €	55.000 €	30.000 €
Rückstellung für drohende Verluste aus schwebenden Geschäften	110.000 €	110.000 €	0 €
Körperschaftsteuer lt. Bp			33.000 €
Gewerbesteuer lt. Bp			33.000 €
Unveränderte Posten	8.771.000 €	8.571.000 €	8.571.000 €
Summe Passiva	8.936.000 €	8.736.000 €	8.821.000 €

2. Rangrücktrittsvereinbarung

Der Gesellschafter Heinrich Brandt hat ein kleines Lagergrundstück, das keine wesentliche Betriebsgrundlage darstellt, für einen monatlichen Pachtzins von 500 € an die E-GmbH verpachtet. Die Pacht ist monatlich am 15. fällig. Infolge von Liquiditätsschwierigkeiten bei der E-GmbH wurde zwischen Pächterin und Verpächter am 1.7.2018 mit Wirkung ab Juli 2018 vereinbart, dass die Pachtforderung von Heinrich Brandt hinter die Forderungen aller übrigen Gläubiger zurücktritt und nur aus den Gewinnen künftiger Wirtschaftsjahre zu zahlen ist (Rangrücktritt).

Gebucht wurde Januar – Juni 2018 monatlich jeweils (Buchungskreis „Alle Bereiche"):

Pachtaufwand	500 €	an	Bank	500 €

3. Verrechnungskonto

Die E-GmbH hat auf einem Verrechnungskonto (Forderung gegen Gesellschafter) regelmäßig nach Einbuchung der Gehälter Auszahlungen für private Zwecke (Wohnungsmiete, Lebensversicherungsbeiträge, Haushaltsgeld usw.) des Gesellschafters Fritz Brandt abgebucht. Da die Sollbuchungen auf dem Verrechnungskonto die Habenbuchungen übersteigen, entstand eine Forderung der Kapitalgesellschaft gegen den Gesellschafter, die Darlehenscharakter hat. In der Vereinbarung über das Verrechnungskonto ist von Anfang an Darlehensrückzahlung gewollt.

Die Verzinsung ist angemessen und bis zum 31.12.2018 dem Verrechnungskonto gutgeschrieben worden. Zum 31.12.2018 wird auf dem Verrechnungskonto eine Forderung von 300.000 € ausgewiesen.

Der Gesellschafter Fritz Brandt ist hoch verschuldet. Im Laufe des Jahres 2018 hat sich herausgestellt, dass mit einer Rückzahlung allenfalls nur noch zum Teil zu rechnen ist. Die Werthaltigkeit dieser Forderung ist daher eingeschränkt und beträgt aufgrund einer voraussichtlich dauernden Wertminderung nur noch 60.000 €. Buchungen erfolgten nicht.

4. Grundstücksveräußerung

Mit notariellem Vertrag vom 20.12.2018 veräußerte die E-GmbH ein nicht mehr benötigtes Lagergrundstück zum Preis von 250.000 € an den Erwerber Müller. Als Tag des Übergangs von Besitz, Nutzungen, Gefahr und Lasten wurde ebenfalls der 20.12.2018 vereinbart. Der Buchwert des im Jahres 2005 angeschafften Lagergrundstücks betrug 100.000 €. Die Kaufpreiszahlung erfolgte am 10.1.2019.

Am 20.12.2018 wurde gebucht (Buchungskreis „Alle Bereiche"):

Aufwand aus Abgang von Gegenständen des Anlagevermögens	100.000 €	an	Unbebaute Grundstücke	100.000 €
Forderungen aus Lieferungen und Leistungen	250 000 €	an	Erlöse aus dem Abgang von Gegenständen des Anlagevermögens	250 000 €

5. Ausschüttung (Einlagenrückgewähr) der Audio GmbH

Die E-GmbH ist zu 100 % an der Audio GmbH mit Sitz in Halle (Saale) beteiligt. Eine Organschaft besteht nicht. Der Buchwert der im Anlagevermögen aktivierten Beteiligung beträgt zum 31.12.2017 in Handelsbilanz und Steuerbilanz 100.000 €. Das Wirtschaftsjahr der Audio GmbH ist vom 01.02. bis zum 31.01. Das gesamte – in Handelsbilanz und Steuerbilanz gleich hohe – Eigenkapital der Audio GmbH zum 31.1.2018 beträgt 250.000 €, davon Stammkapital 50.000 € und Kapitalrücklagen gem. § 272 Abs. 2 Nr. 4 HGB 200.000 €. Die seinerzeit in der Kapitalrücklage der Audio GmbH erfassten Nachschüsse in Höhe von 200.000 € wurden bei der E-GmbH in der Handelsbilanz zutreffend nicht als Anschaffungskosten erfasst, da sie nicht zu einer nachhaltigen Werterhöhung der Anteile führten. In der Steuerbilanz wurden die Nachschüsse korrekt als nachträgliche Anschaffungskosten erfasst. Infolge zulässiger Teilwertabschreibung im Jahr 2016 beträgt der Buchwert der Beteiligung auch in der Steuerbilanz 100.000 €. Gemäß entsprechendem Feststellungsbescheid zum 31.1.2018 verfügt die Audio GmbH über ein steuerliches Einlagenkonto (§ 27 KStG) von 200.000 €. Der ausschüttbare Gewinn i.S.d. § 27 Abs. 1 Satz 5 KStG zum 31.1.2018 beträgt 0 €. Am 15.3.2018 beschloss die Audio GmbH eine Ausschüttung (Einlagenrückgewähr) für das Wirtschaftsjahr 2017/2018 in Höhe von 120.000 €, die am 18.6.2018 (§ 30 Abs. 2 GmbHG) vollzogen wurde. Mit der Überweisung wurde von der Audio GmbH eine ordnungsgemäße Bescheinigung nach § 27 Abs. 3 KStG erstellt. Bei der E-GmbH wurde die Ausschüttung im Buchungsbereich „Alle Bereiche" wie folgt gebucht:

15.3.2018

Forderungen aus Beteiligungen an verbundenen Unternehmen	120.000 €	an	Erträge aus Beteiligungen an verbundenen Unternehmen	120.000 €

18.6.2018

Bank	120.000 €	an	Forderungen aus Beteiligungen an verbundenen Unternehmen	120.000 €

X. Steuerberaterprüfung 2014 – Lösung der Prüfungsaufgabe aus dem Gebiet der Buchführung und des Bilanzwesens

Teil I: Einzelunternehmer Roland Ritter

1. Überlassung eines Grundstücks

Schritt: Sachverhalt kurz „erzählen"

1. RR hat vermietetes unbebautes Grundstück von HR übernommen und den Mieter ausbezahlt.
   RR hat auf diesem Grundstück Baumaßnahmen getätigt
   RR muss an HR keine Nutzungsentschädigung bezahlen.
2. Lösungsaufbau – evtl. in zeitlicher Abfolge
   „Übernahme" Grundstück von HR – wer bilanziert? Ansatz klären
   Abfindung an bisherigen Mieter klären
   Eigene Baumaßnahme? – Welches Wirtschaftsgut?
   - Bilanzierungsfähig? – Ansatz? Wenn ja, ab wann?
   - Bewertung der eigenen Baumaßnahme
3. Buchungssätze bilden lt. Aufgabenstellung
4. Berichtigten Jahresüberschuss ermitteln lt. Aufgabenstellung

Zur **Bilanzierung von Vermögensgegenständen/Wirtschaftsgütern** ist grundsätzlich der Eigentümer berechtigt und verpflichtet (§ 5 Abs. 1 EStG, § 246 Abs. 2 HGB). Dabei knüpfen aber weder das Handelsrecht noch das Steuerrecht unbedingt an das bürgerlich-rechtliche Eigentum an. Ist ein Vermögensgegenstand/Wirtschaftsgut nicht dem Eigentümer, sondern einem anderen wirtschaftlich zuzurechnen, hat dieser ihn in seiner Bilanz auszuweisen. Steuerrechtlich ist das wirtschaftliche Eigentum gesetzlich verankert in § 39 Abs. 2 AO. Nach § 39 Abs. 2 Nr. 1 Satz 1 AO ist die Rechtsstellung des wirtschaftlichen Eigentümers dadurch gekennzeichnet, dass er den zivilrechtlichen Eigentümer im Regelfall für die gewöhnliche Nutzungsdauer von der Einwirkung auf das Wirtschaftsgut wirtschaftlich ausschließen kann. Das ist hier nicht der Fall: RR kann die bürgerlich-rechtliche Eigentümerin nicht für die gewöhnliche (bei einem unbebauten Grundstück praktisch „ewige") Nutzungsdauer von der Einwirkung auf das Wirtschaftsgut wirtschaftlich ausschließen; er ist nur „bis auf Weiteres" zur Nutzung berechtigt.

Auch handelsrechtlich besteht zwar ein Vorrang des wirtschaftlichen Eigentums vor dem rechtlichen Eigentum (§ 246 Abs. 1 Satz 2 HGB). Zwischen dem steuerrechtlichen und dem handelsrechtlichen Begriff des „wirtschaftlichen Eigentums" bestehen keine Unterschiede. RR ist folglich auch handelsrechtlich weder rechtlicher noch wirtschaftlicher Eigentümer des Grundstücks und damit zur Bilanzierung weder in der Handelsbilanz noch in der Steuerbilanz berechtigt.

Erfolgen **Ablösezahlungen an weichende Mieter**, um alsbald mit der Herstellung eines Wirtschaftsguts (z. B. Neubaus) beginnen zu können, handelt es sich um Herstellungskosten des Wirtschaftsguts. In anderen Fällen (wie hier) führen Abfindungen zu einem entgeltlich erworbenen immateriellen Wirtschaftsgut, das entsprechend der Restlaufzeit des Nutzungsverzichts des Mieters/Pächters (hier 1. 2. 2018 – 31. 12. 2020) abzuschreiben ist (BFH v. 2. 3. 1970 - GrS - 1/69, BStBl 1970 II 382). Auf keinen Fall stellen sie AK für den Grund und Boden dar. Da der Entschluss, eine Platzbefestigung zu errichten, erst einen Monat nach Erlangung der vorzeitigen Nutzungsmöglichkeit gefasst wurde, erfolgte die Ablösezahlung auch nicht, um eine Platzbefestigung herzustellen; insofern mangelt es an der nötigen Kausalität. Im Ergebnis ist somit ein immaterieller Vermögensgegenstand bzw. ein immaterielles Wirtschaftsgut zu aktivieren (§ 5 Abs. 2 EStG, § 246 Abs. 1 HGB).

Die Bewertung erfolgt mit den Anschaffungskosten (hier 7.000 €) abzüglich AfA (§ 253 Abs. 1 und 3 HGB, § 6 Abs. 1 Nr. 1 EStG, § 7 Abs. 1 EStG). Bei einer Nutzungsdauer von 2 Jahren und 11 Monaten beträgt die jährliche AfA in Monaten gerechnet (7.000 € · 12/35 =) 2.400 €. Im Anschaffungsjahr kann die AfA gem. § 7 Abs. 1 Satz 4 EStG nur zeitanteilig beansprucht werden: 11/12 von 2.400 € = 2.200 €.

Die Behandlung der in Rechnung gestellten USt in Höhe von 1.330 € als Vorsteuer ist nicht zu beanstanden, da gem. § 9b Abs. 1 EStG der Vorsteuerbetrag auch nicht zu den Anschaffungskosten für das immaterielle Wirtschaftsgut gehört, wenn eine Abzugsberechtigung besteht. Die Voraussetzungen für den Vorsteuerabzug sind offensichtlich erfüllt (§ 15 Abs. 1 Nr. 1 UStG).

> **HINWEIS:**
> Soweit Baumaßnahmen von einem Unternehmer-Ehegatten auf einem dem Nichtunternehmer-Ehegatten gehörenden Grundstück erfolgen, hat sich die rechtliche Beurteilung geändert. Die nachfolgende Lösung entspricht somit „nicht der Originallösung", sondern orientiert sich am BMF-Schreiben vom 16.12.2016 - IV C 6 - S 2134/15/10003, BStBl 2016 I 1431.

Die **Befestigung des Grund und Bodens**, um diesen als Parkplatz nutzen zu können, führt **nicht** zu einem abnutzbaren Vermögensgegenstand bzw. Wirtschaftsgut. Der Parkplatz ist dem zivilrechtlichen und wirtschaftlichen Eigentümer, HR, zuzurechnen und bei ihr Privatvermögen.

Die von RR getragenen Aufwendungen sind als **eigener Aufwand** als Betriebsausgaben nach § 4 Abs. 4 EStG zu berücksichtigen. Sie sind in einem **Aufwandsverteilungsposten** in der Bilanz abzubilden. Dieser Aufwandsverteilungsposten ist **kein Wirtschaftsgut** und kann auch nicht Träger von stillen Reserven sein.

Die Aufwandsverteilung erfolgt hier über die „Nutzungsdauer"; auch wenn der Mietvertrag vor Ablauf der „Nutzungsdauer" gekündigt werden sollte, würde lt. SV eine Entschädigung für den übertragenen Restwert geleistet werden.

Der gesamte Aufwand ergibt sich aus den Bauarbeiten und dem Baumaterial. Die verrechenbare Vorsteuer i. H. v. 190 € gehört gem. § 9b Abs. 1 EStG nicht dazu. Aus der Rechnung des Kleinunternehmens ergibt sich keine verrechenbare Vorsteuer. Die gesamten Kosten betragen somit 5.760 €. Lt. Sachverhalt beträgt die „Nutzungsdauer" zehn Jahre, so dass der Aufwandsverteilungsposten über 120 Monate aufzulösen ist. Da die Maßnahme im März 2018 fertiggestellt war, ergibt sich für 2018 ein anteiliger Aufwand von 1/10 von 5.760 = 576 €, hiervon 10/12 = 480 €

Buchungen bzw. Korrekturbuchungen:

Einlagen	250.000 €	an	Unbebaute Grundstücke	250.000 €
Immaterielle Werte	7.000 €	an	Unbebaute Grundstücke	7.000 €
Planmäßige Abschreibungen	2.200 €	an	Immaterielle Werte	2.200 €
Aufwandverteilungsposten	5.760 €	an	S.b. Aufwendungen Vorsteuer Aufwendungen für RHB	4.000 € 760 € 1.000 €
Abschreibung	480 €	an	Aufwandverteilungsposten	480 €

2. Betriebliche Nutzung eines Pkw

> **HINWEIS:**
> 1. Schritt: Sachverhalt kurz „erzählen"
>   RR nutzt ein erworbenes Fahrzeug geringfügig für betriebliche Zwecke
> 2. Lösungsaufbau
>   Ansatz (Bilanzierung) des Fahrzeugs? Fahrzeugkosten? Betrieblich Aufwendungen sind Betriebsausgaben!
> 3. Buchungssätze bilden lt. Aufgabenstellung

Wirtschaftsgüter, die nicht Grundstücke oder Grundstücksteile sind und die zu mehr als 90 % privat genutzt werden, gehören steuerlich in vollem Umfang zum notwendigen Privatvermögen; R 4.2 Abs. 1 Satz 5 EStR. Auch handelsrechtlich bestimmt § 242 Abs. 1 Satz 1 HGB, dass der Kaufmann „sein Vermögen" zu bilanzieren hat.

Auch umsatzsteuerlich gilt, dass für einen Gegenstand, den der Unternehmer zu weniger als 10 % für sein Unternehmen nutzt, der Vorsteuerabzug für die Anschaffung entfallende Vorsteuer unzulässig ist (§ 15 Abs. 1 Satz 2 UStG). Durch die Bezahlung des gesamten Kaufpreises vom betrieblichen Bankkonto ergibt sich vor diesem Hintergrund eine Geldentnahme in Höhe von 71.400 €. Entsprechendes gilt für 95 % der gezahlten Kfz-Kosten.

Gleichwohl sind Aufwendungen einschl. AfA, soweit sie betrieblich veranlasst sind, auch dann Betriebsausgaben, wenn das Wirtschaftsgut zum Privatvermögen gehört (§ 4 Abs. 1 Satz 8 EStG, R 4.7 Abs. 1 Satz 2 EStR, § 246 Abs. 1 HGB). Dabei ist von den tatsächlichen und nachgewiesenen Aufwendungen auszugehen. Auch umsatzsteuerlich gilt, dass der Unternehmer bei Bezug einer Leistung, die teilweise für unternehmerische und nichtunternehmerische Tätigkeit erfolgt (teilunternehmerische Verwendung), im Umfang der beabsichtigten Verwendung für seine unternehmerische Tätigkeit zum Vorsteuerabzug berechtigt ist; A 15.2 Abs. 15a Satz 6 UStAE).

Im Einzelnen:

„Fiktive (private) Abschreibung":	71.400 €/8 =	8.925 €	
Privater Anteil 5 %		447 €	447 €
Übrige Kfz-Kosten		8.000 €	
Privater Anteil 5 %		400 €	400 €
Vorsteuer: 5 % von 1.140 €			57 €

Buchungen bzw. Korrekturbuchungen:

Entnahmen	71.400 €	an	Fuhrpark Vorsteuer	60 000 € 11 400 €
Fuhrpark	7.500 €	an	Planm. Abschreibung Einlagen	7.053 € 447 €
Entnahmen	8.683 €	an	Kfz-Kosten Vorsteuer	7.600 € 1.083 €

3. Einsatz eines betriebswirtschaftlichen Softwaresystems

HINWEIS:
1. Schritt: Sachverhalt kurz „erzählen"
   RR hat Software erworben und seine Mitarbeiter entsprechend geschult
2. Lösungsaufbau
   Ansatz (Bilanzierung) der Software?
   Hier ERP-Software; BMF v. 18.11.2005 IV B 2 - S 2172 - 37/05 BStBl 2005 I 1025
   (Hinweis: Ohne Wissen dieser Verwaltungsanweisung fällt die Lösung schwer.....)
3. Buchungssätze bilden lt. Aufgabenstellung

Die ERP-Software ist regelmäßig Standardsoftware und stellt ein immaterielles Wirtschaftsgut des Anlagevermögens dar. Dabei bilden alle Module zusammen – wegen ihres einheitlichen Nutzungs- und Funktionszusammenhangs – ein Softwaresystem (**d. h. ein Wirtschaftsgut**). Dies gilt auch, wenn die Module zu unterschiedlichen Zeitpunkten oder von unterschiedlichen Softwareherstellern erworben werden (BMF v. 18.11.2005, a.a.O., Rdn. 2).

Ist Gegenstand der Verträge mit dem Anbieter und/oder mit Dritten ein gegen Entgelt einzurichtendes Softwaresystem (Erwerb einer Standardsoftware und ihre Implementierung), liegt ein aktivierungspflichtiger Anschaffungsvorgang vor (BMF v. 18.11.2005, a.a.O., Rdn.3). Es handelt sich um ein abnutzbares immaterielles Wirtschaftsgut des Anlagevermögens (§ 246 Abs. 1 HGB, § 5 Abs. 1 EStG, R 4.2 Abs. 1 Satz 1, R 6.1 Abs. 1 EStR).

Das ERP-Softwaresystem kann gem. § 7 Abs. 1 Satz 1 EStG nur linear abgeschrieben werden. Als betriebsgewöhnliche Nutzungsdauer wird grundsätzlich ein Zeitraum von 5 Jahren angenommen (BMF v. 18.11.2005, a.a.O., Rdn. 22).

Planungskosten umfassen die Aufwendungen für die Analyse der Geschäftsprozesse, die notwendige Vorstufe für die Einführung einer ERP-Software ist. Diese sind Anschaffungsnebenkosten, soweit sie in direktem Zusammenhang zum anzuschaffenden Softwaresystem stehen und nach der Kaufentscheidung anfallen (BMF v. 18.11.2005, a.a.O., Rdn. 5). Das ist hier nicht der Fall. Die Kosten von 10.000 € netto entfallen auf den Kostenvoranschlag und sind vor der Kaufentscheidung entstanden. Es handelt sich hierbei um sog. Vorkosten, die vor der Kaufentscheidung angefallen sind; sie sind sofort als Betriebsausgaben abziehbar (BMF v. 18. 11. 2005, a. a. O., Rdn. 14).

Die in Rechnung gestellte Vorsteuer wurde zutreffend behandelt (§ 15 Abs. 1 Satz 1 Nr. 1 UStG). Sie gehört gem. § 9b Abs. 1 EStG auch nicht zu den Anschaffungskosten des Softwaresystems.

Wird ein eingerichtetes Softwaresystem angeschafft, beginnt die Abschreibung mit der Betriebsbereitschaft des Wirtschaftsgutes. Die Betriebsbereitschaft ist mit dem Abschluss der Implementierung hergestellt. Bei der stufenweisen Einführung von Modulen ist der Zeitpunkt der Betriebsbereitschaft der ersten Module für den Beginn der AfA maßgeblich (BMF v. 18. 11. 2005, a. a. O., Rdn 20). Der Abschreibungszeitraum beginnt damit im Juli 2018.

Wird das vorhandene Softwaresystem durch nachträglich angeschaffte Module – unabhängig vom Hersteller – erweitert, handelt es sich um nachträgliche Anschaffungskosten des Wirtschaftsgutes Softwaresystem, da sie nach ihrer Integration unselbständige Bestandteile dieses Wirtschaftsgutes sind (BMF v. 18. 11. 2005, a. a. O., Rdn. 9). Unter sinngemäßer Anwendung der Regelung in R 7.4 Abs. 9 Satz 3 EStR sind nachträglichen Herstellungskosten so zu berücksichtigen, als wären sie im Zeitpunkt der Betriebsbereitschaft aufgewendet worden, hier also im Juli 2018. Die Anschaffungskosten für das Softwaresystem betragen somit 300.000 €. Die jährliche AfA beträgt gem. § 7 Abs. 1 Satz 1 EStG bei fünf Jahren Nutzungsdauer 60.000 €. Auf das Anschaffungsjahr entfallen gem. § 7 Abs. 1 Satz 4 EStG 30.000 €. Zum 31. 12. 2018 ergibt sich sodann ein Bilanzansatz von 270.000 €.

Aufwendungen für die Übernahme von Daten (z. B. Kunden- und Lieferantenstammdaten) aus Alt- oder Vorgängersystemen (Datenmigration) sind sofort als Betriebsausgaben abziehbar (BMF v. 18. 11. 2005, a. a. O., Rdn. 19). Da KK seine Leistung in 2018 erbracht hat, ergibt sich zum 31. 12. 2018 eine Verbindlichkeit (§ 246 Abs. 1 i. V. m. § 252 Abs. 1 Nr. 5 HGB, § 5 Abs. 1 EStG). Die Verbindlichkeit ist mit dem Erfüllungsbetrag (hier = Nennwert) zu bewerten (§ 253 Abs. 1 Satz 2 HGB, § 5 Abs. 1 EStG): 10.710 €. RR ist im Dezember 2018 zur Vorsteuerabzug berechtigt, da die Rechnung im Dezember 2018 vorliegt (§ 15 Abs. 1 Nr. 1 Satz und 2 UStG).

Buchungen bzw. Korrekturbuchungen:

Sonst. betriebl. Aufwendungen	6.000 €	an	Softwaresystem Logistik	2.000 €
			Softwaresystem Personal	2.000 €
			Softwaresystem Finanzen	2.000 €
Softwaresystem	300.000 €	an	Softwaresystem Logistik	100.000 €
			Softwaresystem Personal	100.000 €
			Softwaresystem Finanzen	100.000 €
Planmäßige Abschreibungen	30.000 €	an	Softwaresystem	30.000 €
Softwaresystem Logistik	20.400 €	an	AfA Softwaresystem Logistik	20.400 €
Softwaresystem Personal	20.400 €		AfA Softwaresystem Personal	20.400 €
Softwaresystem Finanzen	20.400 €		AfA Softwaresystem Finanzen	20.400 €
Sonst. betriebl. Aufwendungen	9.000 €	an	Verbindlichkeiten aus LuL	10.710 €
Vorsteuer	1.710 €			

Ermittlung des berichtigten Jahresüberschusses 2018:

	+	-	
Bisheriger JÜ – HB und StB:			240.000 €
Änderungen lt. SV 1:			
planmäßige Abschreibung			./. 2.200 €
Minderung sonst. Betr. Aufwand			4.000 €
Minderung Aufwand für RHB			1.000 €
Abschreibung Aufwandsverteilungsposten			./. 480 €
Änderungen lt. SV 2:			
Minderung planmäßige Abschreibung			7.053 €
Minderung Kfz-Kosten			7.600 €
Änderungen lt. SV 3:			
Erhöhung sonst. Betr. Aufwand			./. 6.000 €
			./. 9.000 €

planmäßige Abschreibungen		./. 30.000 €
Minderung bisherige AfA		61.200 €
Summe Mehrungen	80.853 €	+ 80.853 €
Summe Minderungen	47.680 €	./. 47.680 €
Berichtigter Jahresüberschuss in HB/StB		273.173 €

Teil II: InKa-GbR

HINWEIS:
Bei diesem Sachverhalt sind lt. Aufgabenstellung „Allgemeine Aussagen" zur GbR gefordert wie z. B. Handelsregistereintrag u. ä. Also sollte man zunächst die GbR vorstellen.

Allgemeiner Sachverhalt

Es trifft zu, dass eine GbR nicht in das Handelsregister eingetragen wird, denn das HGB kennt keine GbR. Schließen sich zwei oder mehr Personen zu einer Gesellschaft zusammen, müssen sie sich, wenn sie ein Handelsgewerbe i. S. von § 1 Abs. 2 HGB betreiben, als OHG oder KG organisieren. Mit Abschluss des Gesellschaftsvertrages ohne Haftungsausschluss und der Zahlung des Gründungsbeitrags haben I und K eine OHG gegründet (§ 105 Abs. 1 HGB). Die OHG ist gem. § 106 Abs. 1 HGB zur Eintragung ins Handelsregister anmeldepflichtig. Sie muss die für Kaufleute geltenden handelsrechtlichen Vorschriften beachten (§ 6 Abs. 1 HGB), insbesondere die Regelungen zur Buchführungspflicht (§ 238 ff. HGB). Gem. § 140 AO muss sie diese Regelungen auch im Hinblick auf die Besteuerung befolgen.

Durch die Gewährung der Gesellschaftsrechte von der OHG an I und K ergibt sich umsatzsteuerlich keine Leistung im wirtschaftlichen Sinne, so dass eine Personengesellschaft bei der Aufnahme eines Gesellschafters an diesen keinen steuerbaren Umsatz erbringt (A 1.6 Abs. 2 UStAE).

1. Computer

HINWEIS:
1. Schritt: Sachverhalt kurz „erzählen"
   Der Gesellschafter I nutzt einen „privaten" Computer für betriebliche Zwecke – gegen Entgelt – und veräußert diesen dann an die Gesellschaft.
2. Lösungsaufbau
   Ansatz (Bilanzierung) des Computers? Betriebsvermögen?
   Behandlung des Entgelts
   Veräußerung an die Gesellschaft
3. Lt. Aufgabenstellung Behandlung in Handels- und Steuerbilanz begründen; für jede Bilanz wurde ein eigener Buchungskreis eingerichtet.
   Hier auch die umsatzsteuerliche Würdigung prüfen.

Handelsrechtliche Betrachtung

Die Zahlung der Aufwandsentschädigung aus dem Gesamthandsvermögen führt mangels betriebsfremder Veranlassung nicht zu einer Entnahme. Da sie vielmehr betrieblich veranlasst ist (Computer-Nutzung im Interesse der OHG), stellt sie eine Betriebsausgabe dar.

Korrekturbuchung:

Sonstige betriebliche Aufwendungen	400 €	an	Entnahmen I	400 €

Der anschließende Erwerb des Computers durch die OHG ist grundsätzlich ein nach § 253 Abs. 1 und 3 HGB zu behandelnder aktivierungspflichtiger Vorgang. Allerdings entspricht es kaufmännischer Übung, geringwertige Vermögensgegenstände sofort abzuschreiben. Denn zu den Grundsätzen ordnungsmäßiger Buchführung (§ 243 Abs. 1 HGB) gehört auch der Grundsatz der Wirtschaftlichkeit, der es erlaubt, zeitaufwendige und unergiebige Arbeiten, deren Ergebnis vernachlässigbar ist, zu vermeiden. Es kann deshalb von Anschaffungskosten für einen sofort abschreibbaren geringwertigen Vermögensgegenstand i. H. v. 360 € ausgegangen werden.

Korrekturbuchung:

Sofortabschreibung geringwertige Vermögensgegenstände	360 €	an	Geschäftsausstattung Planm. Abschreibung	180 € 180 €

Steuerrechtliche Betrachtung

Zwischen Personengesellschaften und ihren Gesellschaftern abgeschlossene Verträge sind zivilrechtlich wirksam. Die auf der Grundlage solcher Verträge gezahlten Vergütungen der Gesellschaft an den Gesellschafter mindern den handelsrechtlichen Gewinn. Steuerrechtlich sind derartige Vereinbarungen mit den ihnen innewohnenden bürgerlich-rechtlichen Konsequenzen (z. B. Mieten, Zinsen) wegen § 15 Abs. 1 Satz 1 Nr. 2 EStG unbeachtlich: Bei den von der Gesellschaft an den Gesellschafter gezahlten Vergütungen (hier: Miete) handelt es sich steuerrechtlich um Gewinnanteile des Gesellschafters.

Vorliegend erfüllt die Aufwandsentschädigung den Tatbestand des § 15 Abs. 1 Satz 1 Nr. 2, 2. Alternative EStG (Vergütung für die Überlassung von Wirtschaftsgütern). Es ergibt sich für I eine sog. Sonderbetriebseinnahme in Höhe von 400 €. Da der Betrag privat vereinnahmt wurde, liegt eine Entnahme nach § 4 Abs. 1 Satz 2 EStG (aus dem Sonderbetriebsvermögen) vor.

Das Betriebsvermögen einer gewerblich tätigen Personengesellschaft wird nicht nur durch die im Gesamthandseigentum der Mitunternehmer stehenden Wirtschaftsgüter gebildet. Nach ständiger Rechtsprechung zählen hierzu vielmehr auch Wirtschaftsgüter, die einem Mitunternehmer zustehen, die jedoch geeignet und bestimmt sind, dem Betrieb der Personengesellschaft (Sonderbetriebsvermögen I) oder der Beteiligung des Mitunternehmers (Sonderbetriebsvermögen II) zu dienen (R 4.2 Abs. 2 EStR). Das Sonderbetriebsvermögen kann in einer eigens für die Mitunternehmerschaft erstellten Steuerbilanz oder in einer sog. Sonderbilanz zur Steuerbilanz erfasst werden. Rechtsgrundlage für die Einbeziehung von Sonderbetriebsvermögen in das steuerliche Betriebsvermögen der Mitunternehmerschaft ist § 4 Abs. 1 Satz 1 EStG im Hinblick auf den Begriff „Betriebsvermögen".

Durch die Nutzung des gesellschaftereigenen Computers für die OHG gehört dieser zum Betriebsvermögen der OHG in Gestalt von **Sonderbetriebsvermögen I** beim Gesellschafter I. Da der Computer bisher zum Privatvermögen des I gehört, gelangt er durch eine **Einlage** in das Sonderbetriebsvermögen I (§ 4 Abs. 1 Satz 8 EStG). Einlagen sind mit dem Teilwert für den Zeitpunkt der Zuführung anzusetzen, höchstens jedoch mit den Anschaffungs- oder Herstellungskosten, wenn das zugeführte Wirtschaftsgut innerhalb der letzten drei Jahre vor dem Zeitpunkt der Zuführung angeschafft oder hergestellt worden ist (§ 6 Abs. 1 Nr. 5 Buchst. a EStG). Das ist hier der Fall (Herstellung des Computers Juli 2016, Beginn der Nutzung durch die OHG Juli 2018).

Bei der Einlage eines abnutzbaren Wirtschaftsguts sind die Anschaffungs- oder Herstellungskosten um Absetzungen für Abnutzung zu kürzen, die auf den Zeitraum zwischen der Anschaffung oder Herstellung des Wirtschaftsguts und der Einlage entfallen (§ 6 Abs. 1 Nr. 5 Satz 2 EStG). Die Herstellungskosten haben 1.190 € betragen. Das vier Jahre nutzbare Wirtschaftsgut ist im Einlagezeitpunkt zwei Jahre alt; es ergeben sich somit im Einlagezeitpunkt fortgeführte Herstellungskosten von 595 €. Da dieser Wert über dem Teilwert von 400 € liegt, ist der Teilwert zugrunde zu legen.

Auf die Einlage ist **§ 6 Abs. 2 EStG** anwendbar (geringwertiges Wirtschaftsgut). Der Einlagewert übersteigt nicht 800 € und der Computer ist offensichtlich einen selbständigen Nutzung fähig. Damit steht der steuerlichen Sofortabschreibung nichts im Weg.

Bei der Übertragung von Wirtschaftsgütern aufgrund von Kauf- oder Werklieferungsverträgen hängt die steuerrechtliche Behandlung davon ab, aus welcher Vermögensart (Gesamthandsvermögen, Sonderbetriebsvermögen, einzelunternehmerisches Betriebsvermögen, Privatvermögen) das Wirtschaftsgut kommt und in welche Vermögensart es überführt wird. Wird ein Einzelwirtschaftsgut z. B. aus dem Privatvermögen in das betriebliche Gesamthandsvermögen der Personengesellschaft übertragen, stellt dies eine **Anschaffung** i. S. von § 6 Abs. 1 Nr. 1 oder 2 EStG seitens der Gesellschaft dar, wenn die Gegenleistung (Barzahlung, Kreditierung) dem gemeinen Wert des Wirtschaftsguts entspricht. Für den Gesellschafter bedeutet dies eine Veräußerung, die ggf. unter § 23 EStG fällt. Ähnliches gilt, wenn ein Wirtschaftsgut des Sonderbetriebsvermögens in das Gesamthandsvermögen **verkauft** (entgeltlich übertragen) wird. Für die OHG ergeben sich Anschaffungskosten in Höhe von 360 €, die im Wege der Sofortabschreibung zu Betriebsausgaben führen (s. o. unter „handelsrechtliche Betrachtung"). Für I ergibt sich ein Gewinn in gleicher Höhe in seinem Sonderbetriebsvermögen. Da der Betrag privat vereinnahmt wurde, liegt eine Entnahme (aus dem Sonderbetriebsvermögen) vor.

Mit der entgeltlichen Überlassung des Computers an die OHG und dem anschließenden Verkauf desselben an die OHG (als Hilfsgeschäft, A 2.7 Abs. 2 UStAE) ist I **umsatzsteuerlich** unternehmerisch tätig geworden (§ 2 Abs. 2 UStG). Er hat außerdem steuerbare Leistungen i. S. des UStG ausgeführt (§ 1 Abs. 1 Nr. 1 UStG). Die Geringfügigkeit der Umsätze erlaubt jedoch die Behandlung des I als Kleinunternehmer nach § 19 Abs. 1 UStG. USt wird nicht geschuldet.

Buchungen im Sonderbetriebsvermögen des I

Sofortabschreibung GWG	400 €	an	Einlagen	400 €
Entnahmen	400 €	an	Sonstige betriebliche Erträge	400 €
Entnahmen	360 €	an	Sonstige betriebliche Erträge	360 €

2. Anzahlung

HINWEIS:
1. Schritt: Sachverhalt kurz „erzählen"
   Erhaltene Anzahlung? Erlös oder Verbindlichkeit?
   Umsatzsteuerliche Behandlung
2. Lt. Aufgabenstellung Behandlung in Handels- und Steuerbilanz begründen; für jede Bilanz wurde ein eigener Buchungskreis eingerichtet.

Handelsrechtliche Betrachtung

Erhaltene Anzahlungen stellen Vorleistungen auf von anderer Seite noch zu erbringende Leistungen dar. Sie sind mangels Gewinnrealisierung (vgl. § 252 Abs. 1 Nr. 4 HGB) ergebnisneutral zu bilanzieren. Dies geschieht nach der sog. Nettomethode, d. h. die erhaltene Anzahlung wird ohne die USt passiviert. Die vormals auch praktizierte Bruttomethode ist durch den Wegfall des § 250 Abs. 1 Satz 2 HGB a. F. unzulässig geworden.

Da die USt gem. § 13 Abs. 1 Nr. 1a Satz 4 UStG entstanden ist, muss sie entsprechend passiviert werden.

Korrekturbuchung:

| Sonstige betriebliche Erträge | 2.380 € | an | Erhaltene Anzahlungen | 2.000 € |
| | | | USt | 380 € |

Steuerrechtliche Betrachtung:

Auch steuerrechtlich sind erhaltene Anzahlungen mangels Gewinnrealisierung (vgl. § 252 Abs. 1 Nr. 4 HGB) ergebnisneutral zu bilanzieren (§ 5 Abs. 1 Satz 1 EStG).

Aus § 5 Abs. 5 Satz 2 Nr. 2 EStG, wonach auf der Aktivseite als Aufwand berücksichtigte Umsatzsteuer auf am Abschlussstichtag auszuweisende Anzahlungen anzusetzen sind, lässt sich der Schluss ziehen, dass neben der Nettomethode (siehe oben) steuerrechtlich auch die Bruttomethode als zulässig angesehen wird. Bei der Brutto-Methode wird die gesamte Anzahlung auf dem Konto „Erhaltene Anzahlungen" passiviert, weil in dieser Höhe eine Rückzahlungsverpflichtung besteht. Für die dann gewinnmindernd zu buchende USt ist auf der Aktivseite ein Posten „Umsatzsteuer auf Anzahlungen" zu bilden. Vorliegend wäre bei Anwendung der Brutto-Methode von Anfang an zu buchen gewesen:

| Bank | 2.380 € | an | Erhaltene Anzahlungen | 2.380 € |
| Steueraufwand | 380 € | an | USt | 380 € |

| USt auf Anzahlungen (A-RAP) | 380 € | an | Steueraufwand | 380 € |

Erforderliche steuerliche Korrekturbuchung (zur vorhandenen Buchung lt. Sachverhalt) bei Anwendung der Brutto-Methode

| USt auf Anzahlungen (A-RAP) | 380 € | an | Erhaltene Anzahlungen | 380 € |

3. Verbindlichkeiten

HINWEIS:
1. Schritt: Sachverhalt kurz „erzählen"
   Fremdwährungsverbindlichkeiten – Handels- und steuerliche Bewertung?
2. Lt. Aufgabenstellung Behandlung in Handels- und Steuerbilanz begründen; für jede Bilanz wurde ein eigener Buchungskreis eingerichtet.

Handelsrechtliche Betrachtung

Auf fremde Währung lautende, unterjährig fällige Verbindlichkeiten sind zum Devisenkassamittelkurs am Abschlussstichtag umzurechnen. Dabei sind auch – entgegen § 252 Abs. 1 Nr. 4 Halbsatz 2 HGB – nicht realisierte Gewinn auszuweisen (§ 256a HGB), wenn die Restlaufzeit weniger als ein Jahr beträgt. Unter Anwendung des Devisenkassamittelkurses beträgt die Sonstige Verbindlichkeit 550 €.

Korrekturbuchung:

| Sonstige Verbindlichkeiten | 50 € | an | Sonstige betriebliche Erträge | 50 € |

Steuerrechtliche Betrachtung

Verbindlichkeiten in ausländischer Währung werden wie Schulden in inländischer Währung bewertet, d. h. sie sind mit den Anschaffungskosten oder dem **höheren Teilwert** anzusetzen (§ 6 Abs. 1 Nr. 3 und 2 EStG). Für Schulden gilt also statt des Niederstwertprinzips das Höchstwertprinzip mit der Folge, dass nichtrealisierte Verluste gewinnmindernd zu berücksichtigen sind, wenn sie dauerhaft sind.

Im Zeitpunkt der Lieferung war die Verbindlichkeit gegenüber dem ausländischen Studienfreund mit den Anschaffungskosten von 600 € zu bewerten. Da die Schuld am 31. 12. 2018 infolge Kurssenkung einen niedrigeren Teilwert hat (550 €), ist sie weiterhin mit 600 € zu bewerten. Steuerrechtlich kommt eine Bewertung unter den Anschaffungskosten nicht in Betracht (§ 5 Abs. 6 i.V. mit § 6 Abs. 1 Nr. 2 und 3 EStG). Die vorstehende Korrekturbuchung ist steuerlich nicht vorzunehmen.

Einheitliche und gesonderte Gewinnfeststellung für 2018

Der steuerliche Gewinn der OHG im Gesamthandsbereich berechnet sich wie folgt:

Ausgangsbetrag lt. Sachverhalt	200.000 €
Aufwandsentschädigung Computer	- 400 €
Sofortabschreibung GWG	-180 €
Korrektur Anzahlungen	- 2.380 €
Steuerlicher Gewinn im Gesamthandsbereich	197.040 €
Anteil I	98.520 €
Anteil K	98.520 €

Das Ergebnis im Sonderbereich des I stellt sich wie folgt dar:

Einnahme Aufwandsentschädigung	+ 400 €
Einlage Computer und Abschreibung	- 400 €
Gewinn aus Veräußerung des Computers	+ 360 €
Ergebnis im Sonderbereich	+ 360 €

Zusammenfassung:

Gesamthandsbereich	Gesamt	I	K
§ 15 Abs. 1 Nr. 2, 1. Alternative EStG	197040 €	98520 €	98520 €
Sonderbereich			
§ 15 Abs. 1 Nr. 2, 2. Alternative EStG	+ 360 €	+ 360 €	
Steuerliches Gesamtergebnis	197400 €	98880 €	98520 €

Teil III: Elektronikmarkt GmbH

HINWEIS:

Sachverhalt kurz „erzählen":

Die BP hat die Jahre 2016 und 2017 geprüft und es wurde Einigung erzielt.

Folge: Anpassung in 2018; Anpassungsbuchung und Folgewirkungen für 2018 ermitteln; Schlussbilanzposten mit Gewinnauswirkung zum 31.12.2018 ermitteln. Dabei sind die bisherigen Reaktionen der GmbH mit zu beachten und evtl. zu korrigieren.

1. Betriebsprüfung

Nach Bilanzberichtigungen oder Bilanzänderungen infolge von Betriebsprüfungen werden in der Regel sog. **Kapitalangleichungsbuchungen** erforderlich. Diese betreffen die Situation, dass z. B. eine Bilanz zum 31.12.01 (die letzte Bilanz des Prüfungszeitraumes) durch eine Außenprüfung berichtigt und der Prüfungsbericht Mitte 02 zugestellt wurde, sodass die laufende Buchführung für 02 auf den Bestandskonten als Anfangsbestände die (steuerrechtlich falschen) Bestände vom 31.12.01 ausweist.

Zur Herstellung des Bilanzzusammenhangs (31.12.01/1.1.02) sind für 02 dann Kapitalangleichungsbuchungen erforderlich. Die umgekehrten Gewinnauswirkungen aus 01 für 02 werden durch die richtigen Kapitalangleichungsbuchungen in die Buchführung 02 automatisch eingearbeitet. Die Kapitalangleichungsbuchungen erstrecken sich lediglich auf die Differenzen bei Besitzposten und Schulden zum Schluss des letzten Prüfungsjahres.

Bei **Kapitalgesellschaften** erfolgen die Kapitalangleichungsbuchungen in der nachfolgenden Handelsbilanz im Regelfall erfolgsneutral (z. B. über die Bestandskonten „Jahresüberschuss/Jahresfehlbetrag" oder über das Gewinnvortragskonto), wenn die nachfolgende (handelsrechtlich richtige) Handelsbilanz der vorhergehenden Prüferbilanz aus Identitätsgründen angepasst werden soll. Wird die nachfolgende Handelsbilanz nicht an die Prüferbilanz angepasst, sind die künftigen Abweichungen zwischen Handelsbilanz und Steuerbilanz in der Handelsbilanz besonders zu vermerken (§ 60 Abs. 2 Satz 1 EStDV); wird eine spezielle Steuerbilanz erstellt (§ 60 Abs. 2 Satz 2 EStDV), so ist für die abweichenden Ansätze ein Ausgleichsposten (AP) zu bilden (Buchung: Bestandskonto an AP, AP an Bestandskonto).

Nach der Aufgabenstellung sollen die Kapitalangleichungsbuchungen sowohl für den handels- wie auch für den steuerrechtlichen Bereich über das Gewinnvortragskonto erfolgen. Dem wird hier gefolgt.

Anpassungsbuchung 2018: „Alle Bereiche"

Warenbestand	69.000 €	an	Gewinnvortrag (Saldo)	28.000 €
Rückstellung für Gewährleistung	25.000 €		Steuerrückstellungen	66.000 €

Das Konto „Rückstellung für Gewährleistung" entwickelt sich in 2018 wie folgt:

	Lt. Buchführung	Zutreffend
Stand 31.12.2017	55.000 €	30.000 €
Stand 31.12.2018	70.000 €	40.000 €
Zuführung	15.000 €	10.000 €

Wie sich aus der vorstehenden Übersicht ergibt, wurden in 2018 5.000 € zu viel der Rückstellung zugeführt.

Buchung 2018: „Alle Bereiche"

| Rückstellung für Gewährleistung | 5 000 € | an | Sonstige betriebliche Aufwendungen | 5 000 € |

Rückstellungen für drohende Verluste dürfen steuerrechtlich nicht gebildet werden (§ 5 Abs. 4a EStG).

Anpassungsbuchung 2018: „Nur Steuerrecht"

| Firmenwert | 16.000 € | an | Gewinnvortrag | 126.000 € |
| Rückstellung für drohende Verluste | 110.000 € | | | |

Die Konten Firmenwert und Rückstellungen für drohende Verluste entwickeln sich wie folgt:

Firmenwert	HB/StB	Bp-Bilanz
Stand 31.12.2017	36.000 €	52.000 €
Abschreibung 2018	./. 12.000 €	./. 4.000 €
Stand 31.12.2018	24.000 €	48.000 €

Rückstellung für drohende Verluste		
Stand 31.12.2017	110.000 €	0 €
Zuführung 2018	+ 10.000 €	0 €
Stand 31.12.2018	120.000 €	0 €

Aus alledem ergeben sich zum 31.12.2018 folgende Unterschiede zwischen Handels- und Steuerbilanz:

Bestandskonto	Handelsbilanz	Steuerbilanz	Unterschied
Firmenwert	24.000 €	48.000 €	24.000 €
Rückstellung für drohende Verluste	120.000 €	0 €	120.000 €
Summe			144.000 €

Bestehen zwischen den handelsrechtlichen Wertansätzen von Vermögensgegenständen, Schulden und Rechnungsabgrenzungsposten und ihren steuerlichen Wertansätzen Differenzen, die sich in späteren Geschäftsjahren voraussichtlich abbauen, ist eine sich daraus insgesamt ergebende Steuerbelastung als passive latente Steuern in der Bilanz anzusetzen. Eine sich daraus insgesamt ergebende Steuerentlastung kann als aktive latente Steuern in der Bilanz angesetzt werden (§ 274 Abs. 1 HGB). Die vorstehenden Differenzen sind nicht permanent und führen künftig zu Steuerentlastungen. Die Bildung aktiver latenter Steuern in der Handelsbilanz ist somit zulässig und auch beantragt.

144.000 € · 30 % = 43.200 € latente Steuerentlastung.

Buchung 2018: „Nur Handelsrecht"

| Aktive latente Steuern | 43.200 € | an | Steuern vom Einkommen und Ertrag | 43.200 € |

2. Rangrücktrittvereinbarung

Eine im Rang zurückgetretene Verbindlichkeit ist grundsätzlich weiterhin in der HB und der StB auszuweisen, da sie trotz Rangrücktritts vollumfänglich geschuldet wird. In der HB ist Pachtverbindlichkeit Juli – Dezember 2018 i. H. v. 3.000 € als Fremdkapital auszuweisen (§ 247 Abs. 1 HGB).

Buchung 2018: „Nur Handelsrecht"

| Pachtaufwand | 3.000 € | an | Verbindlichkeiten aus Lief. u. Leist. | 3.000 € |

Die Umqualifizierung der Tilgungsmodalitäten („aus Gewinnen künftiger Wirtschaftsjahre zu zahlen") führt steuerlich allerdings zur Anwendung des § 5 Abs. 2a EStG. Hiernach kommt eine

Passivierung erst in Betracht, wenn Gewinne angefallen sind. Im Buchungskreis „Nur Steuerrecht" ist keine Buchung vorzunehmen. Die vorstehende Differenz ist nicht permanent und führt künftig zu einer Steuerentlastung. Die Bildung aktiver latenter Steuern in der Handelsbilanz ist somit zulässig und auch beantragt.

3.000 € · 30 % = 900 € latente Steuerentlastung

Buchung 2018: „Nur Handelsrecht"

| Aktive latente Steuern | 900 € | an | Steuern vom Einkommen und Ertrag | 900 € |

HINWEIS:

Zum „Rangrücktritt" siehe auch BMF v. 8. 9. 2006 - IV B 2 - S 2133 - 10/06, BStBl 2006 I 497

3. Verrechnungskonto

HINWEIS:

Schritt: Sachverhalt kurz „erzählen"
Forderungen ggü. Gesellschafter – Handels- und steuerliche Bewertung?

In der Handelsbilanz erfolgt die Bewertung der Forderung nach § 253 Abs. 4 Satz 2 HGB mit dem beizulegenden Wert. Dieser beträgt lt. Sachverhalt 60.000 € und muss angesetzt werden (Niederstwertprinzip).

Steuerrechtlich besteht diesbezüglich ein Wahlrecht (§ 6 Abs. 1 Nr. 2 Satz 2 EStG). Eine Bindung an die Handelsbilanz besteht nicht (§ 5 Abs. 1 Satz 2 EStG). Voraussetzung für die Ausübung steuerlicher Wahlrechte ist, dass die Wirtschaftsgüter, die nicht mit dem handelsrechtlich maßgeblichen Wert in der steuerlichen Gewinnermittlung ausgewiesen werden, in besondere, laufend zu führende Verzeichnisse aufgenommen werden.

Würde steuerlich auf 60.000 € abgeschrieben, würde sich dadurch ein durch das Gesellschaftsverhältnis bedingter Aufwand ergeben. Dieser würde wiederum eine verdeckte und einkommenserhöhende Gewinnausschüttung darstellen (§ 8 Abs. 3 Satz 2 KStG). Nach der Aufgabenstellung war auf die Teilwertabschreibung zu verzichten.

Buchung 2018: „Nur Handelsrecht"

| Außerplanmäßige Abschreibungen | 240.000 € | an | Verrechnungskonto Brandt | 240.000 € |

Die vorstehende Differenz ist zwar nicht permanent, sie führt aber künftig zu keiner Steuerentlastung, weil eine spätere Abschreibung auf den niedrigen Teilwert durch eine gleichhohe verdeckte und einkommenserhöhende Gewinnausschüttung kompensiert würde. Es ist deshalb keine latente Steuer abzubilden.

4. Grundstücksveräußerung

HINWEIS:

Schritt: Sachverhalt kurz „erzählen"
Eine „ganz normale" Grundstücksveräußerung – Behandlung in Handelsbilanz und Steuerbilanz
Evtl. Begünstigung nach § 6b?

Die vorgenommenen Buchungen sind nicht zu beanstanden. Da das steuerliche Ergebnis möglichst niedrig sein soll, ist in der StB eine Rücklage nach § 6b Abs. 3 EStG einzustellen, da die Voraussetzungen des § 6b Abs. 4 Nr. 1 – 4 EStG sämtlich erfüllt sind; insbesondere die 6-jährige Zugehörigkeit zum Anlagevermögen. Voraussetzung ist ferner, dass Bildung und Auflösung der Rücklage in der Buchführung verfolgt werden können (§ 6b Abs. 4 Nr. 5 EStG).

Es handelt sich hierbei um ein steuerliches Wahlrecht, das unabhängig vom Ansatz in der Handelsbilanz ausgeübt werden kann. Bei Abweichung zum Handelsrecht sind Formvorschriften zu beachten; § 5 Abs. 1 Sätze 2, 3 EStG

Buchung 2018: „Nur Steuerrecht"

| Sonst. betriebl. Aufwendungen | 150.000 € | an | Rücklage nach § 6b EStG | 150.000 € |

Hierdurch ergibt sich eine nicht permanenter Unterschied zwischen HB und StB, der künftig zu einer Steuerbelastung führt. Es kommt also die Bildung einer passiven Steuerabgrenzung in Betracht (§ 274 Abs. 1 Satz 1 HGB). Die latenten Steuern betragen 30 % von 150.000 € = 45.000 €.

Buchung 2018: „Nur Handelsrecht"

| Steuern vom Einkommen und Ertrag | 45.000 € | an | Passive latente Steuern | 45.000 € |

5. Ausschüttung (Einlagenrückgewähr) der Audio GmbH

Die Rückzahlung eingezahlter Nachschüsse ist unter den Voraussetzungen des § 30 Abs. 2 GmbHG zulässig. Handelsrechtlich ist die Behandlung als Beteiligungsertrag nicht zu beanstanden, insbesondere ist der „Davon-Vermerk" für Beteiligungserträge aus verbundenen Unternehmen beachtet worden (§ 275 Abs. 2 Nr. 9 und Abs. 3 Nr. 8 HGB).

Steuerlich ist zu beachten, dass der ausschüttbare Gewinn 0 € beträgt. Damit erfolgt die Ausschüttung in vollem Umfang aus dem steuerlichen Einlagekonto (§ 27 Abs. 1 Satz 3 und Abs. 3 KStG) und führt zu einer Minderung des Beteiligungsansatzes in Höhe des Buchwerts in Höhe von 100.000 €.

Buchung 2018: „Nur Steuerrecht"

| Erträge aus Beteiligungen aus verbundenen Unternehmen | 100.000 € | an | Anteile an verbundenen Unternehmen | 100 000 € |

Soweit die Einlagenrückgewähr den Buchwert übersteigt (hier 20.000 €), ergibt sich auch steuerlich ein Ertrag. Auf den Ertrag ist die Steuerbefreiung des § 8b Abs. 2 KStG anzuwenden (BMF v. 28.4.2003 - IV A 2 - S 2750a - 7/03, BStBl 2003 I 292, Rdn. 6). Außerbilanzielle Korrektur − 20.000 €. 5 % des steuerfreien Ertrags gelten als nicht abziehbare Betriebsausgabe (§ 8b Abs. 3 Satz 1 KStG). Außerbilanzielle Korrektur + 1.000 €.

Bei der Beteiligung ergibt sich zwischen HB (Ansatz unverändert 100.000 €) und StB (Ansatz 0 €) ein Unterschied in Höhe von 100.000 €. Diese Differenz ist auch nicht permanent. Gleichwohl kommt die Bildung passiver latenter Steuern nach § 274 Abs. 1 Satz 1 HGB nur eingeschränkt in Betracht. Denn Veräußerungsgewinne bei Beteiligungen sind in Höhe von 95 % steuerfrei (§ 8b Abs. 3 KStG). Die spätere Steuerbelastung ist somit auf 5 % von 100.000 € = 5.000 € beschränkt. Daraus folgt eine passive latente Steuer in Höhe von 30 % von 5.000 € = 1.500 €.

Buchung 2018: „Nur Handelsrecht"

| Steuern vom Einkommen und Ertrag | 1.500 € | an | Passive latente Steuern | 1.500 € |

STICHWORTVERZEICHNIS

A

Abbruchkosten 49
Absetzung für Abnutzung 57
Absetzung für außergwöhnliche technische und wirtschaftliche Abnutzung 58
Absetzung für Substanzverringerung 58
Abstandszahlungen 40
Anschaffungsnaher Herstellungsaufwand 48
Anschaffungskosten 22, 29, 47
Anschaffungskosten – Sonderfälle 23
Außenanlagen 43

B

Belieferungsrechte 41
Betriebs- und Geschäftsausstattung 53
Betriebsvermögen 16, 17, 53
Betriebsvermögen – Gebäude 45
Betriebsvermögensvergleich 13
Betriebsvorrichtungen 43
Bilanzänderung 81
Bilanzanpassung 77
Bilanzberichtigung 78
Bilanzberichtiung und Bilanzenzusammenhang 79

D

Domain-Namen 38

E

Eigentumsvorbehalt 16
Einlagen 19
Entnahmen 18
Erbbaurecht 52
Erfüllungsbetrag 70

F

Forschungs- und Entwicklungskosten 37

G

Gebäude 41
Gebäude – Fall aus der StB-Prüfung 2014 83 ff.
Gebäude – Absetzung für Abnutzung 50, 51
Gebäude – nachträgliche AK oder HK 48
Gebäudebestandteile 43, 45
Gedächtnis – Kurzzeitgedächtnis, Langzeitgedächtnis 7
Gehirn 7
Geringwertige Wirtschaftsgüter 55
Grund und Boden 43
Grundstücksteile von untergeordneter Bedeutung 46

H

Herstellungskosten 25, 48

I

Immaterielle Wirtschaftsgüter 37

K

Klausurtypen 4
Klausurtechnik 7

L

Leasing 16, 60
Leistungs-AfA 57
Lernen 7
Lernplan 10
Lernprozess 9
Lerntyp – visuell, auditiv, kinästhetisch 8
Lösungsskizze 11

M

Maschinen 53
Maßgeblichkeitsgrundsatz 14
Methodenlehre 7
Musterlösung – Bewertungsmaßstäbe bei abnutzbarem Anlagevermögen 28
Musterlösung – Bewertungsmaßstäbe bei nicht abnutzbarem Anlagevermögen 31
Musterlösung – Bewertungsmaßstäbe beim Umlaufvermögen 34

N

Nachträgliche Anschaffungskosten 24
Nießbrauch 16

R

Ratenzahlung, Ratenverbindlichkeit 71
Rücklagen 62
Rücklage – Reinvestitionsrücklage nach § 6b EStG 63
Rücklage für Ersatzbeschaffung 66
Rücklage – Zuschussrücklage 68
Rückstellungen 72
Rückstellungen für Pensionen 75
Rückstellungen für ungewisse Verbindlichkeiten 73
Rückstellungen – Bewertung 74

S

Sammelposten 55
Scheinbestandteile 44
Sicherungsübereignung 16

Skonto 29
Software 40
Sonderabschreibung nach § 7g EStG 59
Steuerberaterprüfung 1
Steuerberaterprüfung 2009 – Veräußerung mit Rücklagenbildung 91 ff.
Steuerberaterprüfung 2010 – Technische Anlagen, Maschinen, BGA 87 ff.
Steuerberaterprüfung 2013 – Bilanzberichtigung 93 ff.
Steuerberaterprüfung 2014 – Gebäudesachverhalt 83 ff.
Steuerberaterprüfung 2014 – komplett 97 ff.
Steuerlicher Ausgleichsposten 82

T

Technische Anlagen 53
Teilwert 27
Teilwert – dauernde Wertminderung 27
Treuhandverhältnisse 16

V

Veräußerungstatbestände 62
Verbindlichkeiten 18, 69, 71
Verbindlichkeiten – Fremdwährungsverbindlichkeiten 71
Verbindlichkeiten – Rentenverbindlichkeiten 71
Vermögensgegenstand 17
Vollständigkeitsgebot 16
Vorsteuer als Anschaffungskosten 24

W

Werterhellung 22
Wirtschaftliches Eigentum 16
Wirtschaftsgut 17, 20

Z

Zeitmanagement 2
Zuschüsse 41